UNIVERSITÉ DE FRANCE. — ACADÉMIE DE NANCY.

THÈSES POUR LE DOCTORAT

PRÉSENTÉES

A LA FACULTÉ DE DROIT DE NANCY

DROIT ROMAIN

ÉTUDE

SUR LA

PROCÉDURE *IN JURE*

DANS LES *LEGIS ACTIONES*

DROIT FRANÇAIS

DE LA FAILLITE

EN DROIT INTERNATIONAL PRIVE

OU

Des effets du Jugement déclaratif rendu à l'étranger

PAR

Paul NACHBAUR

AVOCAT

NANCY

TYPOGRAPHIE G. CRÉPIN-LEBLOND, 14, GRAND'RUE

1883

THÈSES POUR LE DOCTORAT

PRÉSENTÉES

A LA FACULTÉ DE DROIT DE NANCY

DROIT ROMAIN

ÉTUDE

SUR LA

PROCÉDURE *IN JURE*

DANS LES *LEGIS ACTIONES*

DROIT FRANÇAIS

DE LA FAILLITE

EN DROIT INTERNATIONAL PRIVÉ

OU

Des effets du Jugement déclaratif rendu à l'étranger

PAR

Paul NACHBAUR

AVOCAT

L'acte public sur les matières ci-après sera présenté et soutenu le Mercredi 27 juin 1883, à quatre heures du soir.

Président : M. Lederlin, professeur-doyen,

Suffragants :
- MM. A. Lombard, Garnier, } professeurs.
- Chavegrin, Bourcart, } agrégés.

Le Candidat répondra, en outre, aux questions qui lui seront faites sur les autres matières de l'enseignement.

NANCY

TYPOGRAPHIE G. CRÉPIN-LEBLOND, 14, GRAND'RUE

1883

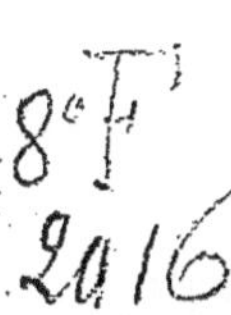

FACULTÉ DE DROIT DE NANCY.

MM. LEDERLIN, I ※,   Doyen, Professeur de Droit romain (2ᵉ chaire), autorisé à faire le cours de Pandectes et Chargé du cours de Droit français étudié dans ses origines féodales et coutumières.

JALABERT, ✻, I ※,   Doyen honoraire.

LOMBARD (A.), I ※,   Professeur de Droit commercial et Chargé du Cours de Droit des gens.

LIÉGEOIS, I ※   Professeur de Droit administratif et Chargé du cours d'histoire du Droit romain et du Droit français.

BLONDEL, A ※,   Professeur de Code civil (2ᵉ chaire), et Chargé du cours de Droit constitutionnel.

BINET, A ※,   Professeur de Code civil (3ᵉ chaire), et Chargé du cours de Droit civil approfondi dans ses rapports avec l'Enregistrement.

LOMBARD (P.), A ※,   Professeur de Code civil (1ʳᵉ chaire).

GARNIER, A ※,   Professeur d'Economie politique.

MAY,   Professeur de Droit romain (1ʳᵉ chaire).

CHAVEGRIN,   Agrégé, Chargé du cours de Droit international privé.

GARDEIL,   Agrégé, Chargé du cours de Droit criminel.

BEAUCHET,   Agrégé, Chargé du cours de Procédure civile.

BOURCART,   Agrégé, Chargé du cours de Pandectes, autorisé à faire le cours de Droit Romain (2ᵉ chaire).

GAVET,   Agrégé, Chargé du cours d'Histoire générale du Droit français public et privé.

LACHASSE, I ※,   Docteur en droit, secrétaire.

A MES PARENTS

A MES AMIS

A MES PROFESSEURS

DROIT ROMAIN

ÉTUDE

SUR LA

PROCÉDURE *IN JURE*

DANS LES *LEGIS ACTIONES*

INTRODUCTION

En étudiant les législations des peuples anciens, on est frappé d'une chose : de leur prédilection pour le monde extérieur, de leur attachement aux formes solennelles, paroles et gestes, dont l'accomplissement était rigoureusement exigé pour la plupart des actes juridiques. « Sensible, tangible, visible », telle est la notion du droit dans la société primitive, partout la forme l'emporte sur le fond. Cela peut s'expliquer : la sensibilité a dû être le premier degré de la spiritualité ; l'esprit humain ne peut s'affranchir du monde extérieur qu'après y être resté soumis un certain temps. « C'est là un temps d'épreuve nécessaire avant qu'il puisse s'élever jusqu'à la pensée abstraite » (1).

Ce caractère des institutions antiques, nous le trouvons à un très haut degré dans le droit romain, où il a longtemps persisté, car c'est seulement sous Justinien que disparurent les vieilles solennités du droit des Quirites. Tous les actes juridiques étaient à Rome entourés de certaines formes, nécessitaient la prononciation de certaines paroles, « *uti lingua nuncupassit, ita jus esto* », et l'accomplissement de certains gestes. Ces formes étaient presque toujours les mêmes ; créées pour un cas donné, elles avaient été étendues à tous les cas analogues pouvant se présenter dans la suite. On a pu, sous ce rapport, comparer la législation romaine au père de famille économe qui, tirant tout le parti possible des quelques ustensiles qu'il possède, les fait servir à des usages auxquels ils n'étaient pas naturellement destinés (Gide, *Etude sur la novation et le transport des créances en droit romain*, p. 243). Le *nexum*, acte par lequel le débiteur s'engageait, vendait en quelque sorte sa personne au créancier, donna naissance à la mancipation, opération qui, de réelle qu'elle était dans le principe, devint plus tard purement fictive (2).

(1) Ihering, *Esprit du droit romain*, III, § 48, p. 110.

(2) Ce qui semble indiquer l'antériorité du *nexum*, c'est que la mancipation est appelée par les auteurs *nexu traditio, jus nexi*. (Cicér. *Topiques*, ch. V.) Peut-être serait-il plus exact de considérer ces deux institutions comme remontant à la même époque ; on ne peut faire, sur ce point, que des conjectures.

Suivant M. Accarias, il serait téméraire et faux d'admettre que ce qui était fiction à l'époque classique ait été réalité au début. Le savant roma-

G. I, 119.

Nous retrouvons les mêmes solennités dans les actes relatifs à l'état des personnes, l'émancipation, l'adoption, nous les retrouvons aussi dans le testament, où le testateur vendait son patrimoine au futur héritier.

niste ne voit dans la mancipation « qu'une de ces fictions, comme les aiment les législations primitives, comme les aima surtout la législation romaine », et pense que de tout temps elle put être employée même pour les conventions qui, comme l'échange ou la donation, n'impliquent pas l'idée d'un *prix* ou excluent même cette idée (T. I, 2ᵉ éd. p. 499, note 2 ; 3ᵉ éd., p. 531, note 1.)

Nous croyons, au contraire, que dans le principe la mancipation était une véritable vente, et que les formalités qui la constituent, le *libripens*, les témoins, le pesage du lingot, peuvent, étant donné l'état de la société romaine primitive, s'expliquer sans qu'il soit nécessaire d'avoir recours à une fiction. Quel était en effet le but de la mancipation ? La translation de la propriété, or comme la propriété n'existe d'après le droit civil que par la garantie de la nation, *ex jure quiritium*, il était naturel que la manifestation de la volonté individuelle dans ce genre d'opération, reçût la sanction du peuple. Cette sanction était, à l'origine, donnée par les comices, qui cédèrent ensuite la place aux cinq témoins représentant les cinq classes de Servius Tullius (*classici testes*), et qui figurent dans la mancipation telle que nous la décrit Gaïus.

Quant à l'emploi de l'airain, de la balance (*œs et libra*), du *libripens*, il s'explique par des nécessités de fait et par l'état économique de la vieille société romaine. Il est constant, en effet, que les anciens Romains ne connaissant pas la monnaie, pesaient les lingots donnés en échange des choses qu'ils se procuraient : « *Ideo autem œs et libra adhibetur, quia olim œreis tantum nummis utebantur.* » (G., I, 122). Peut-être aussi le *libripens* était-il un prêtre ayant pour mission de donner à l'opération un caractère religieux. Lorsque l'on frappa des pièces de monnaie marquées au coin de la République, *signata forma populi romani*, dont la valeur ne se détermina plus par le poids, les solennités dont nous parlions tout à l'heure n'eurent plus leur raison d'être. L'esprit conservateur des Romains les maintint cependant ; elles devinrent alors imaginaires, symboliques. Elles servirent à rendre plus difficile l'accomplissement de certains actes de la vie civile, et à en faire sentir l'importance.

La seconde forme solennelle que l'on rencontre à chaque pas dans le droit romain, est la *legis actio*, manière de procéder en justice qui, du domaine de la juridiction contentieuse qu'elle constituait exclusivement dans le principe, passa dans celui de la juridiction volontaire. C'est ainsi qu'on la trouve dans l'*in jure cessio*, mode de translation de la propriété et des droits réels, dans l'émancipation et l'adoption où elle se combinait avec la mancipation, dans la cession de la *tutela legitima mulierum*, enfin dans le transfert de l'*hereditas legitima*. Elle différait de l'opération *per œs et libram* en ce qu'elle exigeait la présence du magistrat. C'est cette forme solennelle qui fera l'objet de notre étude ; nous ne l'envisagerons toutefois que comme manière de faire valoir ses droits en justice, et nous nous bornerons à l'étude de la procédure *in jure*.

Voici l'ordre que nous nous proposons de suivre :

Un premier chapitre sera consacré à la détermination du sens de l'expression *action de la loi* et aux caractères généraux de cette procédure.

Dans un deuxième chapitre, nous étudierons la procédure elle-même, nous passerons ainsi en revue les cinq manières d'agir *lege*.

Enfin, dans le troisième et dernier chapitre, nous aurons à examiner les avantages et les inconvénients de cette procédure ; les causes qui en ont amené la disparition, et les cas exceptionnels dans lesquels la *legis actio* fut maintenue.

CHAPITRE Ier

Sens du mot « legis actio ». — Caractères généraux de cette procédure.

I. — SENS DU MOT « ACTION DE LA LOI ».

Dans son acception la plus large, le mot *action* comprend tous les moyens à l'aide desquels un particulier peut veiller à la conservation de ses droits ; savoir : les demandes introductives d'instance, ou actions proprement dites, réelles ou personnelles, les *prejudicia* ou actions préjudicielles, les interdits et les stipulations prétoriennes (L. 37 pr. *de obl. et act.* 44. 7.), les exceptions (L., 1, *de Except.*), les *restitutiones in integrum.*

Dans un sens moins étendu, ce mot s'applique de préférence aux actions proprement dites, c'est-à-dire au droit de faire reconnaître ses prétentions en justice : « *Jus persequendi judicio quod sibi debetur* ». (Celsus, L. 51., Dig. *de Obl. et Act.* 44. 7.) Dans notre matière, le mot action est employé dans un autre sens, il ne désigne pas la faculté de poursuivre tel ou tel droit ; l'action est la mise en œuvre de cette poursuite, les formes dont elle doit être entourée, la procédure en un mot.

Mais pourquoi disait-on *action de la loi ?* Toutes les actions, toutes les formes de procéder n'ont-elles pas leur source dans la loi? Gaius se posait déjà la question : *Actiones quas in usu veteres habuerunt, legis actiones appellabantur, vel ideo quod legibus proditæ erant, quippe tunc edicta prætoris quibus complures actiones introductæ sunt, nondum in usu habebantur ; vel ideo, quia ipsarum legum verbis accomodatæ erant, et ideo immutabiles proinde ac leges observabantur* », (IV, 11.) Deux raisons sont indiquées dans ce texte pour justifier l'expression de *legis actio*, nous ne discuterons pas leur valeur respective, car quelle que soit l'opinion qu'on admette, on arrive à la même solution ; nous dirons seulement que la seconde explication donnée par Gaius nous paraît la meilleure. Comme nous aurons souvent occasion de le dire, c'était un caractère distinctif des actions de la loi, que la correspondance des formules avec les termes dont s'était servi le législateur.

Un peu plus loin, au § 12 (Com. IV) Gaius ajoute : « *lege autem agebatur modis quinque : Sacramento, per judicis postulationem, per condictionem, per manus injectionem, per pignoris capionem* ». On a conclu de ce texte qu'il y avait cinq actions de la loi : cette manière de s'exprimer nous paraît inexacte, le nombre des actions était illimité, il correspondait au nombre des lois ou plutôt encore aux différents articles des lois. A chaque disposition des douze Tables qui s'y prêtait se rapportait une action spéciale. Ce qu'il y a de vrai dans l'affirmation de Gaius, c'est que le système des actions de la loi se composait de cinq moyens de contrainte ; à côté de chacun d'eux se trouvaient des formes spéciales, dans lesquelles venaient pour ainsi dire *se mouler* les demandes suivant leur nature et leur caractère. C'est en ce sens qu'on a pu dire : *Sacramenti actio generalis erat* (G., IV, 13). « Pure enveloppe de procédure, elle supposait dans chaque cas particulier un droit reconnu par un texte de loi » (3).

II. — Caractères généraux des « legis actiones ».

a) *Nécessité de la présence de l'adversaire*

L'un des traits originaux du système de procédure que nous avons à étudier, c'est que l'on ne pouvait procéder *injure*, si l'on n'était en présence de l'adversaire, *coram adversario*. Le procès, comme les conventions, exigeait le concours des volontés, il fallait être d'accord pour que l'affaire pût être soumise à un juge ou à un collège de juges. *Neminem*, dit Cicéron, *voluerunt majores nostri, non modo de existimatione cujusquam, sed ne pecuniariâ quidem de re minimâ esse judicem* NISI QUI INTER ADVERSARIOS CONVENISSET. L'intéressé dont le droit était contesté proposait à son adversaire de recourir à l'arbitrage d'un tiers, ou bien il lui déférait le serment et s'en rapportait ainsi à sa conscience, dans les deux cas, la décision résultant de l'arbitrage ou du serment avait un caractère quasi contractuel, elle avait pour fondement le consentement réciproque des parties en cause. La convention des parties avait le caractère d'une promesse conditionnelle, elles se promettaient que le vainqueur aurait

(3) Ihering, II¹, § 56, p. 318.

ce que le juge lui adjugerait. Les pouvoirs du juge ne dérivaient pas de l'état, mais de la soumission volontaire des parties ; ses fonctions étaient celles d'un arbitre : *compromissum ad similitudinem judiciorum redigitur*, il avait exactement la même position que le jurisconsulte de l'époque impériale investi du *jus respondendi*. De même que ces derniers, il n'émettait qu'un simple avis (*sententia*). C'est ce qui explique pourquoi il ne pouvait au cours du procès faire aux parties aucune injonction ; c'est ce qui explique encore pourquoi les tribuns qui pouvaient opposer leur *veto*, aux décisions du magistrat ne pouvaient en user contre le juge. Le juge n'était pas un officier public, mais un arbitre des parties, à la nomination duquel un officier public avait concouru ; le magistrat en l'instituant ne faisait que consacrer authentiquement la volonté des plaideurs. La procédure par défaut était alors inconnue ; seulement, la loi mettait entre les mains du demandeur certains moyens de contrainte pour vaincre la résistance du défendeur récalcitrant.

L'acte par lequel le demandeur appelait son adversaire devant le magistrat était l'*in jus vocatio*, acte purement privé, à la différence de notre ajournement qui se fait par le ministère d'un officier public.

La loi n'avait pas précisé la formule de cet acte. Voici celles que nous ont transmises les auteurs : *in jus veni, in jus sequere, in jus eamus, in jus te voco.* Cette dernière était le plus fréquemment employée, elle était bien plus en harmonie que les autres avec le sentiment d'indépendance des anciens Romains. Si, en effet, on parcourt les différentes formules sacramentelles en usage dans les actes juridiques, on remarque qu'une réquisition adressée par l'une des parties à l'autre n'est jamais à l'impératif car l'une n'a rien à commader à l'autre ; on n'employait ce dernier temps que lorsqu'il était certain que l'ordre serait exécuté, lorsqu'il s'agissait par exemple de témoins ayant promis leur coopération, *testes estote, testimonium mihi perhibetote*, ou lorsque le *libripens* s'adressait à la partie et la priait de frapper le plateau de la balance avec le lingot qu'elle donnait comme prix, afin d'en vérifier la pureté : *rudusculo libram ferito* (4).

Le demandeur n'avait pas à indiquer à son adversaire quel était l'objet de sa prétention (5) ; on craignait sans doute qu'une discussion ne s'engageât entre eux au détriment de l'ordre public. Du reste un semblable exposé n'eût présenté aucune utilité puisque l'*in jus vocatio,* avait précisément pour objet d'amener le défendeur devant le magistrat où les parties pouvaient s'expliquer à leur aise. Cette considération devait avoir un grand poids dans une législation où toute parole avait sa raison d'être et où l'économie des formes était poussée au degré que l'on sait. Toutefois, comme il n'existait dans la loi aucune prohibition formelle, rien n'empêchait, quand on citait un citoyen en justice, de lui donner immédiatement connaissance des prétentions que l'on entendait élever contre lui.

(4) Ihering : t. III, page 286.

(5) Les textes ne font pas mention de cette condition ; il est cependant certain qu'avec toutes les complications, tous les embarras qu'elle aurait nécessairement amenés dans la théorie et dans la pratique, il en serait resté quelques traces dans les sources.

Cela devait même arriver souvent, lorsqu'une conciliation était probable.

L'effet de l'*in jus vocatio* était l'obligation imposée,
à celui qui en était l'objet, de suivre immédiatement
son adversaire devant le magistrat, à moins de fournir un *vindex* (5 *bis*). Mais pour qu'il en fût ainsi il
fallait la réunion d'un certain nombre de conditions :
c'est ainsi que si le défendeur était infirme, on devait
lui fournir un moyen de transport, c'est ainsi encore
que l'*in jus vocatio* ne pouvait avoir lieu en un moment inopportun et que l'autorisation du préteur était
exigée pour qu'elle pût être pratiquée vis-à-vis de certaines personnes. Nous n'insisterons pas sur tous ces
points qui ne rentrent pas dans notre sujet, et sur lesquels d'ailleurs les sources nous donnent tous les
renseignements désirables (6). En cas de résistance du
défendeur, la loi autorisait l'emploi de la *manus injectio : si calvitur pedemve struit, manum endo jacito ;*
nous aurons plus tard à revenir sur ce point.

b) *Solennité de la procédure* « IN JURE. »

Une fois en présence du magistrat, les parties
accomplissaient les solennités de la *legis actio*. Nous
arrivons ainsi au deuxième caractère de cette procédure, la solennité et le symbolisme soit dans les pa-

---

(5 *bis*) C'est-à-dire un tiers faisant le procès sien, comme si la dette lui
était personnelle. — L. 22, § 1. Dig. de *in jus voc.* II, 4.

(6) Voir les textes cités par M. Accarias : *Précis de droit romain,* II, n° 749.

roles, soit dans les actes (7). Ces formes variaient suivant la nature du litige. Très nombreuses et très rigoureuses dans le principe, on arriva par des modifications successives à les réduire, et finalement elles ne subsistent plus qu'à titre exceptionnel. Toute la procédure est d'abord concentrée dans le *sacramentum* où domine le formalisme; vint ensuite la *judicis postulatio* pour les affaires dont la nature exigeait le *mite*, le *moderatum* et n'aurait pu, par conséquent, s'accommoder des formes rigoureuses de la procédure primitive. Enfin la *legis actio per conditionem* restreignit encore le cercle de l'action *sacramenti* en lui enlevant la connaissance des droits personnels.

La nécessité et l'importance des paroles solennelles n'ont rien qui doive surprendre. L'écriture qui joue un si grand rôle dans la procédure moderne, a quelque chose de savant, elle suppose une civilisation relativement avancée, aussi ne la trouve-t-on nulle

(7) On a prétendu que le mot *symbolisme* devait être banni du droit romain. Ce que l'on cite, dit-on, comme exemple d'opérations symboliques était tout simplement des cérémonies en usage à Rome, mais sans avoir la moindre importance légale. Ce sont des solennités, « mais *solemnia, solemnitas*, de *solere* veut tout simplement dire *usité* sans que l'on doive y attacher aucune idée de ce que nous entendons par *solennel, solennité*. C'est un fait que l'on a trop souvent perdu de vue en exagérant la portée des *solemnia*, ou, comme on aime à s'exprimer, du *formatisme*, dans la législation romaine. »

Maynz, § 34, note 12. Ce système nous paraît inexact. Il suffit de lire ce que nous disent Gaius et les autres jurisconsultes classiques, pour être convaincu que les formes dont ils nous parlent n'étaient pas de purs usages ; ils les décrivent avec trop de précision, trop de minutie pour qu'on ne puisse pas voir dans leur accomplissement une condition essentielle de validité de l'acte juridique.

part à l'origine ; tout se fait par la parole, c'est la seule manière de manifester son consentement, c'est la seule manière de s'obliger (8). La parole est la loi des parties, *uti lingua nuncupassit ita jus esto* (9). La *legis actio* n'est que l'application de ce système à la procédure. Mais les paroles n'étaient pas laissées au choix des parties, elles étaient solennelles, déterminées à l'avance par la loi ; il y a mieux, les paroles étaient la loi elle-même ; elles étaient, comme on l'a dit (10), l'*incarnation judiciaire* de la loi, la loi elle-même entrait en lutte avec l'adversaire. Ceci nous amène à indiquer l'un des caractères les plus remarquables de la procédure primitive, à son mode particulier de *citation de la loi*, à la concordance des paroles prononcées avec le texte législatif consacrant le droit dont la reconnaissance était demandée (11). Cette concordance nous

(8) Le contrat *litteris* est d'une origine relativement récente. Il s'établit par l'usage, de sorte qu'on ne peut préciser l'époque à laquelle il commença à être employé.

(9) Dans certains cas la formule sacramentelle constituait tout une litanie et devait être récitée en entier d'un bout à l'autre sans qu'un seul mot pût être changé, tantôt les parties avaient une plus grande liberté d'action, la formule ne consistait qu'en un mot ; c'était « une sorte d'étiquette que l'on attachait à l'acte pour lui donner sa couleur propre » (Ihering, III, § 54, p. 267), une sorte de moule dans lequel l'acte librement débattu et consenti, venait s'adapter. Rentrait dans le premier cas le testament où la liberté du testateur était enchaînée d'un bout à l'autre. Au contraire, les formules de la stipulation, et, ce qui nous intéresse davantage, les formules de la procédure rentraient dans la seconde catégorie ; il était impossible alors, dans le dernier cas surtout, de circonscrire le débat à la prononciation de certaines paroles ; une certaine latitude devait être laissée à la discussion des parties.

(10) Ihering, III, p. 316.

(11) Aujourd'hui encore, les arrêts de condamnations émanant des cours d'assises, doivent contenir la reproduction intégrale du texte appliqué. (Instr. cr., art. 369).

est affirmée par Gaius dans un passage déjà cité.
G. IV, § 11.

Recherchant la raison de la dénomination de *legis
actio*, il paraît la voir dans ce fait que les formules
correspondaient exactement aux termes de la loi « *quia
ipsarum legum verbis accommodatæ erant, et ideo immutabiles proinde ac leges observabantur* ». Il cite
ensuite l'exemple, devenu classique, de ce plaideur dont
on avait coupé les vignes et qui perdit son procès pour
avoir employé, en exerçant son action, le mot *vitis* au
lieu du mot *arbor* qui se trouvait dans la loi des XII
Tables (12). Ce fait, pris entre mille autres, démontre
de la façon la plus pertinente, la nécessité de la concordance des paroles à prononcer avec la loi elle-même.
On s'explique alors fort bien que la moindre déviation
dans la forme dût entraîner la perte de l'action, et par
conséquent du droit, *ut qui vel minimum errasset litem
perderet*. Le formalisme ignore la différence entre les
fautes lourdes et les fautes légères, les unes et les autres
aboutissent aux mêmes conséquences. Le texte de la
loi devant être reproduit dans la formule, la nécessité
d'une exactitude littérale ne peut plus nous paraître
une rigueur excessive. Dans la procédure actuelle,
lorsque la loi exige la citation textuelle d'un article
de loi, la plus légère erreur donne lieu à nullité. Ce

---

(12) L'ancienne collection des formules teutoniques connue sous le nom
de *Glose de Malberg*, renferme des dispositions du même genre. Si c'est un
taureau qui est en litige, on perdra son procès en disant que c'est un taureau ; *chef du troupeau*, telle est la dénomination juridique. L'index de la
main doit être désigné sous le nom de *doigt-flèche*, et le bouc s'appelle
l'animal qui broute le poreau.

caractère particulier de la *legis actio* nous donne la raison d'être de la règle *nulla actio sine lege*, alors appliquée dans toute sa rigueur. Le magistrat avait les mains liées, son rôle était purement passif, il n'était que le rouage d'une machine. Ou le droit invoqué était prévu par la loi, l'action était alors possible, ou il ne l'était pas, et alors le demandeur devait être débouté de sa prétention. Le préteur ne pouvait, même dans les cas les plus urgents et les plus légitimes, donner une action qui n'était pas prévue par la loi « Quippe tunc edicta prœtoris quibus complures actiones introductœ sunt nondum in usu habebantur ». L'emploi des fictions était impossible ; l'action fictice était une action donnée dans des cas où, à l'exception d'une seule, toutes les conditions prescrites par la loi étaient réunies, on tenait cette condition pour accomplie, et pour cela on introduisait une fiction dans la formule. Il ne pouvait en être ainsi lorsque la formule était la reproduction du texte de la loi (13).

Les paroles solennelles que les parties devaient prononcer consistaient dans l'affirmation du droit en litige ; le laconisme de la loi se retrouvait dans la formule. Or, un droit ne peut être affirmé que par la partie qui s'en prétend titulaire ; d'un autre côté, les formes inflexibles de la procédure se seraient diffici-

---

(13) On pouvait jusqu'à un certain point arriver à un résultat analogue en étendant ou en restreignant l'application de la loi en donnant aux mots un sens plus ou moins large. C'est ce qu'on avait fait pour le mot *tignum* et le mot *glans*.

(L. 1., *Dig. de tigno juncto*, 47, 3; L. 3, *Arb. furtim cœs.* 47, 7.

lement accommodées aux nécessités de la substitution d'une personne à une autre, d'où la règle *nemo alieno nomine lege agere potest*, l'impossibilité de la représentation judiciaire : « quum olim, quamdiu legis actiones in usu fuissent, alterius nomine agere non liceret ».

Gaius, IV, § 82.

Ulp., 1. 123, pr., Dig. *de Reg. jur.*, 50, 17.

Inst. pr., *de iis per quos agere poss.*, IV, 10.

Cette règle recevait certaines exceptions lorsque la force des choses l'exigeait, lorsque le peuple était en cause, ou lorsque c'était un esclave qui réclamait sa liberté ; l'esclave n'étant pas une personne ne pouvait pas figurer en justice, il était représenté par un *assertor libertatis*.

La concordance de la formule avec le texte de la loi nous explique enfin pourquoi les jurisconsultes avaient composé des recueils de formules mettant en action chaque texte de loi. Pomponius nous dit qu'un travail de ce genre avait été fait après la rédaction de la loi des XII Tables ; on avait voulu mettre cette loi en action, pour cela, il avait fallu composer de nouvelles formules.

Pomponius, 1, 2, § 6. Dig. *de Orig. juris*, 1, 1.

L'action, tel était le point de départ du jurisconsulte romain, de là il remontait jusqu'au droit lui-même. Chez nous, on suit une marche inverse, on part des principes juridiques pour en tirer les actions. Pour les Romains « l'action est un *individuum*, elle a son domaine déterminé, ses principes déterminés, son nom propre, sa forme propre et son histoire particu-

lière. Sa naissance repose sur un fait historique, con-
cret, sur un acte spécial d'introduction. C'est ainsi
que le nom de l'inventeur d'une action se perpétue
avec le nom de l'action même (14) » On pourrait dire
que les Romains ignorèrent l'*action* et ne connurent
que *les actions*.

Les paroles solennelles prononcées par les parties,
non seulement renfermaient la citation de la loi, mais
faisaient encore ressortir la nature particulière du
droit en litige. Ce point sera examiné lorsque nous
étudierons en particulier chaque action de la loi.

Ces paroles étaient aussi accompagnées de gestes et
de pantomimes juridiques, simulacre des actes d'une
période antérieure plus barbare. Leur signification
étant intimement liée à la nature du droit litigieux,
nous ne pourrons en parler qu'en examinant les différentes formes de procéder, et particulièrement le
sacramentum (15).

(14) Ihering III, p. 338 et 339, § 56. « Les actions dont l'origine se perd
dans l'antiquité sont nommées d'après leur objet, par exemple, *rei vindicatio, actio confessoria, hæreditatis petitio;* celles de l'époque postérieure
portent surtout le nom de leur inventeur, par exemple, *actio Publiciana,
Pauliana, Serviana, interdictum Salvianum.* »
Ihering, *loc. cit.*, note 502.

(15) Ces actes étaient les uns *symboliques*, les autres simplement *apparents*, et il faut les distinguer. L'*acte apparent* est celui qui représente ce
qui est sensible ; c'est ainsi que la marche apparente vers le fonds que le
préteur invitait les parties à exécuter dans la revendication était un acte
apparent. Le *symbole* est l'expression sensible de ce qui est abstrait. La
lance était ainsi le symbole de la propriété.

Pour terminer sur ces caractères généraux de la *legis actio*, disons que l'acomplissement des formes de cette procédure n'était possible qu'à certains jours déterminés. Ceci nous amène à la distinction bien connue et sur laquelle nous n'insisterons pas longtemps des *dies fasti* (16) *nefasti*, *comitiales* et *intercisi*. Les premiers étaient consacrés en entier à l'exercice de la *jurisdictio*, l'exercice qui était au contraire suspendu pendant les *dies nefasti*. Les *dies comitiales* étaient consacrés aux comices ; mais , à défaut de comices, la *jurisdictio* était possible. Quant aux *dies intercisi*, ils excluaient toute convocation du peuple, mais restaient libres pour la *legis actio* entre les deux solennités religieuses dont l'une avait lieu le matin et l'autre le soir.

Cette classification doit être combinée avec la distinction des *dies festi* et des *dies profesti* (profanes). Les premiers devaient être entièrement consacrés aux

---

(16) On définissait les *dies fasti* ceux où le préteur pouvait prononcer les mots DO, DICO, ADDICO, *nefasti* ceux où il ne le pouvait pas.

> « Hic nefastus erit per quem *tria verba* silentur
> « Fastus erit per quem lege licebit agi ».

Ovide, Fastes, I v. 47.

Ces trois mots résumaient les attributions de la juridiction, DO s'appliquait à la nomination du juge, et sans le système formulaire à la délivrance de l'action; ADDICO désignait une déclaration quelconque faite conformément à la volonté des parties; Gaius II, 24 ; III, 189. Quant au mot DICO, il signifiait tout acte par lequel le magistrat déclarait le droit. Accarias, II. 810, note 1.

dieux et diminuaient ainsi le nombre des jours où la *legis actio* était possible (17).

17. La procédure des *legis actiones* appartenait-elle exclusivement au *jus civile*? Dans le principe, lorsque l'étranger était considéré comme un ennemi, l'affirmative n'est pas douteuse.

G. IV, § 37.

Cette règle fut modifiée dans la suite puisque Gains nous montre l'action *sacramenti* s'accomplissant devant le préteur pérégrin, IV. 31.

L. 2, § 7 *de origine iuris*, I, 2.

Le développement de la cité, *augescente civitate*, nous dit Pomponius dans ce texte, nécessita la création de nouvelles formules qui constituèrent le *jus œlianum*, du nom de *Sextus Œlius* qui les composa. Ne peut-on pas nduire de là l'extension de la procédure aux pérégrins?

CHAPITRE II

Procédure des « legis actiones »

I. — SACRAMENTUM

Cette action doit son nom à la somme d'argent que
déposait chacun des plaideurs et qui constituait une
sorte d'enjeu dont le montant était perdu pour celui
dont les prétentions étaient rejetées. La question litigieuse n'était ainsi tranchée que d'une manière indi-
recte. Ce mode de procéder se retrouve dans beaucoup de
législations primitives. On craint de soumettre directement au juge le point litigieux, on prend un biais,
on fait un pari, et c'est sur la question de savoir
lequel des deux plaideurs doit perdre, que roule toute
la discussion. Mais, par le fait même, le litige sera
vidé. Cette manière d'agir peut s'expliquer. Aujour-
d'hui encore, le pari est un des moyens les plus usités
de subordonner la solution d'une contestation à un
fait positif. « La disposition à parier sur des événements est profondément enracinée dans la nature
humaine et s'est développée avec elle dès le principe.
Il n'est personne qui, la tête échauffée, consente à
déférer sa querelle à l'appréciation d'un tiers présent,
encore moins d'un tiers absent, mais il n'y manquera

pas s'il existe une gageure à propos de la querelle (18). »

Deux hommes se disputent un objet contesté, chacun prétend en être propriétaire. L'un des rivaux en appelle à l'honneur de l'adversaire en le provoquant à un pari. « Je te provoque et gage 500 as que l'objet m'appartient. L'autre, à moins de se déshonorer aux yeux des commilitons accepte la gageure ; l'enjeu est déposé, et le roi, assisté des guerriers présents, est appelé à juger le pari. Mais en jugeant le pari, on décide en même temps la question de propriété » (19). Tel est le développement historique de l'ancienne procédure ; telle est la manière dont elle prit naissance. Or, étant donné l'esprit conservateur des anciens Romains, elle ne devait pas disparaître tout d'un coup, elle devait survivre à l'état de civilisation, relativement peu avancé, qui l'avait vu naître.

La somme perdue par celui qui succombait n'était pas attribuée au gagnant, elle était affectée aux besoins du culte ; le dépôt en était fait entre les mains des pontifes « *qui petebat et qui inficiebatur* .... *quingenos æris ad pontificem deponebant.* »
Varron : *de ling. lat.,* IV, 36.

Cette destination primitive du *sacramentum* nous amène à voir dans la *legis actio* de ce nom une procédure sacrée, essentiellement religieuse. Celui qui avait échoué dans ses prétentions était considéré comme ayant causé un outrage à la divinité, outrage que le

(18) Sumner Maine : *Etude sur l'histoire des institutions primitives,* p. 320.

(19) Maynz : *Cours de droit romain,* I, § 43, p. 490.

sacramentum avait pour objet de réparer. Ce caractère de la procédure primitive peut s'expliquer par la confusion du droit et de la religion, confusion qui entraînaît chez les Pontifes cumul des fonctions de prêtres et de magistrats. Il était alors naturel, la mission de rendre la justice leur appartenant, que le *sacramentum* leur fût attribué (20).

Comment maintenant le dépôt de cette somme d'argent était-il assuré? Tant que le collège pontifical fut en possession du secret des formules, aucune difficulté ne put s'élever à cet égard. Le droit de refuser aux parties les renseignements qui leur étaient indispensables constituait un moyen de contrainte suffisant. Mais quand, par suite de l'indiscrétion de Cn. Flavius, la connaissance des paroles sacramentelles tomba dans le domaine public, on dut assurer le paiement des deniers sacrés. Festus nous indique comment on y arriva. Une loi rendue sur la proposition de Lucius Papirius décida que tous les ans, à l'expiration des pouvoirs du préteur, trois citoyens seraient nommés et chargés de poursuivre le recouvrement du *sacramentum « quicumque prætor post hoc factus erit, qui inter cives jus dicet tres viros.....populum rogato, hique tres viri.......* SACRAMENTA EXIGUNTO (21).

Lorsque le droit de rendre la justice cessa d'être l'apanage du collège pontifical pour devenir une fonction purement civile, la procédure perdit son caractère

(20) Cét argent engagé n'est-il pas la plus ancienne image des frais de justice ?

(21) Latreille, *Histoire des institutions judiciaires dss Romains*, n° 150. Festus, v° *sacramentum*.

religieux, et la somme mise en jeu par les plaideurs, tout en conservant sa dénomination primitive de *sacramentum* eut une autre destination; elle tomba dans le trésor public, *œrarium*. A la même époque le dépôt officiel cessa d'être exigé ; on se contenta de la promesse faite avec *prœdes*, c'est-à-dire garantie par des cautions, de payer la somme le cas échéant. Le taux du *sacramentum* avait été fixé par la loi des XII tables à 50 as pour les litiges dont la valeur était inférieure à 1000 as, de 500 as pour les autres. Dans les procès relatifs à la liberté, le *sacramentum* était toujours de 50 as; cela par faveur pour la liberté.

La constitution du *sacramentum* était précédée et accompagnée de paroles solennelles, de gestes apparents et symboliques ayant tous leur signification et variant avec la nature du droit en litige. Nous aurons donc ici à distinguer entre les actions réelles et les actions personnelles.

a) *Actions réelles*.

Lorsque les parties arrivaient au tribunal, le premier soin du demandeur devait être de faire connaître, de préciser l'objet de sa prétention. Pour atteindre ce but, la loi avait voulu que la chose elle-même fût mise sous les yeux du magistrat. Mais il pouvait arriver quelle fût entre les mains de l'adversaire, et que celui-ci refusât de l'exhiber. Comment arrivait-on à vaincre sa résistance ? Gaius ne le dit pas, il se borne à poser le principe de la nécessité de la présence de la chose.

G. IV, § 16.

Les parties se transportaient-elles au lieu de la situation comme cela se faisait lorsqu'il s'agissait d'immeubles? Nous ne le croyons pas. Le demandeur avait, d'après nous, l'action *ad exhibendum* contre le défendeur. Nous voyons en effet dans la loi des XII Tables que les matériaux employés à construire un édifice ne pouvaient, cet édifice une fois construit, être revendiqués par celui qui s'en prétendait propriétaire: « *Tignum junctum œdibus vineœque et concapet ne solvito.* » « *Lex neque solvere permittit tignum furtivum œdibus vel vineis junctum neque vindicare.* »

L. 1. Dig. *de tigno juncto*, 47, 3.

L. 7 § 10, Dig. *de adq. rer. dominio*, 41, 1.

Si donc dans un cas particulier la loi n'avait pas voulu qu'on pût contraindre à exhiber, c'est qu'en principe cette exhibition était obligatoire chaque fois qu'une personne y avait intérêt (22). Voici alors comment on procédait : le défendeur refusant d'obtempérer aux injonctions de son adversaire, un nouveau procès venait se greffer sur le premier, mais le but même à atteindre indique bien qu'on devait employer les formules des actions personnelles, puisque les formalités des actions réelles ne pouvaient être accomplies qu'après l'exhibition.

L. 3, § 3, Dig *ad exhibendum*. 10, 4.

Un juge était nommé non point pour examiner si le revendiquant était propriétaire, mais pour voir s'il avait intérêt à ce que la chose lui fût représentée.

(22) Latreille, *loc. cit.*, nᵒˢ 214 et 215.

L'exhibition une fois faite, les parties se livraient à un combat simulé et prononçaient certaines paroles solennelles. Le demandeur saisissait de la main l'objet litigieux. Cette mainmise que l'on retrouve dans la procédure des Germains et qui, sous des formes variées, a passé de chez eux très avant dans le moyen-âge, est un exemple de cet avertissement préalable à toute action sur lequel insistent toutes les jurisprudences du monde civilisé (23). Elle avait pour but de bien préciser l'objet que l'on avait en vue, et était suivie de l'imposition sur la chose, de la baguette (*festuca* ou *vindicta*) représentant la lance qui se retrouve, non seulement chez les Romains mais chez plusieurs autres peuples de l'Occident, comme le symbole de la propriété proclamée envers et contre tous. Le demandeur montrait qu'il entendait exercer sur la chose le droit le plus absolu ; aussi la même solennité existait-elle dans l'établissement de la propriété, non seulement par l'*in jure cessio* qui n'était qu'une fiction de la *legis actio*, mais par la mancipation ; *rem tenens* nous dit gaius en décrivant cette opération.

Gaius IV, § 119.

La corrélation entre l'établissement du droit et son exercice existait aussi dans les paroles qui accompagnaient les actes dont nous venons de parler : *hunc ego hominem ex jure quiritium, meum esse aio*, disait le demandeur lorsqu'il s'agissait d'un esclave. Une formule identique était prononcée lors de l'acquisition de la propriété par mancipation (Gaius, *loc. cit.*), ou par

---

(23) Sumner Maine, *loc. cit.*, p. 314

in jure cessio (II. 24). Elle était absolue comme le droit lui-même, elle exprimait très nettement le rapport existant entre le propriétaire, et sa chose, sans mentionner d'intermédiaire, ce qui est bien la nature du droit réel. Les mêmes actes et les mêmes paroles intervenaient de la part du défendeur. Celui-ci, sans se préoccuper de son adversaire, affirmait son droit d'une façon absolue par la *contravindicatio*, et procédait à l'imposition de la *festuca*. Il y avait ainsi un combat simulé d'où ressortait très bien l'idée d'une contestation. Lorsque l'objet litigieux était un immeuble la procédure ne pouvait suivre son cours ainsi que nous venons de le dire ; le magistrat et les parties se transportaient au lieu de la situation, et là s'accomplissaient les actes que nous venons d'énumérer et qui prenaient alors le nom de *manuum consertio*. Les immeubles ne pouvant être saisis manuellement, le combat consistait en ce que l'un des deux adversaires expulsât l'autre : cet enlèvement était ce que l'on appelait *deductio* (24).

(24) Cette notion de la *deductio* n'est pas admise par tout le monde. M. Bonjean (I, p. 384) appelle ainsi le transport même des parties avec ou sans préteur sur l'objet litigieux. Cette idée nous paraît inexacte, le mot *deducere* semble bien indiquer qu'il s'agit de l'enlèvement, de l'expulsion de l'une des parties par son adversaire. Suivant d'autres, le préteur n'étant pas sur les lieux, lors du combat simulé, pour imposer la paix, la violence était censée continuer jusqu'à son tribunal où l'adversaire était entraîné, *deducebatur*. Dans ce système la *deductio* n'aurait pris naissance qu'à l'époque où le préteur cessa de se rendre sur les lieux, ce qui est contredit par les textes. D'autres, enfin, attribuent la *deductio* à la nécessité que les parties fussent dans une situation égale. Le possesseur de l'immeuble devait donc en être arraché et conduit *in jure*. Nous n'insistons pas davantage sur cette question qui ne présente aucun intérêt.

V. Ortolan III, p. 488, n° 1864, et note 4.

Plus tard, les préteurs n'ayant sans doute plus le temps d'accompagner les parties, celles-ci se provoquaient devant le magistrat, à se rendre seules sur les lieux (25) accompagnées de témoins *superstites* (26). Elles s'y rendaient sur l'ordre du préteur et y engageaient le combat fictif. Puis elles détachaient une parcelle de l'immeuble ; elles l'apportaient *in jure* et accomplissaient sur elle les revendications respectives. On simplifia encore : les parties eurent soin, avant de comparaître devant le magistrat, de se rendre sur les lieux, d'y procéder à la *deductio* et d'apporter *in jure* la motte *gleba* représentant l'objet litigieux (27). La *manuum consertio* devint ainsi un acte extrajudiciaire ; c'est ce qu'indiquent bien les mots *ex jure...* etc., par opposition aux mots *in jure* qui se trouvaient dans la loi des XII Tables.

Le préteur mettait fin aux revendications des parties par ces mots : « Mittite, discedite », ou autres se m blables. Les parties obéissaient à cette injonction : « illi autem mittebant ». Le *vindicans* interrogeait alors son adversaire sur la cause et le fondement de sa revendication. « Postulo anne dicas quâ ex causâ vindicaveris (28). » Celui-ci se contentait de répondre

----

(25) C'était ce que l'on appelait l' « *ex jure manum consertum vocare.* »

(26) « *Superstites testes præsentes significat.* »

Festus, vᵒ *Superstites.*

(27) L'*ex jure manum consertum vocare* n'était plus que fictif. Les parties se provoquaient toujours, mais à peine avaient-elles fait quelques pas, le préteur les rappelait.

(28) Nous retrouvons encore ici l'emploi de l'indicatif, emploi qui, nous le savons, avait sa cause dans le sentiment d'indépendance des anciens romains.

qu'il avait satisfait aux formalités légales « jus feci sicut vindictam imposui ». Avait alors lieu la provocation au *sacramentum* dont il a déjà été question tout à l'heure, et sur laquelle nous ne reviendrons pas.

Ce dialogue formaliste qui intervenait entre les deux adversaires, et dont Cicéron se moque dans son *pro Murenâ*, peut être considéré comme ayant engendré l'art de la plaidoirie. Quant au combat fictif qui n'était chez les Romains qu'une simple formalité, il est longtemps demeuré réel dans d'autres sociétés, et a survécu dans le *gage du combat* qui, en tant qu'institution anglaise, n'a été aboli qu'à une époque relativement récente (29). « L'intervention du préteur et l'acceptation de sa médiation par les parties introduisirent, dans l'administration de la justice dans l'état romain, un des éléments les plus efficaces qui aient concouru à la transformation historique du monde civilisé » (30). C'était aussi là un souvenir de l'intervention de l'autorité dans la justice privée.

Le point litigieux une fois précisé, ainsi que nous venons de le dire, avait lieu de la part des parties un appel en témoignage, une invocation de témoins *contestatio* faisant partie du rite de la *legis actio*, mais destiné en outre à procurer plus tard, si cela était nécessaire, les moyens de preuve nécessaires pour établir devant le juge ce qui s'était passé devant le magistrat. Cet acte s'appelait *litis contestatio*, c'était

(29) Le duel judiciaire n'a été aboli légalement en Angleterre qu'en 1820, mais il était depuis longtemps tombé en désuétude.

(30) Sumner-Maine, *loç. cit.*, p. 315.

la clôture solennelle de la procédure *in jure*, la perfection du contrat judiciaire dont il a déjà été question (30 *bis*).

Devant le magistrat, chacun des deux plaideurs avait un rôle égal, chacun avait affirmé catégoriquement son droit de propriété. Le préteur devait alors déterminer lequel des deux adversaires serait demandeur, lequel serait défendeur, c'est ce que l'on appelait *vindicias dicere*. La possession provisoire, la garde de la chose était attribuée à l'une des parties (31).

(30 *bis*) La *litis contestatio* produisit sous le système formulaire, du moins dans les actions personnelles et moyennant l'accomplissement de certaines conditions, un effet très remarquable, nous voulons parler de l'extinction ou plutôt de la transformation du droit déduit en justice. Dans le *sacramentum* il ne pouvait en être ainsi, l'objet direct de la *deductio in judicium* étant non pas le droit mais uniquement la question *utriusque justum sit sacramentum*. Mais si en droit la *litis contestatio* ne produisait pas l'effet extinctif qui la caractérisa sous le second système de procédure, on aboutissait en fait au même résultat. La combinaison du principe *non bis in idem* avec celui qui veut que toute condamnation soit pécuniaire amenait en réalité quelque chose de très analogue au plein épuisement du droit qui avait servi de base à l'action.

Gaius, IV, § 108.

(31) Il n'y avait là qu'une simple détention, un séquestré et non une véritable possession, c'est donc à tort que l'on a considéré la décision du magistrat sur ce point comme *réglant le possessoire*. Il nous semble, en effet, que dans le droit primitif, la possession n'était qu'un pur fait n'engendrant aucun droit, ne produisant aucune conséquence juridique. « Unusquisque dominus erat aut non intelligebatur dominus », G., II, 40. Il ne pouvait donc, à cette époque, être question de régler le possessoire et cependant alors déjà « prœtor vindicias dicebat, id est interim aliquem possessorem constituebat ».

Plus tard, afin de consolider le régime de la propriété, troublé par de nombreuses possessions anormales, on institua l'usucapion, mode d'acquérir la propriété par la possession prolongée pendant un certain temps. La possession acquit dès lors une certaine force juridique ; mais elle n'était

Cette attribution n'était pas toujours faite au possesseur ; la *legis actio sacramento* constituait en effet un *judicium duplex* chaque partie jouait le rôle de demandeur, chacune d'elle opposait à l'autre une allégation indépendante, et devait prouver la vérité de cette allégation. Il n'eut servi à rien au *contravindicans* d'avoir à s'affirmer comme propriétaire, s'il lui eut été permis ensuite de se borner à dénier la propriété de l'adversaire. La possession antérieure était donc parfaitement indifférente et on comprend que le préteur put statuer suivant les circonstances. Grâce à cette liberté d'appréciation, le magistrat ne devait pas avoir uniquement égard au seul fait de la possession, il pouvait tenir compte des preuves offertes et il était libre de se laisser guider par le degré de confiance que lui imposaient les parties et leurs auteurs (32).

pas protégée pour cela ; elle n'avait aucune valeur tant que les deux années exigées n'étaient pas expirées. Venait-elle à cesser avant ce moment, le possesseur voyait ses espérances s'évanouir devant la revendication du propriétaire légal. Dans le cas contraire, il devenait véritable propriétaire. Un pas restait à faire, c'était de protéger, sous certaines conditions, la possession pour elle-même sans s'inquiéter si elle devait ou non conduire à la propriété. Ce progrès fut réalisé, et on en a tiré la distinction faite par les interprètes modernes, mais qui ne se trouve pas dans les sources entre la possession *civilis* ou *ad usucapionem* et la possession *ad interdicta*. Mais ce ne fut que relativement tard après l'institution de la préture, que la possession fut protégée contre les troubles et les violences, que prit naissance la distinction du possessoire et du pétitoire. Il ne pouvait donc en être question au début du système des *legis actiones*.

Latreille, *op. cit.*, n° 236.

(32) Cependant avec le temps, les cas semblables amenèrent des solutions identiques. Il fut décidé, par exemple, que dans les procès relatifs à l'état des personnes, la possession intérimaire serait donnée dans le sens de la liberté (*vindicias dicere secundum libertatem*). Cette règle fut méconnue

Celui auquel la possession avait été attribuée était tenu de promettre, pour le cas où il succomberait, la restitution de la chose et des fruits, et cette promesse était garantie par des cautions que l'on appelait *præ-des litis et vindiciarum* (33).

dans le procès de Virginie et provoqua une émeute. C'est ainsi encore que s'établit l'usage de « *vindicias dicere secundum populum* » dans certaines questions d'intérêt public « *de aquâ... prœtores secundum populum vindicias dicunt* » (Festus vo *Vindiciœ*). Pour les autres cas, aucune règle fixe n'avait été posée. Il cessa d'en être ainsi lorsque la possession devint un droit ou plutôt engendra des droits par elle-même, et fut protégée par les interdits. Le possesseur demeura nanti, ce fut à l'adversaire à prouver son droit. Cette innovation n'était en apparence que la conséquence de l'habitude qu'avait prise le magistrat de ne pas dessaisir sans motif le détenteur. Mais au fond elle était radicale et ne laissait plus rien subsister de l'ancien état de choses. Le magistrat, en attribuant les *vindiciœ* à l'une des parties, ne créa plus le droit du possesseur, il ne fit que consacrer un droit préexistant, il maintint une situation acquise et ne lia plus les parties par un contrat de dépôt ou de séquestre.

Latreille, *loc. cit.*, no 238.

(33) Un texte assez obscur de la loi des XII Tables a donné lieu ici à une difficulté d'interprétation que nous devons examiner. « *Si vindiciam falsum tulit..... arbitros ter dato, eorum arbitrio..... fructus duplione d ammum decidito.* On a prétendu que cette disposition condamnait à la restitution du double des fruits le possesseur de mauvaise foi. Mais, nous l'avons dit (*supra* note 31), la possession n'existait pas à l'époque des XII Tables en tant que fait pouvant produire des conséquences juridiques. Pourquoi dès lors un plaideur aurait-il cherché à retenir de mauvaise foi une inutile possession de fait ? Quel dommage aurait-il pu occasionner à son adversaire ? Celui à qui la chose était attribuée pendant l'instance, ne la conservait qu'à titre de dépôt, de séquestre ; le magistrat, pour la lui confier jouissait des pouvoirs les plus étendus, il ne pouvait donc être question de possession de mauvaise foi. Le vice de la possession n'aurait pu d'ailleurs être reconnu que par le juge chargé de statuer sur le fond du litige, c'est donc à lui qu'aurait dû revenir la mission de prononcer la condamnation. Or, notre texte ordonne la nomination de trois arbitres, il n'a donc pas en vue la restitution des fruits pour cause de possession vicieuse. Ces arbitres appar-

Pour terminer, demandons-nous à quel moment intervenait la décision du magistrat sur le possessoire.

tenaient à la classe des *recuperatores* et tenaient leurs pouvoirs de l'*imperium*. Il y avait ainsi, dans notre cas, une atteinte portée à un acte de l'*imperium* ; cet acte n'était autre que l'attribution provisoire de la chose à l'une des parties. La disposition précitée de la loi décemvirale avait donc, selon nous, pour but, d'établir la sanction de l'obligation imposée au dépositaire de restituer la chose à l'autre partie, si celle-ci était reconnue véritable propriétaire.

Paul nous dit que la loi des XII Tables donnait une action *in duplum* contre le dépositaire infidèle, et que le droit prétorien donnait une action *in simplum* : « Ex causa depositi lege XII Tabulorum in duplum actio datur ; edicto prœtoris in simplum. »

Paul. *Sent. recept.* Lib. II, tit. XII, § 11.

Il était dès lors tout naturel que le plaideur qui avait violé le dépôt fait entre ses mains par le magistrat, encourût la condamnation en double. On objecte que cette action prenait sa source dans un texte plus général placé dans la matière des contrats, et auquel se référait le fragment de Paul. Il faut alors, dit-on, donner un autre sens à celui qui nous occupe, car il est inadmissible que les décemvirs aient énoncé deux fois la même prescription.

Cette objection n'est pas décisive, l'existence d'une disposition plus générale n'est pas prouvée, elle supposerait des développements assez étendus sur les contrats ce qui ne serait pas en harmonie avec le laconisme habituel des XII Tables. Il y a mieux, la suite même du fragment de Paul prouve bien que notre texte était le siège de la matière. Le préteur, nous dit le jurisconsulte, avait établi contre le dépositaire infidèle une action *in simplum* et Ulpien nous dit qu'il distinguait entre le dépôt volontaire et le dépôt nécessaire, le premier seul n'étant puni que de la condamnation au *simplum*.

Ulp. L. 1 § 4 *depos. vel contra* 16-3.

Cela s'explique à merveille dans notre interprétation. Le texte de la loi des XII Tables statuait sur un cas déterminé de dépôt nécessaire, le préteur étendit cette disposition à tous les cas *analogues*. Si les Tables décemvirales avaient été aussi générales qu'on veut bien le dire, la distinction du préteur eût été un excès de pouvoir, une violation formelle de la loi, ce qui est inadmissible étant donnée la manière dont se développait le droit prétorien en apparence toujours respectueux de la loi dont il adoucissait la rigueur. V. Latreille : *loc cit.* n° 239.

Il est certain qu'elle suivait la constitution du *sacramentum* et la *litis contestatio*, il fallait en effet que l'instance fût engagée, que le contrat judiciaire fût parfait, pour que le dépôt de la chose entre les mains des plaideurs eut une cause, ce dépôt était la conséquence de la *litis contestatio* ; il ne pouvait donc pas la précéder. Cela est hors de doute et n'a été contesté, que nous sachions, par personne. On s'est demandé seulement, et nous ne nous arrêterons pas longuement sur ce point qui ne présente aucun intérêt, si le règlement des *vindiciæ* précédait ou suivait la nomination du juge. Nous penchons vers la seconde alternative et nous croyons que depuis la *lex Pinaria* dont il sera question plus loin, le dépôt de la chose litigieuse n'intervenait que lors de la deuxième comparution des parties *in jure*. Gaius nous dit en effet que l'on procédait dans les actions réelles de la même manière que dans les actions personnelles ; or, dans ce dernier cas, la *litis contestatio* ne pouvait être suivie que de la désignation du juge ; il devait donc en être de même dans les actions réelles ; et, comme la remise de la chose à l'un des plaideurs ne pouvait avoir lieu avant le *litis contestatio*, elle avait lieu nécessairement après la nomination du juge (34).

(Gaius, IV, 16).

Le règlement du possessoire nous paraît encore être une trace de l'intervention de l'autorité dans la justice privée. Le préteur distribue les rôles de même qu'il met fin au combat pour empêcher l'ordre public d'être troublé par les violences des parties.

(34) Latreille, n° 234.

Telles étaient, sous le système des *legis actiones*, les formes particulières à l'action réelle par excellence, à l'action en revendication. Ce n'était pas la seule action qui s'engageât au moyen de l'action *sacramenti* ; cette forme de procéder était, nous dit Gaius (IV, § 13), d'une application plus générale « *generalis erat* ». Nous sommes ainsi amené à étudier les formes secondaires du *sacramentum*, son application à l'hérédité, aux servitudes et aux obligations. La nature de ces droits amenait nécessairement des modifications dans la formule.

En ce qui touche l'action en pétition d'hérédité, la figure de l'action *sacramenti* était celle que nous venons de décrire : qu'il s'agît de revendiquer le fonds Cornélien ou l'*hereditas Lucii Titii,* c'était toujours un droit de même nature qui faisait l'objet des prétentions des parties. Gaius, au § 17 du commentaire IV, paragraphe en grande partie perdu, indiquait sans doute la chose qui devait être apportée en justice pour représenter l'*hereditas* et sur laquelle devaient s'accomplir toutes les formes de la revendication.

Pour les actions relatives aux servitudes, l'existence d'une formule spéciale ne peut être mise en doute, bien qu'aucun renseignement précis ne nous soit parvenu à cet égard ; cette formule devait quelque peu différer de celle de l'action *sacramenti* appliquée à la revendication. Il est probable que ce qui forma plus tard l'*intentio* de l'action *confessoria* et de l'action *negatoria* constituait dans la *legis actio,* la *vindicatio* et la *contravindicatio.* Le demandeur disait sans doute *aio mihi jus esse eundi, agendi in fun-*

do ; le défendeur répondait: *nego,* etc. (35) ou à l'inverse le demandeur disait *nego...* etc. et le défendeur *aio...* etc.

Il faudrait se garder de croire que le caractère d'action confessoire ou négatoire s'induisait uniquement de la parole affirmative ou négative du demandeur ; ce caractère dépendait du règlement des *vindiciæ*, si elles étaient, dans le premier des cas supposés plus haut, attribuées au *vindicans,* dans le second au *contravindicans,* le *judicium* était *negatorium* ; dans les autres cas il était *confessorium.* Après l'affirmation des prétentions respectives des parties avait lieu la provocation au *sacramentum* ; il ne pouvait en effet être question de *manuum consertio,* l'objet litigieux étant un *jus incorporale* (36).

b) *Actions personnelles.*

Les sources sont muettes sur l'action *sacramenti* envisagée en tant qu'action *in personam* et la formule en usage dans ce cas ne nous est point parvenue. M. Heffter a cru pouvoir rétablir de la manière suivante le texte mutilé de Gaius : *Quando in jure te conspicio,* disait le demandeur, *postulo an fias autor quâ de re nexum mecum fecisti.* L'adversaire répon-

---

(35) La *contravindicatio* ne pouvait, dans cette hypothèse, se produire sous une forme affirmative, le défendeur eût affirmé l'existence d'une servitude sur son propre fonds ce qui eût été contraire à la règle : *nemini res sua servit.*

(36) Keller, *Procédure civile des actions,* p. 60 et s.

dant négativement, il continuait ainsi : *Quando negas sacramento quingenario te provoco, si propter te, fidemve tuam captus fraudatusve sim.* À cette provocation, le défendeur répondait : *Quando ais neque negas me nexum fecisse tecum, similiter ego te sacramento provoco, si propter me fidemve meam captus fraudatusve non sies.*

Nous ne pensons pas que la formule ainsi reconstituée soit la véritable, ce qui indique qu'il s'agit d'une action personnelle, c'est le mot *nexum*, mais la nature même du droit qui est de créer un rapport de personne à personne, ne transparaît pas dans la forme, comme lorsqu'il s'agit d'un droit réel : or c'est, nous l'avons vu, le caractère des formules romaines que d'indiquer par elles-mêmes la nature du droit à établir, ou à faire valoir. Il y a toujours concordance entre la forme et le fond. Nous préférerions donc la restitution donnée par M. Huschke d'après Valérius Probus, et qui est plus en harmonie avec la formule de l'action réelle : AIO, disait le demandeur, TE MIHI DECEM MILLIA SESTERTIUM DARE OPORTERE. Le défendeur répondait négativement, puis, avait lieu la provocation au *sacramentum* : *Quando negas...* etc. L'adversaire répondait : *Quando ais neque negas...* etc. On le voit, le rapport de personne à personne qui est de l'essence de l'obligation ressortait très nettement des paroles prononcées par les deux parties.

Maintenant, que la cause légale servant de base à l'obligation, entraînât dans la formule certaines particularités, c'est ce qui ne saurait être mis en doute, bien que ce ne soit là, en somme, qu'une pure conjecture. Ce qui la rend tout d'abord vraisemblable, c'est le texte où Gaius nous représente le plaideur perdant son procès pour avoir agi *de succisis vitibus* au lieu *de succisis arboribus*.

En second lieu, si, nous plaçant sous le système formulaire nous examinons l'*intentio* de certaines actions personnelles, et si nous admettons, ce qui est très vraisemblable, que cette *intentio* tirait son origine des actions de la loi et figurait déjà dans l'action *sacramenti in personam*, nous aurons la preuve que celle-ci revêtait des formes variant avec la cause de l'obligation. Prenons pour exemple l'action *furti*. L'*intentio* de cette action ne tendait pas à *dare oportere*, mais à *pro fure damnum decidere oportere*; il est donc probable que ces expressions figuraient déjà dans l'action *sacramenti in personam* applicable au *furtum nec manifestum* et que l'affirmation du demandeur était conçue en ces termes : *Aio ope consiliove tuo* (ou simplement *a te*) *mihi furtum factum esse pateræ aureæ, ob eamque rem, te pro fure damnum decidere oportere*. Ce qui corrobore cette manière de voir, c'est que l'action dont nous parlons, et dont l'objet n'était pas la plupart du temps un pur *certum*, était susceptible d'être exercée par le *sacramentum* qui supposait cependant un *certum* de ce genre. S'il en était ainsi, c'est que l'on avait soin de n'insérer dans la formule que ce qui pouvait être résolu par oui ou par non, savoir si le défendeur était tenu de réparer le préjudice causé au demandeur par tel ou tel vol, *an pro fure damnum decidere oportet* (36) ?

(36) Keller : *op. cit.*, § 63.

La procédure *in jure* se terminait par l'engagement réciproque de comparaître à jour fixe devant les décemvirs, les centumvirs ou le juge choisi par les parties et institué par le magistrat, ou bien, depuis la *lex Pinaria*, de comparaître de nouveau au bout de 30 jours pour faire choix d'un juge auquel cas, le jour venu, intervenait un nouvel engagement de comparaître à jour fixe devant le juge désigné.

Lorsque devant le préteur l'affaire ne pouvait se terminer le jour même de la comparution, les parties se promettaient réciproquement de se représenter à jour fixe : cette promesse était connue sous le nom de *vadimonium*. Elle était garantie par des cautions que l'on appelait *vades* (Gaius, IV, § 184, Varron *de ling. lat.*, v. 7.)

Litis estimatio. —L'objet du procès étant, dans la *legis actio* dont nous nous occupons, uniquement de savoir *utrius justum sit sacramentum*, il fallait nécessairement, lorsque la prétention du demandeur ne portait pas sur une somme d'argent, il fallait bien, disons-nous, évaluer pécuniairement cette prétention (36 *bis*). Il paraît avoir existé à cet effet une pro-

---

(36 *bis*) Le principe des condamnations *ad ipsam rem* ne paraît pas avoir été celui de l'ancien droit romain. Les voies d'exécution rentraient dans l'*imperium* et n'appartenaient qu'aux magistrats. Les juges simples particuliers ne pouvaient en user.

Gaius : IV. 89.

Pomponius, L. 9 § 1, Dig. *de Furtis*, 47-2.

Dans le dernier état de droit classique, il n'en fut plus ainsi. C'est ce qui semble résulter de la loi 68 au Dig. *rei vindic*, (VI. I). Toutefois, il existe sur ce texte une controverse dans les détails de laquelle nous ne pouvons entrer, disons seulement que l'opinion que nous venons d'émettre est celle qui tend à prévaloir parmi les interprètes.

cédure particulière que Valerius Probus appelle *arbitrium litis æstimandæ* procédure d'ailleurs accessoire du *sacramentum* et qui se déroulait soit devant le juge qui avait rendu la décision principale, soit devant des arbitres.

Nous ne possédons aucun renseignement sur cette partie du procès. Cependant quelque chose de bien analogue nous est mentionné par Festus (*v° vindiciœ*) à propos du *judicium repetundarum* qui dans son dernier état se présente comme un *judicium publicum*, mais qui dans le principe constituait un véritable procès civil auquel le *sacramentum* était applicable.

Nous n'insistons pas sur la *litis æstimatio* qui fait plutòt partie de la procédure *in judicio* que de la procédure *in jure*.

II. — JUDICIS POSTULATIO.

Nos explications sur cette seconde *legis actio* seront brèves, car les renseignements nous font complètement défaut. Ils se bornent à la connaissance de la formule sacramentelle que les parties devaient réciter devant le juge, formule qui nous a été transmise par Valérius Probus et qui était ainsi conçue : *Judicem arbitrumve postulo uti des*. Elle était sans doute précédée d'un exposé sommaire du litige. La *judicis postulatio* était le complément indispensable du *sacramentum*. Ce dernier mode d'action ne convenait en effet qu'aux contestations susceptibles d'être résolues par oui ou par non ; mais il est loin d'en être toujours ainsi : le débat devait souvent porter sur des rapports de droit incertains et flottants ; chacune des parties pouvait avoir des obligations l'une envers l'autre ; ce qu'il leur fallait, c'était un tiers intelligent et équitable, chargé de régler d'après son appréciation personnelle le point litigieux et les obligations respectives des plaideurs ; il leur fallait en d'autres termes ce *mite*, ce *moderatum* dont l'absence était le trait caractéristique de la procédure *per sacramentum*.

C'était là le véritable motif de la création de la *judicis postulatio* (37). On en a cependant cherché d'autres. On a dit qu'avant la loi *Pinaria* il n'y avait jamais dation de juge dans l'action *sacramenti* et que, par conséquent, lorsqu'on voulait un juge, il fallait recourir à la *judicis postulatio* qui ne faisait ainsi pas double emploi avec le *sacramentum*. Ce système ne repose pas sur une base bien solide, car précisément, cette prétendue innovation de la loi *Pinaria* est contestée. Autorisa-t-elle pour la première fois la dation d'un juge dans l'action *sacramenti*, se borna-

(37) La formule précitée portait le nom ARBITER qui désigne dans le langage de la procédure romaine un juge ayant des pouvoirs plus larges que le JUDEX proprement dit. Mais ici, la signification de ce mot n'est pas bien grande puisqu'il se trouve à côté du mot *judex*. De là entre les iurisconsultes romains une controverse sur la question de savoir si le tiers chargé de vider le débat devait être appelé *judex* ou *arbiter*, discussion dont Cicéron se moque dans son *Pro Murena*.

La *judicis postulatio* nous paraît être postérieure au *sacramentum*. Cette marche est conforme au développement général du droit romain. On objecte que les formes raides du *sacramentum* ne durent jamais s'adapter d'une manière bien satisfaisante aux matières comprises dans la *judicis postulatio*, qu'il devait y avoir pour ces sortes d'affaires une action spéciale. Cette observation n'est pas décisive, tout ce que l'on peut en tirer, c'est que la *judicis postulatio* est bien antérieure à la *condictio*.

t-elle à décider que le juge qui auparavant était donné de suite ne serait plus désigné qu'après un délai de quarante jours ? L'une ou l'autre opinion devra être admise suivant que la lacune qui se trouve dans le manuscrit de Gaius (IV, 15) après les mots *ante eam legem* sera comblée par le mot *nondum* ou par le mot *statim*. C'est à cette dernière restitution que nous nous rallions (V. Accarias, II, n° 733. Dubois, *Institutes de Gaius* sur le § 15 du comm., IV, note 45), et nous pensons que dès avant la loi *Pinaria*, les parties pouvaient demander la nomination d'un juge. L'unique objet de cette loi fut de placer un délai de trente jours entre l'exposé des prétentions des parties et cette nomination ; dès lors la *judicis postulatio* ne pouvait avoir, pour raison d'être, que la nécessité de donner au juge, dans certains cas, des pouvoirs plus larges.

III. — CONDICTIO.

Ici encore, les renseignements nous manquent. En quoi consistait la procédure *per condictionem* ; quel était le besoin qui avait provoqué sa création ? Telle est la question assez obscure qui se présente à notre examen.

La *legis actio per condictionem* avait emprunté son nom à la sommation (*condictio id est denuntiatio.* — Festus, V° *Condictio*) faite par le demandeur à son adversaire de se trouver avec lui le trentième jour devant le magistrat pour faire choix d'un juge. Elle avait été introduite par la loi *Silia*, DE CERTA PECUNIA CREDITA ; plus tard la loi *Calpurnia* l'étendit à toute espèce d'obligations certaines. Mais ces sortes d'obligations pouvaient être poursuivies par le *sacramentum* ; pourquoi donc introduisit-on cette nouvelle manière de procéder ? Gaius se posait déjà la question (IV. § 20), mais à tort, « car il ne pouvait être question de combler une lacune qui n'existait pas, mais de perfectionner ce qui existait » ; le but des deux lois précitées nous paraît donc avoir été de simplifier les formes de la procédure. Ceci nous amène à étudier en quoi consistait précisément la *legis actio per condictionem*. L'acte capital de cette forme de procéder était la sommation faite par le demandeur au défendeur de se trouver à jour fixe devant le magistrat pour faire choix d'un juge ; cette sommation faisait sans doute connaître l'objet de la demande ; on évitait ainsi la première comparution devant le magistrat. Cela implique que la *denuntiatio* était un acte extrajudiciaire, idée qui nous paraît exacte mais qui n'est pas admise par tout le monde. On objecte en effet que la sommation n'aurait pas fait, dans notre système, partie intégrante de la *legis actio*, qu'elle n'en aurait été que le préliminaire, et qu'il serait alors bien étrange qu'elle en eût déterminé le nom (38). Cette observation n'est pas sans réplique. D'abord, pourquoi une procédure n'emprunterait-elle pas son nom à l'acte introductif d'instance ? En second lieu, si la sommation devait se faire *in jure* en présence du magistrat, où se trouvaient la simplification, l'abréviation de délai que recherchaient les lois *Silia* et *Calpurnia* ? Il y aurait eu

(38) Accarias, II, 144 ; Ortolan, n° 1876.

comme par le passé deux comparutions, et l'améliora-
tion n'eût pu consister que dans la suppression des
paroles solennelles dont la prononciation était imposée aux parties avant la constitution du *sacramentum*. Or, dans les actions personnelles, ces paroles se
réduisaient à fort peu de chose ; l'intérêt de l'innovation eût donc été absolument nul.

Supposons des parties éloignées de Rome, elles auraient dû, dans le système que nous combattons,
accomplir ce voyage dans le but unique de permèttre
au demandeur de faire de la *denuntiatio* une véritable
legis actio, c'est-à-dire de la faire en justice, pour s'en
retourner après avoir prononcé quelques paroles, et
revenir ensuite trente jours après s'occuper en réalité
de la cause. D'après notre manière de voir, les parties
n'avaient pas à se déplacer et pouvaient se contenter
d'une sommation extrajudiciaire. La coexistence de
la *condictio* avec le *sacramentum* et la *judicis postulatio* se trouve ainsi bien expliquée ; ajoutons qu'aucun texte ne vient à l'encontre de cette conjecture
très vraisemblable (39).

Que se passait-il maintenant après la *denuntiatio ?*
On a prétendu que la *legis actio per condictionem* était
« une fiction de la loi dont l'effet est de faire tenir
pour condamné le défendeur qui ne comparaît pas »
(40) On a vu en d'autres termes dans la *condictio* l'origine des condamnations par défaut. L'argument
capital de cette doctrine se trouve dans un passage de

39. Keller, *loc. cit.*, p. 73. Ihering, § 56, p. 324.
40. Latreille, 187.

Cicéron (*Pro Roscio,* 10) : « *Pccunia,* disait l'orateur à son adversaire, *tibi debebatur certa, quæ* NUNC *petitur per judicem.* » A ce moment donc, c'est-à-dire à une époque où les actions de la loi avaient été abrogées par la loi *Aebutia,* la *pecunia certa* était demandée en justice au moyen de la nomination d'un juge ; donc avant cette époque et sous le régime des actions de la loi, la *condictio* qui avait pour objet la demande d'une somme déterminée ne s'exerçait pas *per judicem.* Sans doute Gaius, au § 18 du Commentaire IV, nous dit que : *actor adversario denuntiabat ut ad judicem capiendum die* XXX *adesset.* Mais la contradiction avec le passage précité de Cicéron n'est qu'apparente. Le demandeur sommait son adversaire de se présenter pour faire choix d'un juge, c'était là l'acte essentiel de la *condictio,* mais le défendeur pouvait ne pas obtempérer à cet ordre, il y avait alors absence de juge, condamnation par défaut ; c'est le cas auquel Cicéron fait allusion et auquel s'appliquait la *condictio.* Si au contraire le défendeur déférait à la *denuntiatio* et se présentait au jour fixé devant le magistrat, il était procédé dans la forme ordinaire à la nomination d'un juge, mais on retombait alors dans la *judicis postulatio.*

Cette théorie est très ingénieuse, elle ne nous paraît pas cependant devoir être admise ; elle est trop contraire au texte de Gaius qui ne fait aucune distinction et semble au contraire, regarder la nomination du juge comme essentielle à la marche de la *legis actio*, sans faire aucune allusion à une condamnation feinte. L'argument *a contrario* tiré de Cicéron est loin d'être décisif, il nous amènerait à un résultat trop contraire aux principes les plus certains de la procédure romaine, savoir que la condamnation ne pouvait intervenir qu'à la suite du contrat judiciaire formé par la *litis contestatio.*

L'absence systématique de l'adversaire ne pouvait sans doute paralyser les droits du demandeur ; mais que résultait-il de là ? C'est que le débiteur était considéré comme *confessus* ; c'est à ce titre seul que les voies d'exécution pouvaient être exercées contre lui.

Les parties devaient donc comparaître en personne devant le magistrat. Quels étaient alors les actes qu'elles devaient accomplir dans cette comparution unique ? N'y avait-il pas un élément destiné à fournir au futur *judicium* sa direction, destiné particulièrement à en fixer l'objet et à remplacer ainsi la première comparution qui avait lieu dans l'action *sacramenti,* comparution consacrée, nous le savons, à l'énonciation de la prétention du demandeur, à la contradiction de l'adversaire et à la constitution du *sacramentum?* L'affirmative n'est pas douteuse. Il intervenait très probablement, de la part des parties dans la *condictio e lege Siliâ,* une *sponsio* et une *restipulatio tertiæ partis* c'est à dire un pari, mais dont le montant, à la différence de ce qui avait lieu dans le *sacramentum,* était attribué à la partie qui avait obtenu gain de cause (41). Nous ne trouvons, il est vrai, aucun texte formel à l'appui de cette opinion mais elle peut s'induire de ce que la *sponsio* existait très certainement dans l'action de *certâ creditâ pecuniâ* qui remplaça la *legisactio per*

---

(41) Cette *sponsio* avait aussi sur le *sacramentum* cet avantage que la somme à payer par la partie qui succombait, était proportionnée à l'importance du litige et variait avec elle.

condictionem. Son passage de l'une à l'autre est donc très probable. Quant à la *condictio lege Calpumia* il n'est question ni directement ni indirectement d'une *sponsio penalis* qui aurait servi à établir le passage entre la procédure *in jure* et la procédure *in judicio*, et cependant, si une pareille *sponsio* eût existé, elle aurait certainement laissé des traces dans les textes. Ce passage se faisait, croyons-nous, par quelque chose d'analogue à la formule des temps postérieurs, par une déclaration verbale ou écrite du magistrat, déclaration précisant la mission du juge. Cette conjecture explique fort bien un passage où Gaius nous dit qu'il ne fut, sous le système formulaire, composé aucune formule *ad condictionis fictionem*, c'est-à-dire qu'il ne fut composé aucune formule s'appuyant sur la fiction d'une *legis actio per condictionem*, supposant l'accomplissement de cette *legis actio* pour en admettre plus ou moins les effets.

Gaius, IV, § 33.

S'il en était ainsi, c'était par une raison bien simple, parce que la formule existait déjà.

IV. — MANUS INJECTIO

Le nom seul de ce moyen de contrainte nous en indique le trait caractéristique. Le créancier pratiquait une sorte de mainmise sur la personne de son débiteur, *manum injiciebat* en prononçant certaines paroles solennelles, afin de le contraindre à exécuter la condamnation prononcée contre lui ou l'obligation par lui reconnue. Plus tard certaines créances furent, par privilège spécial et indépendamment de tout jugement ou de toute *confessio*, revêtues de la force exécutoire et sanctionnées par la *manus injectio*. On peut donc considérer cette *legis actio* comme une voie d'exécution.

Nous retrouvons ici les caractères généraux du *sacramentum*, solennité dans les paroles, solennité dans les actes du créancier : *quod tu mihi judicatus sive damnatus es sestertium decem millia quæ dolo malo non solvisti, ob eam rem ego tibi sestertium decem millum judicati*, MANUS INJICIO. Ce sont les termes mêmes de la loi des XII Tables *manus injectio esto* ; il y avait là une *actio ipsarum legum verbis accommodata*. La corrélation entre le mode d'établissement du droit et la mise en œuvre de ce droit était moins apparente. Le droit invoqué ressortait du jugement *œris debiti jure judicatis*. Or, le jugement n'était que l'expression d'une simple opinion, le juge décidait simplement lequel des deux plaideurs avait gagné ou perdu son pari, il ne prononçait aucune condamnation, la sentence ne renfermait aucun ordre, aucune injonction à la partie perdante. La formule de la *manus injectio* aurait dû être un simple rappel de la sentence rendue ; or, il n'en était pas ainsi, elle renfermait l'idée d'une condamnation antérieure. Cette condamnation était celle à laquelle aboutissait la procédure accessoire qui suivait la sentence et que nous avons appelée avec Valerius Probus *arbitrium litis æstimandæ*. C'est avec cette procédure dont l'effet était d'établir d'une manière nette et précise le droit du gagnant, que concordait la formule de la *manus injectio*. Quant aux actes auxquels devait se livrer le créancier, c'est la main qui y jouait le plus grand rôle, la main dont on a dit que c'est la partie la plus importante du corps après la langue, organe qui doit agir dans tout acte juridique. La langue annonce la résolution, la main l'exécute, c'est ce qui avait lieu dans notre hypothèse, la main y était le symbole de la puissance juridique.

Le fait de la *manus injectio* devait-il avoir lieu *in jure*; n'était-ce au contraire qu'un acte extrajudiciaire? On admet généralement la première alternative; on pense qu'avant d'exercer la *manus injectio*, le demandeur devait conduire son adversaire devant le magistrat et qu'alors seulement intervenaient la mainmise et la prononciation des paroles solennelles. On s'est fondé sur un texte où Gaius nous dit que certains auteurs avaient dénié à la *pignoris capio* le caractère d'une action de la loi « quod pignoris capio extra jus peragebatur, non apud prœtorem... cùm alioquin cœteris actionibus non aliter uti possent quam apud prœtorem ».

Gaius, IV, § 29.

Voici le raisonnement qu'on fait : certains jurisconsultes n'avaient pas voulu voir dans la *pignoris capio* une action de la loi parce qu'elle ne s'accomplissait pas devant le préteur *à la différence des autres actions*; donc celles-ci, et par conséquent la *manus injectio*, avaient bien lieu *in jure*.

Cette conclusion ne nous paraît pas exacte, et nous pensons que l'acte matériel de la *manus injectio* pouvait parfaitement se passer *extra jus*, c'est-à-dire hors la présence du magistrat. La preuve qu'il en était ainsi nous paraît résulter du texte suivant de la loi des XII Tables.

Si CALVITUR PEDEM VE STRUIT MANUM ENDO JACITO, on supposait dans ce texte une résistance à l'*in jus voca-tio*, la *manus injectio* avait pour but de forcer le défendeur à comparaître *in jure* ; cela implique le caractère extrajudiciaire. On a alors dit qu'il ne s'agissait pas dans ce texte de la *legis actio per manus injectio-nem*, que celle-ci se trouvait désignée par ces mots : *in jus ducito, secum ducito*, sans y être expressément nommée ; mais alors on se trouverait en présence d'une *legis actio*, c'est-à-dire suivant Gaius, d'une *actio ipsarum legum verbis accomodata,* où les *verba legis* feraient complètement défaut, qui manquerait même de la plus légère indication dans la loi. « Bien plus, les *verba legis* existeraient ; mieux encore, l'acte serait désigné par la loi comme *manus injectio* et la *legis actio* manquerait ! » (42) L'un des caractères les plus essentiels des actions de la loi serait, dans ce système, complètement méconnu.

Le passage de Gaius que l'on nous oppose est loin d'être inconciliable avec l'opinion que nous venons d'émettre. Le fait de la *manus injectio* (manus injectio *stricto sensu*) ne constituait pas à lui seul la procédure, la *legis actio* de ce nom ; il n'était que le préliminaire, l'acte introductif d'une instance ultérieure qui, elle, se déroulait devant le magistat, il pouvait dès lors avoir lieu extrajudiciairement, sans faire dégénérer pour cela le caractère de la procédure elle-même.

(42) Ihering : III, § 56, p 324,

Dans le *sacramentum*, la *deductio* du dernier état du droit, avait indubitablement lieu hors de la salle d'audience ; lors donc que Gaius nous dit que toutes les *legis actiones*, à l'exception de la *pignoris capio* avaient lieu devant le préteur, il ne veut parler que des règles fondamentales de la procédure : *modi quibus lege agebatur*.

Qu'était-ce maintenant que cette procédure à laquelle présidait le magistrat, quel était son objet, quelles étaient les formes dont elle était entourée? Le procès s'élevait lorsque le débiteur sur lequel la *manus injectio* avait été pratiquée contestait la validité de cette mesure, c'est-à-dire soit l'existence et le montant de la dette, dans les cas où les règles sur la chose jugée autorisaient cette contestation, soit l'observation des délais légaux. La *manus injectio* était donc une forme de procéder purement conditionnelle, elle restait un acte de justice privée, un acte extrajudiciaire dans le cas ou le débiteur ne disait rien et en reconnaissait ainsi le bien fondé ; elle devenait procédure dans le cas contraire. Nous repoussons ainsi toute distinction entre des *manus injectiones* judiciaires et des *manus injectiones* extrajudiciaires; il n'y avait, selon nous, qu'une seule *manus injectio* qui pouvait s'accomplir *extra jus* et donnait lieu, le cas échéant, à un véritable litige. Le défendeur qui élevait une contestation contre les prétentions du demandeur ne pouvait agir par lui-même, il devait fournir un *vindex*, c'est-à-dire un représentant. Ce représentant ne pouvait intervenir qu'*in jure* c'est ce qui explique pourquoi, aussitôt après avoir arrêté son débiteur et pratiqué sur lui la *manus injectio*, (42 *bis*) le créancier le conduisait devant le magistrat. Dans certains cas dont il sera question plus loin, le *vindex* n'était pas exigé et il était permis au débiteur *manum sibi depellere et pro se lege agere,*

L'existence de la procédure qui se produisait lorsque le défendeur opposait à la *manus injectio* une résistance non pas de fait, car la force en eût en raison, mais de droit, nous est révélée par plusieurs passages de Gaius. Il n'était pas permis au débiteur, nous dit-il, *manum sibi depellere* et PRO SE LEGE AGERE, il devait fournir une *vindex qui pro se* CAUSAM AGERE *solebat* qui devait agir à sa place, qui devait le représenter dans la procédure.

Gaius, IV, 21.

Ce *vindex* agissait *lege* en place du débiteur, or il ne pouvait intervenir que l'acte de la *manus injectio* une fois consommé, et cette intervention se faisait en présence du magistrat ; donc l'action de la loi n'était pas une simple voie d'exécution sur la personne, mais une véritable procédure ayant pour but la reconnais-

---

(42 *bis*) On dit généralement que le créancier emmenaît son débiteur devant le magistrat pour qu'il pût se le faire adjuger par ce dernier ; cette *addictio* étant nécessaire pour que la *manus injectio*, envisagée en tant qu'acte de justice privée, pût produire les effets dont nous parlerons tout à l'heure. Cette idée ne nous paraît pas exacte ; il n'est pas question dans la loi des XII Tables d'une *addictio* à prononcer par le magistrat. « Ni judicatum facit aut quis endo eo in jure vindicit, secun ducito. » Gaius (IV. 20) s'exprime d'une manière analogue « qui vindicem non dabat domum ducebatur ab actore ». En présence de ces autorités importantes, le renseignement d'Au-lngelle (Nuits attiques XX. 1 44) : ad prætorem ducebantur et ab eo *addicebantur*, mérite-t-il d'être pris en considération ?

sance du droit du créancier, reconnaissance qui s'opérait *in jure*.

Les mots : LEGE AGERE, CAUSAM AGERE semblent bien indiquer que la *legis actio* dont nous parlons était constituée par autre chose que par le fait matériel de la *manus injectio*, et qu'il y avait là une procédure proprement dite donnant lieu à la constitution d'un *judicium*. Pour Gaius, le procédé normal c'était *lege agere* par soi-même ou par le *vindex* : c'est d'une façon tout à fait secondaire qu'il considère la *manus injectio* comme une procédure d'exécution.

Quelles étaient maintenant les formes de cette procédure ? Ici nous retombons dans le domaine des conjectures ; il est possible qu'il y ait eu des formalités spéciales. On ne peut tirer en sens contraire aucun argument du silence de Gaius sur ce point, étant donné le motif qu'il donne pour justifier son exposé des *legis actiones* (IV, § 10, voir à propos de la *pignoris capio* l'explication de ce paragraphe). Peut-être suivait-on alors la forme ordinaire de procéder, mais alors la *legis actio per manus injectionem* se serait confondue avec les autres, ce qui rend cette hypothèse assez invraisemblable (43).

(43) Lorsque le débiteur voulait contester le droit du demandeur et provoquer ainsi la procédure dont nous parlons, il n'avait qu'à nier l'existence de la dette ou l'observation des formes prescrites. C'était au créancier qui, en exerçant la *manus injectio*, s'était constitué demandeur éventuel dans le débat sur sa légitimité, c'était au créancier, disons-nous, à établir la fausseté des allégations de son adversaire. Cette fausseté reconnue, le débiteur ou son *vindex* encourait la condamnation au double. C'est là une conjecture qui n'est établie, il est vrai, par aucun texte positif, mais qui explique très bien les effets de la *revocatio in duplum* et ceux de l'*infiliatio* dans l'action *judicati* du droit classique.

V. Accarias, II, p. 821, note 2.

L'objection capitale que l'on fait au système que nous venons d'exposer, c'est qu'avec notre manière de voir, une procédure judiciaire empruntait son nom à un acte extrajudiciaire ; l'observation est exacte mais elle ne porte pas, nous avons eu occasion de dire pourquoi à propos de la *condictio*, dont l'acte principal s'accomplissait lui aussi, hors de la présence du magistrat. Dans la *legis actio* par excellence, dans le *sacramentum*, l'un des traits caractéristiques de cette procédure, la *manuum consertio*, s'est accomplie pendant longtemps extrajudiciairement.

Dans les cas où aucune contestation ne s'élevait de la part du débiteur, la *manus injectio* ne constituait qu'un acte solennel de justice privée. Cela se comprenait fort bien, même à une époque où cette manière un peu primitive de faire valoir ses droits était abandonnée. Quels étaient en effet, dans le principe, les cas où la *manus injectio* était possible ? C'était le cas où le débiteur avait été condamné par jugement, et celui où il avait reconnu son obligation. Il paraît dès lors assez naturel, étant donné, d'un côté, l'esprit conservateur, de l'autre, la rudesse des anciens Romains, que les idées de vengeance qui avaient été dans le principe l'unique sanction du droit méconnu, se réveillassent pour l'exécution d'obligations déclarées valables par un pouvoir judiciaire régulièrement organisé, ou par le débiteur lui-même.

Certaines lois admirent dans la suite la possibilité de la *manus injectio* dans des cas où il n'y avait pas condamnation proprement dite, on feignait alors l'existence d'un jugement, le créancier agissait *pro judicato*. Gaius cite entre autres la loi *Publilia* qui autorisait ce moyen de contrainte contre celui qui, cautionné par un *sponsor*, ne lui remboursait pas dans les six mois la somme jusqu'à concurrence de laquelle le cautionnement était intervenu. La loi *Furia de sponsu* qui donnait la *manus injectio* contre celui qui avait poursuivi le *sponsor* pour une portion supérieure à sa part virile, et la loi *Furia testamentaria* contre celui qui aurait reçu à titre de legs ou de donation à cause de mort plus de 1,000 as, sans être dans un des cas d'exception où la loi autorisait un legs plus considérable. La même sanction était attachée à la *lex Marcia* qui permettait aux débiteurs d'agir contre les usuriers en restitution des intérêts indûment perçus.

Gaius, IV, §§ 22 et 23.

Dans les deux derniers cas, la *manus injectio* était *pura*, c'est-à-dire que le débiteur qui résistait n'avait pas besoin de *vindex* et qu'il lui était permis *pro se lege agere*.

Gaius, IV, § 24.

En ce qui touche les obligations contractées dans la forme du *nexum* il n'est pas douteux que leur exécution ne pût être poursuivie par la *manus injectio*. L'engagement que le débiteur faisait de sa propre personne, devant témoins, n'était-il pas le plus énergique de tous les aveux, et ne rentrait-on pas dès lors dans le texte même des XII Tables, *œris confessi?*

Les interprètes se sont demandés si la *manus injectio* était applicable au cas où le débiteur avait promis de payer sous la condition que son adversaire prêterait le serment, il faut répondre affirmativement ; la condition une fois accomplie, le débiteur devait être considéré comme *confessus*.

On discute aussi la question de savoir si l'obligation qui incombait au vendeur de payer le double du prix de la chose à l'acquéreur évincé était sanctionnée par la *manus injectio*. Nous pensons avec M. Ihering (I, § 14, p. 159), que la circonstance que cette action tendait au double *a priori* et non point à la suite d'une dénégation écarte toute idée de *manus injectio* : « Si on avait pu appliquer la *manus injectio* dans ce cas, le montant déjà double de la condamnation aurait dû lui-même être doublé, ce qui est aussi peu vraisemblable que peu prouvé. »

Nous savons enfin que la *manus injectio* intervenait en cas de résistance du défendeur à l'*in jus vocatio*, le refus de comparaître en justice constituait un aveu tacite. Tout procès pouvait de cette façon donner lieu à la *manus injectio*, revêtir cette forme particulière de procéder et l'on peut sous ce rapport dire d'elle ce que Gaius (§ 13) disait du *sacramentum,* qu'elle était d'une application générale, *generalis.*

En résumé, la *manus injectio* n'était pas d'une manière absolue, une voie d'exécution, dans le sens où cette expression est prise aujourd'hui, elle l'était quand le débiteur n'élevait aucune contestation. Le créancier pouvait alors l'emmener comme prisonnier dans sa maison sans avoir, nous l'avons dit, besoin d'aucune *addictio* de la part du magistrat. La loi des XII Tables entrait à cet égard dans des détails très minutieux ; et, pour réprimer les mauvais traitements excessifs dont les créanciers accablaient leurs débiteurs, elle avait déterminé le poids des chaînes qui ne devait pas excéder 15 livres, et la nourriture qui devait être au moins d'une livre de farine par jour, comme celle des esclaves. Mais le débiteur pouvait à ses frais se procurer une nourriture plus abondante. SI VOLET SUO VIVITO. Courait ensuite un délai de soixante jours pendant lequel le débiteur pouvait entrer en arrangement avec son créancier, mais sans qu'aucune contestation ne fût permise. Durant ce délai, il était conduit à trois jours de marché consécutifs, sur la place publique, où la somme due était proclamée. On voulait ainsi exciter la pitié et amener quelqu'un à payer la dette. A l'expiration du délai, si personne ne se présentait, le débiteur était vendu comme esclave *trans Tiberim*, la loi ne voulait pas qu'un Romain devînt esclave dans Rome.

Le créancier avait-il le droit de tuer son débiteur? A cet égard, la loi des XII Tables n'était pas formelle, aussi beaucoup d'auteurs ont-ils refusé d'y voir la consécration d'un droit aussi monstrueux, et ont-ils entendu le fameux texte TERTIIS NUNDINIS PARTES SECANTO, dans le sens du partage des biens et non du partage des membres du débiteur. Mais en présence des explications si précises d'Aulugelle (44), de Quintilien (45), de Tertullien (46), il n'est pas possible de douter que la loi ne consacrât en effet ce droit barbare. Si la loi des décemvirs n'eut prescrit que le partage des biens, les auteurs que nous venons de citer ne se seraient pas élevés avec tant de violence contre la cruauté de la loi. Cette cruauté se trouvait du reste en harmonie avec l'esprit général de la légis-

(44) *Nuits attiques*, XX, I.
(45) *Inst. orat.*, III, 6.
(46) *Apoloj.*, cap. 4.

lation romaine. Le père avait le droit de vie et de mort sur le *filius familias*, le maître sur son esclave, rien d'étonnant que le créancier eût le même droit sur son débiteur devenu son esclave pour défaut de paiement de sa dette. Et quand on voit, à la fin de tout débat judiciaire, la peine de mort comme *ultima ratio*, on ne doit pas être surpris « que le législateur n'ait pas reculé devant la pensée de partager ce cadavre qu'il venait de priver de la vie » (47).

Aulugelle nous apprend que jamais créancier n'usa de ce droit rigoureux, aussi a-t-on pu dire avec raison (48) que cette mesure n'avait été édictée qu'en vue d'amener les parties à une composition.

Tous les détails que nous venons de donner sur la *manus injectio* envisagée comme mesure d'exécution proprement dite, sont empruntés à Aulugelle ; Gaius n'en dit pas un mot ; ce qui prouve une fois de plus qu'en parlant de la *legis actio per manus injectionem*, il avait en vue, non une voie d'exécution, mais une procédure proprement dite.

V. — PIGNORIS CAPIO

Pour certaines créances de nature diverse, mais se rattachant toutes au droit public ou religieux, l'ayant-droit était autorisé à saisir, de son propre chef, un gage sans l'intervention de l'autorité, et même en l'absence de l'adversaire.

Gaius, IV, §§ 27 et 28.

(47) Latreille, n° 171. Bonjean, I, p. 403 et 404. Keller, p. 395. Accarias, II, n° 822.

(48) Keller, *loc cit.*

Des paroles solennelles que nous ne connaissons pas devaient être prononcées. C'était là la *pignoris capio*, forme de justice privée que plusieurs législations anciennes (49) ont, comme le droit romain, retenu de leur période d'origine.

Gaius, dans un texte déjà cité, rapporte que certains jurisconsultes ne plaçaient pas la *pignoris capio* au nombre des actions de la loi, par ce motif qu'elle ne supposait pas la présence du magistrat, ni celle de l'adversaire, et qu'elle pouvait s'accomplir un jour néfaste. Si le fait de se saisir d'un gage avait constitué à lui seul la *legis actio per pignoris capionem*, et s'il n'y avait eu là qu'un acte de justice privée solennelle ne conduisant pas à une procédure judiciaire ultérieure, la classification de Gaius qui met la *pignoris capio* sur la même ligne que les autres modes de procéder, n'aurait pu échapper au reproche de contenir une grave erreur de logique. Nous retrouvons donc ici la question déjà examinée à propos de la *manus injectio* : La *pignoris capio* était-elle constituée exclusivement par l'acte matériel auquel elle avait emprunté son nom? Cet acte n'était-il au contraire que le prélude, l'acte introductif, la cause occasionnelle d'une procédure

---

(49) Notamment la loi salique ou il est question de *pignoratio*. Le plai-gnant devait, sous une forme solennelle, donner une série d'avertissements à celui qu'il accusait et dont il se proposait de saisir les biens. Il ne pouvait procéder à la saisie avant d'avoir cité son adversaire devant l'assemblée du peuple, et avant que l'officier de la Cour populaire n'eût prononcé une for-mule autorisant la saisie.

La vieille législation irlandaise (*Senchus Mor*) renfermait également quelque chose d'analogue à la *pignoris capio* du droit romain.

Voir sur ce point les intéressants développements donnés par M. Sumner Maine *loc. cit.*, p. 345 et suiv.

ultérieure ? Il est certain que, lorsque le saisi reconnaissait le droit de son adversaire, la saisie suivait son cours naturel sans qu'il fût question de procès ; la *pignoris capio* était alors un acte dé justice privée. Mais le débiteur pouvait contester le droit de son adversaire, sans cela la *legis actio* dont nous parlons « aurait été un bill d'indemnité accordé à toute espèce de saisie arbitraire, au brigandage et à la violence » (Ihering, § 14). En d'autres termes : « Toutes les formalités qui présidaient à l'exécution personnelle devaient accompagner aussi l'exécution réelle ; comme l'acte de la *manus injectio,* celui de la *pignoris capio* doit avoir été suivi le cas échéant d'une procédure ayant pour but l'examen de sa légitimité, et ce n'est assurément pas faire une supposition hasardée que de croire que cette procédure a pris le nom de *legis actio per pignoris capionem* tout comme la procédure introduite au sujet de la *manus injectio* a pris le nom de *legis actio per manus injectionem* d'après le nom de l'acte qui y donnait ouverture. »

Quelle était dans cette procédure celle des deux parties qui jouait le rôle de demandeur ? Au premier abord, on pourrait croire que ce rôle incombait au saisi, c'était lui en effet qui contestait le droit du saisissant, c'était donc à lui à fournir ses preuves. Il n'en était cependant pas ainsi. Comme nous l'avons dit à propos de la *manus injectio,* celui qui avait exercé la justice privée se constituait par le fait même demandeur éventuel dans le débat sur sa légitimité (50).

---

(50) Cicéron, *in Verrem,* III, II, 27 : *Publicanus* (le publicain qui jouissait de la *pignoris capio* pour le recouvrement des contributions) PETITOR *ac pignerator.*

On a prétendu que la procédure dont nous parlons avait pour but de contraindre le débiteur au rachat du gage et que, comme conséquence seulement, intervenait le débat sur la *pignoris capio,* c'est-à-dire sur l'existence, le caractère privilégié et le montant de la créance. Cela est d'autant plus vraisemblable, dit-on, que le gage conventionnel ne renfermait pas à l'origine droit de vendre, il devait en être ainsi *a fortiori* du gage que le créancier avait saisi de son propre chef (50 *bis*). Cette opinion ne nous paraît pas exacte, et voici pourquoi : la *pignoris capio* n'était pas nécessairement suivie d'une procédure sur sa légitimité, elle ne l'était que si le débiteur saisi contestait, dans le cas contraire elle restait un acte de justice privée ; cependant si le créancier avait eu une véritable action en rachat, il eût dû pouvoir l'exercer dans un cas comme dans l'autre.

Les choses se passaient, suivant nous, comme dans la *manus injectio* avec cette différence toutefois que la *pignoris capio* était autorisée en l'absence du saisi ; la procédure ne devenait alors possible que plus tard, lorsque le saisi contestait le droit du saisissant, et c'était à ce dernier à prouver la légitimité de ses prétentions, et l'accomplissement des formes prescrites par la loi. On peut, d'un mot, caractériser cette procédure comme du reste celle de la MANUS INJECTIO en disant qu'elle avait pour but la faculté de saisir extrajudiciairement les biens d'une personne, elle était, comme on l'a dit, une épée à deux tranchants ;

(50 *bis*) Ihering, I, § 14, p. 163.

« On pouvait bien, avec elle, pousser son adversaire sur le terrain ; mais on courait risque de se blesser soi-même » (50 *ter*). Si, en effet, le plaignant n'observait pas rigoureusement les formes prescrites par la loi, ou s'il n'arrivait pas à justifier complètement ses prétentions, non-seulement il succombait dans son action, mais certaines condamnations pouvaient être prononcées contre lui pour le punir de sa témérité (*judicium calumniæ*), G. IV, 175. Aussi les parties contendantes regardaient-elles à deux fois avant de recourir à une procédure aussi périlleuse.

En quoi maintenant consistait la *legis actio per pignoris capionem ?* Comme pour la *manus injectio*, il n'y a rien à tirer du silence de Gaius. Au § 10 du commentaire IV, il oppose les actions qui reproduisent le texte de la loi, qui en sont, suivant une expression déjà employée, l'incarnation judiciaire, aux actions qui, tout en ayant leur principe dans la loi, ont cependant une existence propre et distincte ; dès lors, l'acte introductif de la *pignoris capio*, comme celui de la *manus injectio* étant le seul dont on puisse dire : *ad legis actionem exprimitur*, il était tout naturel que Gaius ne s'occupât que de lui. Il ne faut pas oublier non plus qu'à l'époque où écrivait Gaius, les actions de la loi avaient depuis longtemps disparu, que s'il en parle, c'est pour rendre plus claires certaines particularités de la procédure de son temps. On comprend donc fort bien qu'il ne soit pas entré dans de grands détails à cet égard.

(50 *ter*) Sumner Maine, *loc. cit.*, p. 338.

La seule chose qu'on puisse avancer comme probable, c'est que, étant donné la nature des créances
sanctionnées par la *pignoris capio* le magistrat
statuait lui-même sans renvoyer à un juge. C'était là
un des cas de ce que l'on a appelé, sous le système
formulaire, la *cognitio extraordinaria*.

Pour terminer sur la *pignoris capio*, il nous reste à
indiquer les cas dans lesquels cette procédure était
autorisée. Ces cas se rattachent tous au droit public
ou au droit religieux (51). Gaius nous dit qu'ils avaient
été déterminés les uns par la coutume, les autres par
la loi ; *de quibusdam* MORIBUS *de quibusdam* LEGE.
La coutume introduisit ce mode d'action pour diverses créances intéressant le service militaire. Le soldat
pouvait agir par *pignoris capio* contre celui qui était
chargé de payer la solde, *æs militare*, contre les personnes chargées de fournir à l'Etat un cheval propre
au service militaire, *æs equestre*, et l'avoine nécessaire à son entretien *æs hordearium*. Ces personnes
étaient les veuves et les célibataires riches.

La loi des XII Tables autorisa l'emploi de la *pignoris capio* contre celui qui avait acheté une victime
pour le sacrifice et n'en payait pas le prix, et contre
celui qui, ayant loué une bête de somme, n'en acquit-
tait pas le loyer. Mais il fallait dans ce dernier cas, que
le loyer dût être employé à offrir un sacrifice aux
dieux.

(51) C'est ce qui explique pourquoi la *pignoris capio* pouvait s'accomplir en l'absence de l'adversaire et un jour néfaste ; il était impossible de
laisser longtemps en souffrance l'intérêt de l'Etat et celui de la divinité.

CHAPITRE III

Avantages et inconvénients de la « legis actio ».— Son remplacement par le système formulaire. — Cas exceptionnels où elle fut maintenue.

La procédure des actions de la loi a été souvent critiquée (52). On l'a appelée ridicule, on lui a surtout reproché les subtilités qui s'y présentent, et le formalisme qui en constitue le caractère dominant. Ces critiques sont peut-être exagérées ; et, sans vouloir le moins du monde, méconnaître les inconvénients qui résultaient de ce système, et en ont entraîné la disparition, nous pensons qu'il présentait d'assez sérieux avantages.

Et d'abord, rien n'était laissé à l'arbitraire du juge ; le juge était sévèrement lié à la règle de la loi, la notion même de la loi comporte sans doute cette dépendance, mais la méthode de citation de la loi que nous avons relevée dans les *legis actiones*, assurait de la façon la plus énergique l'accomplissement de cette condition indispensable dans toute bonne législation. L'impartialité, a-t-on dit, était mécaniquement imposée au juge (53). L'arbitraire était d'autant moins possible que la procédure exigeait le concours de deux

(52) Cicéron, Pro Muréna, ch. XII.
(53) Ihering, § 56, p. 317.

autorités distinctes, le magistrat et le juge, autorités tout à fait indépendantes l'une de l'autre. Le contrôle du peuple qui intervenait tous les ans dans la nomination du préteur, était aussi une garantie contre les dangers d'une justice partiale (54). C'est à ce système qui faisait du juge l'esclave de la loi, que la loi des XII Tables dut sa longue existence. La même remarque peut s'appliquer aux autres lois conquises par la plèbe et que la jurisprudence eût sans doute violées.

Nous ne devons pas non plus passer sous silence la publicité résultant du formalisme des *legis actiones*. C'était là encore une garantie de bonne et impartiale justice. C'était au *forum*, en plein jour, que s'exerçait la juridiction, et le coucher du soleil était le terme suprême, *suprema tempestas* de toute procédure (55).

A côté de ces avantages incontestables, dont le dernier n'a pénétré dans notre procédure qu'à une époque relativement récente, le système des *legis actiones*

---

(54) Ces deux dernières garanties se maintinrent sous le système formulaire.

(55) « Omnia iterum vis memorari, scelus, *ut defiat dies.* »

Plaute, *Rudens*, acte IV, scène IV, vers 63.

Le principe de la publicité était appliqué à Rome à tous les actes juridiques. L'adrogation, l'adoption, la mancipation, le testament *calatis comiciis, in procinctu, per œs et libram*, et d'une manière générale tous les actes exigeant l'accomplissement de la solennité *per œs et libram*, renfermaient un élément de publicité. Cette publicité était tantôt absolue, lorsque la présence du peuple était requise d'une manière effective, c'est ce qui avait lieu dans le principe pour l'adrogation et le testament, tantôt relative, lorsque le peuple était représenté par des témoins, comme cela se faisait dans les actes se passant *per œs et libram*. Dans les *legis actiones*, le contrat judiciaire était conclu devant témoins (*testes estote, litis contestatio*). On retrouve également les témoins (*superstites*) dans la *manuum consertio* (voir *suprà*, note 26).

présentait des inconvénients qu'il est impossible de dissimuler. Le juge était, nous l'avons dit, l'esclave de la loi, la *legis actio* était la reproduction, l'incarnation judiciaire de la loi, donc pas d'action sans loi, le juge ne pouvait combler les lacunes de droit positif, il n'avait aucune initiative, et était ainsi condamné à laisser sans protection des droits certains. C'est là ce qui contribua, dans une large mesure, à jeter sur les actions de la loi le discrédit qui entraîna leur chute.

Outre cet inconvénient particulier aux *legis actiones* découlant de l'organisation de cette procédure, s'en trouvait un autre plus général résultant du formalisme qui caractérisait les institutions anciennes. Qui dit procédure formaliste, dit procédure dangereuse. Lorsque les formes sont prescrites la sanction naturelle de leur inobservation c'est que le demandeur doit être débouté de sa demande. Cela aboutissait dans la procédure romain à la perte même du droit en litige; *non bis in idem*, le contrat judiciaire une fois formé par la *litis contestatio* il n'était plus possible de venir en justice former un second contrat ayant le même objet que le premier. L'un des contendants ne pouvait obliger l'autre à modifier une convention parfaite. L'honnête homme ignorant *rerum forensium ignarus*, se trouvait ainsi à la merci « d'un adversaire retors et sans conscience » auquel il était facile de « se servir de la forme et de s'en faire une corde pour étrangler l'homme inexpérimenté » (55 *bis*). La forme n'admet en effet ni le plus, ni le moins, elle ne fait aucune distinction entre la faute lourde et la faute légère.

(55 *bis*) Ihering, III, p. 167, § 50.

Gaius nous dit, que ce formalisme doit être considéré comme la cause de la chute des actions de la loi.

Gaius IV, § 30.

Cela n'est pas tout à fait exact, car le formalisme subsista sous le système formulaire (56) et dans les autres parties du droit. Le danger auquel Gaius fait allusion dans le texte précité avait du reste la même cause que l'inconvénient dont nous parlions en premier lieu. Du moment que la *legis actio* consistait dans une citation particulière des termes de la loi, la nécessité d'une exactitude littérale n'avait rien qui pût surprendre (57).

Ce qu'il y a de vrai dans l'affirmation de Gaius c'est que sous le système des *legis actiones*, le formalisme était excessif. Cet excès disparut dans le second système, le formalisme changea de caractère, la formule écrite qui remplaça l'expression verbale ne dut plus reproduire textuellement les termes mêmes de la loi ; une source d'erreurs fut ainsi écartée, on ne succomba plus faute de connaître la loi ; l'ignorance de son propre droit put seule entraîner pour le demandeur la perte de ce droit ; en d'autres termes, la déchéance ne tenait plus à une erreur dans la forme, mais à une

(56) « Quum si uno verbo sit erratum totâ causâ cecidisse videamur » (Quintilien) de inst. orat. VII, 3).

(57) On rencontre encore aujourd'hui quelque chose de semblable en Angleterre. Un acte du parlement défend de débiter des spiritueux le *Lordsday* ou dimanche. Un contrevenant fut acquitté il y a quelques années, uniquement parce que la dénonciation l'avait accusé d'en avoir débité le *Sunday* (dimanche). Ihering, III, note 484.

erreur dans le fond (58). Il importe toutefois de remarquer qu'en affaiblissant, en diminuant les formes, on n'en conjura pas les dangers, la moindre déviation resta toujours une cause de déchéance. La force dangereuse du mot reste la même, elle fut seulement transportée dans un autre acte de procédure (59).

On a aussi reproché aux *legis actiones* de donner aux parties un rôle trop considérable, elles faisaient tout par elles-mêmes, le magistrat jouait un rôle purement passif, et la solution du procès n'était avancée en rien. Le reproche ne nous semble pas mérité. Les faits et gestes des parties étaient loin d'être inutiles; ils servaient à imprimer au futur *judicium* sa direction, à préciser les points que le juge aurait plus tard à résoudre. Quant au magistrat, il représentait la puissance publique, et donnait l'authenticité aux actes des parties.

Le caractère mystérieux de la procédure des *legis actiones* n'était pas le défaut le moins grave de ce système. Pendant longtemps les pontifes eurent seuls le secret des formules. La *legis actio* constituait ainsi un moyen d'oppression au profit des patriciens, dont la présence était nécessaire pour souffler aux clients les paroles à prononcer. L'indiscrétion de Cnéius Fla-

---

(58) C'était ce que l'on appelait la *plus petitio*. Le juge qui s'apercevait quele demandeur qui réclamait 100 n'avait droit qu'à 50 devait rejeter la demande pour le tout, car il lui était ordonné de condamner si l'*intentio* était vérifiée et d'absoudre dans le cas contraire. Mais le *minus*, que le demandeur eût pu justement réclamer, se trouvait, lui aussi, déduit en justice et n'échappait pas à l'effet extinctif de la *litis contestatio*.

(59) Ihering, III, p. 328.

vius qui publia les formules, ne remédia pas à cet
état de choses, car les parties inexpérimentées ne se
risquaient pas ; elles se faisaient accompagner par des
jurisconsultes, c'est-à-dire presque toujours par des
patriciens qui continuaient ainsi à les tenir sous leur
dépendance (60).

Le véritable motif de la disparition des *legis actiones* nous est révélé par Cicéron lorsqu'il critique dans
son *pro Murena* la procédure du *sacramentum* (v.
supra, note 52). Ces formes grossières et bizarres que
l'usage avait déjà diminuées n'étaient plus en harmonie avec l'état de civilisation où l'on se trouvait au
moment de leur abrogation. Mais il faudrait se garder
de croire que la transition au nouveau système s'opérât brusquement ; ce serait méconnaître un trait caractéristique de la législation Romaine, savoir: le respect des romains pour les institutions du passé.

La loi *Œbutia* et les *leges Juliæ* qui vinrent abolir
les actions de la loi, n'eurent pas à créer le système
formulaire ; elles n'eurent qu'à en élargir l'application, à le modifier plus ou moins pour l'adapter à des
besoins nouveaux. Les textes ne s'expliquent pas formellement, mais cette manière de voir nous paraît
conforme, d'abord à la nature même des choses, car la
procédure ne comporte pas de transitions brusques,
ensuite à l'esprit général de droit romain qui ne con-

---

(60) La *legis actio* ns pouvait s'accomplir que les jours fastes, elle ne le
pouvait pas les jours néfastes. Mais quand y avait-il jour faste, quand y
avait-il jour néfaste ? Ici encore il fallait s'adresser aux pontifes qui rédi-
geaient le calendrier, et dont les secrets sur ce point furent divulgués par
Cnéius Flavius.

naissait pas les innovations radicales, et dont les transformations se sont opérées très lentement à l'aide de détours, les anciens principes paraissant toujours sauvegardés.

Bien avant la mise en vigueur de la loi *Œbutia*, Rome comptait un grand nombre de sujets pérégrins, et, comme la procédure des actions de la loi leur était inaccessible, il fallait bien que, dans les procès où ils étaient engagés, on recourût à des formes nouvelles. De plus, il est très probable qu'avant l'abrogation des actions de la loï plusieurs actions honoraires existaient déjà notamment les actions édilitiennes en matière de vente auxquelles Plaute fait allusion (*Capt.* 2, v. 44 ; *Most*, III, 2, v. 112). Ici encore l'ancienne procédure n'était pas possib..e puisque l'action n'avait aucune base dans la loi et que les *legis actiones* devaient être adaptées aux termes des lois. Les parties ne pouvant, par des formules sacramentelles déterminer et préciser la mission du juge, il appartint au magistrat de le faire. Ce fut le but de la formule. Cette conjecture admise, il en résulte que les formules fictices et *in factum* sont les plus anciennes, car ce sont celles qu'emploie le magistrat lorsqu'il donne une action en dehors des termes du droit civil.

Gaius, IV, § 37.

L. 11, Dig. *de prescr. verb.*, XIX, 5.

Une certaine opinion que nous avons admise comme très vraisemblable trouve une application de la formule dans les *legis actiones* elles-mêmes. La *denuntiatio* qui avait donné son nom à la *legis actio per condictionem* était un acte extrajudiciaire ; il devait donc, lors de l'unique comparution des parties devant

le magistrat, y avoir quelque chose destiné à préciser
la mission du juge. Ce quelque chose dans la *condictio
è lege Silia* était selon toutes probabilitités une *sponsio*. Dans la *condictio è lege Calpurnia*, ce devait être,
nous l'avons dit, quelque chose d'analogue à la formule.

L'une des actions de la loi, l'action *sacramenti* resta
en vigueur postérieurement aux lois *OEbutia* et *Julia*,
dans tous les cas où l'affaire pouvait être portée
devant le tribunal des centumvirs, c'est-à-dire lorsqu'il s'agissait d'une question d'hérédité ou peut-être
même de propriété (61).

Gaius, IV, 95.

De plus, les inconvénients de cette procédure s'étant
surtout manifestés dans le domaine de la juridiction
contentieuse, elle fut maintenue sous le nouveau régime
dans tous les cas, où elle n'intervenait que comme
simple forme, pour consacrer, pour rendre authentiques certains actes de la vie privée.

C'est ainsi que lorsqu'on voulait transférer à quelqu'un une chose ou un droit réel, la partie qui devait
acquérir ce droit, en simulait devant le magistrat (*in
jure*) une réclamation, une *vindicatio* ; celui qui voulait le céder ne contredisait point, et alors aucune
contestation ne s'élevant, et, par conséquent, le renvoi
devant un juge, n'étant nullement nécessaire, le magistrat déclarait lui-même le droit, et attribuait la
chose ou le droit réel à celui qui l'avait réclamé. C'était
là l'*in jure cessio* employée, pour la translation de la

---

(61) Gaius autorise le doute, car il parle sans préciser de la compétence
des centumvirs dans les actions réelles.

propriété ou de ses démembrements, la translation de la tutelle (G. I, 168 et s.), l'affranchissement des esclaves (*manumissio vindictâ*), l'émancipation où elle se combinait avec la mancipation, enfin l'adoption où intervenaient aussi des mancipations et des cessions juridiques simulées. Voilà pourquoi ces actes recevaient quelquefois, des jurisconsultes le titre d'actions de la loi : *idque legis actio vocatur*.

Gaius II, 24.

Ulp. L. 1 Dig, *de off. judic*. I, 20.

Modest. L. 4. Dig. *de adopt*. I, 7.

Ulp. L. 3, Dig. de *off. procons*. I, 16.

Paul *Sent. receptœ*, 2, 25, § 4.

L. 1, Code, *de adopt*. 8, 48.

On n'aura dès lors aucune peine à s'expliquer pourquoi le terme et la condition étaient exclus de l'*in jure cessio* ; la partie affirmait un droit certain et actuel qu'elle prétendait lui appartenir, elle reproduisait dans cette affirmation le texte de la loi, toute modalité devait être bannie. De même on comprenait facilement que l'esclave ou le fils de famille ne pussent acquérir par ce mode, au père ou au maître ; d'une part, en effet, ils ne pouvaient ni l'un ni l'autre exercer une *vindicatio* (62) et d'autre part la représentation n'était pas possible dans la *legis actio*.

---

(62) Ils ne pouvaient être titulaires d'aucun droit, les affirmations solennelles du *sacramentum* n'étaient donc pas possibles de leur part.

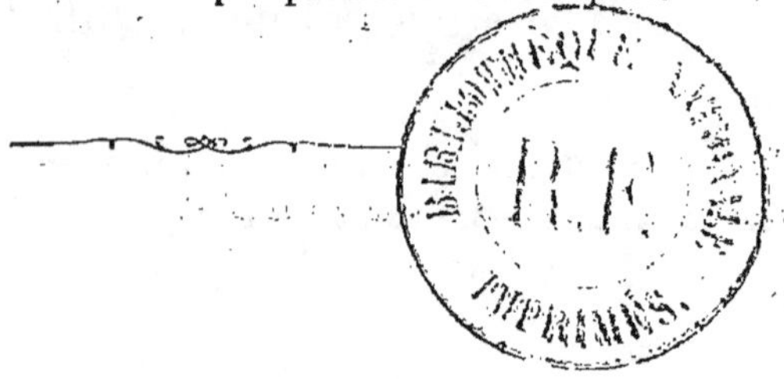

DROIT FRANÇAIS

DE

LA FAILLITE

EN DROIT INTERNATIONAL PRIVÉ

OU

Des effets du Jugement déclaratif rendu à l'étranger

BIBLIOGRAPHIE [1]

BRAVARD et DEMANGEAT. : *Traité de droit commercial*, Tome V. (Paris 1864).

CARLE : *De la faillite dans le Droit international privé, ou du conflit des lois des différentes nations en matière de faillite*, ouvrage traduit et annoté par M. Dubois. (Paris, Marescq, 1875).

FOELIX et DEMANGEAT : *Traité de droit international privé*, édit. 1856.

FIORE : *Del fallimento secondo il diritto privato internazionale*. (Pise, 1873).

---

(1) Nous n'indiquons ici que les ouvrages ou recueils périodiques que nous avons pu consulter avec le plus de fruit.

Traité de droit international privé, traduit et annoté par Pradier-Fodère. (Paris 1874).

Garraud : *De la déconfiture et des améliorations dont la législation sur cette matière est susceptible.* Paris 1880, et *Revue pratique de droit français.* T. 44, p. 72 et s.; 45 p. 243 et s.; 46 p. 266 et s.; 47 p. 317 et s.

Hœchster, Sacré et Oudin : *Manuel de droit commercial français et étranger,* 2ᵉ édit. (Paris, Marescq, 1874).

Laurent : *Droit civil international,* 8 vol. (Paris et Bruxelles, 1880, 1881 et 1882).

Massé : *Le droit commercial dans ses rapports avec le droit des gens et le droit civil,* 3ᵉ édit. (Paris, 1874).

Norsa : *Revue de la jurisprudence italienne en matière de droit international privé.* (Gand, 1877).

Salles : *Loi autrichienne sur les faillites,* traduite et annotée. (Paris, Marescq, 1877).

PÉRIODIQUES

Sirey : *Recueil général des lois et arrêts.*
Dalloz : *Jurisprudence générale.*
Journal du droit international privé, de M. Clunet.
Revue de droit international (revue de Gand).
Annuaire de législation étrangère.
Bulletin de la Société de législation comparée.
Revue critique de législation et de jurisprudence (année 1877).
Revue générale du droit, de la législation et de la jurisprudence (1882).

INTRODUCTION

L'étude attentive des phénomènes économiques, révèle à celui qui s'y livre deux faits distincts qui s'expliquent l'un par l'autre : d'une part l'extrême mobilisation de la richesse par suite du développement, de plus en plus considérable, des valeurs de bourse qui circulent entre les mains des capitalistes, avec autant de facilité que la monnaie ; d'autre part la soif de spéculation qui s'est emparée et s'empare tous les jours davantage de toutes les classes de la société, et les pousse dans les hasards de l'agiotage, des jeux de bourse et des placements aventureux. Ce qui résulte du rapprochement de ces deux faits, c'est la fréquence des insolvabilités.

L'insolvabilité se présente dans notre droit sous deux formes : la déconfiture et la faillite. La déconfiture est l'état d'une personne qui ne laisse en souffrance que des dettes civiles. Elle n'est pas organisée par nos lois ; si quelques textes en font mention, c'est d'une façon tout à fait accessoire et pour en préciser les effets. Elle résulte de l'exercice par les créanciers des voies d'exécution ; encore faut-il qu'elles soient assez multipliées pour caractériser un embarras général dans le patrimoine du débiteur, et l'impossibilité pour lui de soutenir sa situation. Elle ne fait pas l'objet d'une constatation officielle : la loi ne prend aucune précaution pour garantir l'égale répartition des biens; le plus diligent sera payé le premier.

Toute autre est l'institution de la faillite, particulière au commerçant qui ne paie pas ses dettes commerciales. (2) Elle est caractérisée par la cessation des paiements, ét constatée par un jugement qui établit un régime spécial et dont l'autorité s'étend même, par dérogation au droit commun, à ceux qui n'y ont pas été parties. Ce qui domine la législation en cette matière,. c'est d'abord une idée d'égalité ; la loi met sur la même ligne tous ceux qui ont traité avec le débiteur et ont suivi sa foi. Pour assurer cette égalité, des précautions multiples ont été prises : certains actes sont annulés comme ayant été passés à une époque où le débiteur pouvait prévoir sa ruine, et peut-être avec l'intention d'avantager certains créanciers. Le failli est, à dater du jugement, dessaisi de l'administration de ses biens présents et à venir, administration confiée à des syndics représentant la masse des créanciers ; ces syndics sont également chargés d'intenter les actions pouvant appartenir au failli et de défendre à celles qui pourraient être dirigées contre lui.

On peut distinguer dans la faillite deux périodes : La première comprend les mesures préparatoires. On

(2) Les dettes civiles n'étant pas, comme les dettes commerciales, échelonnées à certains termes rigoureux, il ne saurait être question en ce qui les concerne de *cessation de paiements*. Mais il est clair que si des poursuites à raison de pareilles dettes produisaient une perturbation dans les affaires commerciales du débiteur, la faillite pourrait être déclarée.

dresse la liste des créanciers ; on les met en demeure de produire leurs titres ; leurs créances sont vérifiées contradictoirement et ils sont obligés d'en affirmer la sincérité. On vote ensuite sur l'admission d'un concordat, arrangement entre le failli et ses créanciers qui se contentent, sous certaines conditions, du paiement d'un dividende, le failli restant tenu naturellement du surplus. Si le concordat est admis, le failli est remis à la tête de ses affaires ; sinon les créanciers sont en état d'union : c'est la deuxième période de la faillite, période qui comprend la liquidation du patrimoine du failli et sa répartition entre les créanciers.

Quelque multiples que soient ces opérations, on remarque comme tendance dominante dans la loi, la tendance à l'unité. Un seul tribunal est compétent pour déclarer la faillite, l'administration des syndics est une, le concordat est unique ; unique est également la liquidation du patrimoine du failli ainsi que sa répartition entre les créanciers.

Faut-il abandonner ces principes lorsque le failli est étranger, ou bien lorsque l'actif de la faillite, au lieu de se trouver sur le territoire d'une même souveraineté, est disséminé dans plusieurs Etats ? Ne doit-il y avoir, même dans ces cas, qu'une seule faillite ? Doit-il, au contraire, y en avoir autant qu'il y a d'Etats où se trouvent situés des biens ou des établissements appartenant au failli ? Comment résoudre les conflits provenant de la diversité de législation ? Telles sont les graves et difficiles questions que présente l'étude de la faillite en droit international privé. Il nous paraît superflu d'en démontrer l'importance. Aujourd'hui

que la multiplicité des moyens de transport, la rapi-
dité des communications, la nature mobilière des fortunes, rendent si aisées et si fréquentes les relations
entre commerçants, il arrive souvent que la ruine
d'une personne survenue dans un pays, ne se borne
pas à ce pays, mais que les contre-coups s'en font res-
sentir à l'étranger. De là la nécessité d'étudier l'institution de la faillite, non au point de vue particulier de
chaque Etat, mais à un point de vue général, et de se
demander ce que vaut dans les différents Etats et en
France spécialement, un jugement déclaratif rendu
par un tribunal étranger.

Voici l'ordre que nous nous proposons de suivre
dans ce travail :

Dans un premier chapitre nous donnerons un rapide
aperçu des diverses législations étrangères en matière
de faillite et des principales différences qui les distinguent.

Dans un deuxième chapitre, abordant le droit international proprement dit, nous parlerons de l'ouverture de la faillite, ce qui comprend la compétence du
tribunal auquel il appartient de la déclarer.

Dans un chapitre troisième nous supposerons le
jugement déclaratif rendu, et nous nous demanderons
quels sont les effets qu'il peut produire à l'étranger.

Nous chercherons dans un quatrième chapitre à
résoudre les conflits des lois pendant les opérations
de la faillite.

Nous nous occuperons dans le cinquième de la solution de la faillite, ce qui comprend le concordat,
l'état d'union et la répartition de l'actif entre les créanciers.

Dans un sixième nous parlerons de la réhabilitation.

Enfin un septième et dernier chapitre sera consacré aux traités internationaux qui ont pu intervenir sur la matière.

CHAPITRE PREMIER

Aperçu rapide des différentes législations étrangères en matière de faillite [3]

---

§ I. — Ouverture de la faillite

a) *Causes de la faillite*

D'une façon générale, on peut dire que partout, la faillite a pour cause l'impossibilité où se trouve le débiteur de faire honneur à ses engagements. Mais quels sont les faits caractéristiques de cette impossibilité? Les législations ici ne sont plus d'accord, les unes la font dériver de faits plus ou moins complexes, laissant plus ou moins de part à l'appréciation du juge ; les autres précisent au contraire, et indiquent limitativement les faits dont on pourra l'induire. Dans la première catégorie, nous rangerons les lois française, belge, italienne, allemande et autrichienne ;

---

[3] Dans presque toutes les matières de droit civil, l'étude de la législation comparée offre un très grand intérêt ; les mœurs, les caractères de chaque peuple, jouent un très grand rôle dans la plupart de ces institutions. Ici, il n'en est pas de même ; la faillite est née des besoins du commerce, elle a pour but la sauvegarde du crédit, or, à cet égard, les besoins des peuples sont toujours les mêmes, aussi, partout prédominent les mêmes principes. Le point, pour ainsi dire unique, où les législations ne s'accordent pas, est celui de savoir dans quels cas, et à l'égard de quelles personnes, les règles sur la faillite doivent recevoir leur application.

dans la deuxième, les lois anglaise, américaine (Etats-Unis) et suédoise.

Les législations du premier groupe peuvent elles-mêmes se subdiviser : les unes comme les lois française, belge et italienne, n'organisent que la faillite des commerçants, et ne règlementent pas la déconfiture; la cause génératrice de la faillite sera dans ce système la *cessation des paiements*. (Code français, art. 437. Code italien, art 543. Code belge, art. 437). Tout commerçant a en effet des paiements plus ou moins nombreux à faire pour solder les achats qui alimentent son commerce : ces paiements sont rigoureusement exigibles à certains termes; leur cessation indiquera d'une façon certaine, un embarras dans les affaires du débiteur (4). Dans d'autres législations qui, comme la loi allemande, (10 décembre 1877) établissent un seul régime commun aux commerçants et aux non commerçants, la faillite résultera de *l'insolvabilité*. (Loi précitée du 10 Déc. 1877, art. 94). Et il y a une différence entre ces deux faits *cessation des paiements* et *insolvabilité*; l'un pourra parfaitement se produire sans l'autre; un commerçant pourra cesser ses paiements sans être pour cela insolvable. Il suffit de supposer qu'un négociant ait mal combiné ses rentrées avec ses échéances , qu'il ait consenti à ses débiteurs des termes trop longs, et ait dans son portefeuille des valeurs difficiles à réaliser ; il sera dans la

____

(4) Il n'en est pas de même chez le non commerçant ; il ne saurait donc être question de cessation de paiements, là où la profession n'en implique pas une série régulière, et en quelque sorte périodique. V. cep. Larombière : Théorie et pratique des obligations, t. II, art. 1188, n° 4.

nécessité de cesser ses paiements, sans que pour cela son actif soit inférieur à son passif. Enfin, dans un troisième groupe de législations qui règlent la situation des commerçants et des non commerçants insolvables, mais établissent pour les uns et pour les autres des règles différentes, la cessation des paiements entraînera la faillite commerciale, l'insovabilité, la faillite du non commerçant. (Loi aütrich. du 25 Déc. 1868, art. 62, 63 et 94).

Nous arrivons à notre deuxième catégorie de lois, d'après lesquelles la faillite résulte, non pas d'un fait complexe comme la cessation des paiemeuts ou l'insolvabilité, mais de certains faits limitativement déterminés. Le type en est la législation anglaise ; les faits pouvant donner naissance à une déclaration de faillite (*acls of bankruptey*) sont les suivants : le débiteur a fait une cession frauduleuse de tout ou partie de ses biens ; dans l'intention de frustrer ses créanciers il a quitté l'Angleterre, ou, étant déjà absent, il a prolongé son absence sans esprit de retour ; il a quitté son domicile ou s'est laissé bannir ; il a signé devant la Cour (5) une déclaration par laquelle il se reconnaît incapable de payer ses dettes ; étant commerçant, une saisie a été opérée et exécutée contre lui pour une somme supérieure à 50 livres ; il n'a pas dans les sept jours, s'il est commerçant, dans les trois semaines s'il ne l'est pas, satisfait, soit par paiement soit par arrangement, à la sommation (*dcbtors sum-*

---

(5) La Cour des faillites est une juridiction spéciale, à laquelle appartient en Angleterre la connaissance des faillites, comme nous le verrons plus loin.

mons) de payer une dette supérieure à 50 livres. Ces faits ne peuvent servir de base à la déclaration de faillite qu'autant qu'ils se sont accomplis dans les six mois antérieurs à la demande. Il faudra en outre que la dette soit liquide, et qu'elle ne soit pas garantie par une sûreté quelconque, à moins que le créancier ne renonce à cette sûreté et ne rentre ainsi dans la masse, ou qu'il n'en fasse l'estimation, et ne vienne concourir que pour ce qui lui reste dû, déduction faite de cette estimation (6). Chacun des faits que nous venons d'énumérer montre bien un embarras général dans les affaires du débiteur.

Les Etats-Unis suivent un système analogue. Aux termes de l'art. 11 de la loi du 22 juin 1874, pourra être déclaré en faillite : tout débiteur qui sortirait de l'Etat, du district ou du territoire, avec l'intention de frauder ses créanciers ; qui se cacherait pour éviter la procédure, en recouvrement d'une dette ; qui déroberait sa propriété aux effets de la procédure légale ; qui ferait une vente ou un transfert de ses biens avec l'intention de frauder ses créanciers ou d'avantager certains d'entre eux ; qui serait arrêté ou détenu en vertu d'une procédure d'exécution forcée ordonnée par le tribunal compétent, et fondée sur une demande dont on puisse fournir la preuve, et dont le montant soit au moins égal à 1000 dollars ; tout banquier ou courtier, marchand ou manufacturier qui aurait frauduleusement cessé de payer, ou frauduleusement suspendu le paiement de son papier commercial pen-

(6) Hæchster, Sacré et Oudin, p. 716 et 717.

dant plus de quarante jours. Ces deux législations anglaise et américaine établissent, à peu de choses près, le même régime pour les commerçants et les non commerçants. Au contraire, la loi suédoise, qui elle aussi précise les faits de nature à motiver une déclaration de faillite, pose pour les uns et les autres des règles différentes et se rapproche ainsi du système autrichien. En ce qui touche spécialement le point qui nous occupe, les faits qui donnent lieu à la faillite d'un commerçant sont plus nombreux que pour les non commerçants. Un commerçant peut être déclaré en faillite : 1° s'il a cessé ses paiements depuis plus d'une semaine ; 2° si, la dette étant liquide et échue, il ne l'a pas payée dans la huitaine de la sommation que lui en a faite le créancier par notaire ou en présence de témoins. Tout débiteur commerçant ou non peut être mis en faillite : 1° quand il a quitté son pays pour cause de dettes sans esprit de retour ; 2° quand une saisie portant sur la totalité des biens du débiteur a été opérée ; quand il a été détenu pour dettes pendant plus de trois semaines ; 4° quand il s'est livré à des manœuvres frauduleuses pour soustraire ou dissimuler ses biens à ses créanciers.

Nous venons de voir quels sont, dans les différentes législations, les faits donnant naissance à la faillite, nous devons maintenant nous demander si elle en découlera nécessairement. Ici encore nous trouvons les lois en désaccord : Les unes comme les lois française, italienne, allemande, autrichienne et anglaise (7)

----

(7) La loi anglaise contient tout un système sur les liquidations par arrangement (*liquidation by arrangement*) et les concordats amiables (*com-*

n'examinent qu'une chose, à savoir, s'il y a insolvabilité ou cessation de paiements Ce fait une fois
constaté, la faillite s'en suit nécessairement.

Les autres, comme la loi espagnole, établissent pour
le négociant malheureux un état spéci al distinct de la
faillite proprement dite (8). Tel est également le système du nouveau projet français qui vient d'être élaboré par le Conseil d'Etat (9). Aux termes de ce projet
la faillite ne serait déclarée qu'autant que le commerçant aurait manqué à ses devoirs ; c'est alors seulement qu'il encourrait les incapacités civiles et politiques dont la loi frappe tout individu tombé en état
de faillite.

D'autres, comme les lois belge et hollandaise (9)
permettent aux tribunaux d'accorder, selon les cas,
des sursis de paiement au débiteur qui, par suite d'événements imprévus, se trouvent momentanément
dans l'impossibilité de faire face à ses engagements.

Enfin, un quatrième système n'est que la combinaison des deux précédents. La loi portugaise en est le
type : tout en établissant un régime spécial d'insolvabilité fortuite, elle contient également des dis

---

position vith creditors), mais il n'y a là qu'un contrat intervenant librement entre le débiteur et ses créanciers et ne liant que ceux qui l'ont consenti.

(8) C'est ce que l'on appelle en Espagne l'*insolvabilité fortuite*

(9) Des mesures analogues ont été prises par le législateur dans certaines
circonstances spéciales où le commerce avait ressenti le contre-coup des
commotions politiques. Voy. not. décret du 22 août 1848 D. P. 1848 4. 153
sur les concordats amiables et liquidations judiciaires; décret du 7 sept.
1870 et loi du 22 avril 1871, D. P. 1871 4. 51.

(9) C. Co. Belge art. 593-614. C. Co. Hollandais art. 900-923.

positions relatives aux sursis de paiements (10). Ce système est celui du Brésil, il est également suivi à Buenos-Ayres (C. Co. 1511-1549).

De ces quatre systèmes, le premier est injuste, il a le tort de mettre sur la même ligne le négociant honnête que des circonstances fortuites mettent dans l'embarras, et celui dont la ruine a pour cause des fautes plus ou moins graves. Aussi le nouveau projet français, dont il a été question tout à l'heure, a-t-il bien fait de les distinguer ; mais il aurait dû, à notre avis, aller plus loin encore et autoriser le tribunal à accorder des sursis de paiements analogues aux *lettres de répit* de notre ancien droit (11). Comme nous l'avons fait remarquer, une personne peut, à un moment

(10) — La loi espagnole semble au premier abord devoir être rangée dans cette catégorie, car elle met dans une classe spéciale le débiteur qui ayant un actif suffisant pour couvrir toutes ses dettes, suspend mo.nentanément ses paiements et demande à ses créanciers un délai pour réaliser son actif et les désintéresser. Il n'en est rien cependant ; il ne s'agit nullement du sursis tel que nous l'envisageons en ce moment, du sursis imposé à la minorité ; la loi suppose que *tous* les créanciers ont accordé un délai à leur débiteur. Ce débiteur est alors réputé en état de *suspension de paiements.*

(11) Il est fait mention des sursis de paiement dans la loi 2 code, *de prec. imper. offer.* I. XIX. Ils étaient accordés par rescrit impérial. C'est surtout dans notre ancien Droit qu'on les employa sous le nom de *lettres de répit, arrêts de surséances, défenses générales, atterminations.* On en faisait quelquefois bénéficier toute une catégorie d'individus. C'est ainsi que Philippe Auguste en accorda aux chrétiens débiteurs de juifs, et saint Louis aux croisés. Le plus souvent c'était une faveur particulière. L'ordonnance d'Orléans 1560 (art. 61) chercha à empêcher les abus qui s'étaient produits en confiant au juge le soin de les accorder. Mais en 1660, le pouvoir royal revendiqua ce droit comme une prérogative de la souveraineté. (ordon. de 1660 tit. IV.) Les mêmes dispositions se retrouvent dans l'ordonnance de 1673 modifiée sur quelques points par la déclaration de 1699.

donné, se trouver dans l'impossibilité de faire face à ses engagements sans que pour cela son passif soit supérieur à son actif. Ne serait-il pas préférable dans ces cas, d'accorder des délais au débiteur, que de déclarer ses biens soumis à un régime distinct de la faillite, nous le reconnaissons, mais qui n'en suppose pas moins l'insolvabilité? Seulement, il est clair que des formalités devraient être prescrites pour éviter les abus : c'est ce qu'a fait le Code belge qui contient tout un titre consacré aux sursis de paiements, et dont nous allons rapidement passer en revue les dispositions.

D'après l'art. 593 du code de commerce belge « le sursis de paiement n'est accordé qu'au commerçant qui, par suite d'événements extraordinaires et imprévus, est contraint de cesser temporairement ses paiements, mais qui, d'après son bilan dûment vérifié, a des biens ou moyens suffisants pour satisfaire tous ses créanciers en principal et intérêts. »

En cas de décès d'un commerçant dans les circonstances qui viennent d'être indiquées, le sursis peut être accordé à ses héritiers bénéficiaires. C'est, dans tous les cas, à l'autorité judiciaire qu'il appartient de l'accorder, sur l'avis conforme de la majorité des créanciers. Voici quelle est la procédure, à notre avis un peu trop compliquée, que le débiteur doit suivre afin d'obtenir le sursis : deux requêtes doivent être adressées par lui : l'une au tribunal de commerce de son domicile, l'autre à la cour d'appel du ressort. Cette dernière requête est communiquée au procureur général par le premier président. Sur la première, le président du tribunal de commerce fixe les jour et heure auxquels, dans la quinzaine, les créanciers doivent être convoqués ; cette convocation est publiée par la voie des journaux. Au jour indiqué, les créanciers déclarent s'il adhèrent ou non à la demande de leur débiteur. Procès-verbal est dressé de éette assemblée; le tribunal y joint sont avis motivé. Le tout est transmis à bref délai au procureur général qui donne ses conclusions. Un conseiller nommé par le premier président fait un rapport et la cour statue dans la huitaine. Le sursis ne peut être accordé que si la majorité des créanciers présents et non privilégiés, représentant les trois quarts en somme ont adhéré à la demande. Le sursis ne peut être accordé pour plus d'un an, il peut être prorogé une fois seulement, et pour le même délai.

Les affaires du débiteur en sursis sont soumises à la surveillance d'un ou de plusieurs commissaires nommés par le tribunal de commerce. Leur autorisation est nécessaire pour tous actes d'aliénation ou même d'administration que voudrait passer le débiteur.

L'effet du sursis est d'arrêter toute voie d'exécution contre celui qui en a obtenu le bénéfice ; aucune inscription ne peut être prise sur ses immeubles et les créanciers privilégiés antérieurement inscrits ne peuvent procéder à la saisie des biens qui constituent leur gage et qui servent à l'industrie et au commerce du débiteur, tant que les intérêts de leurs créances sont régulièrement payés.

Le sursis peut être révoqué, s'il apparaît que l'actif du débiteur est inférieur à son passif, ou s'il se rend coupable de certains actes frauduleux vis-à-vis de ses créanciers (12).

Des règles analogues sont suivies en Hollande (C. co. art. 900-923) et en Portugal, avec cette différence cependant, que dans le premier de ces pays le sursis est accordé par la cour suprême, et dans le second par le tribunal supérieur de commerce, mais toujours après avis du tribunal de commerce du domicile du débiteur. Quant aux effets du sursis, la loi portugaise est moins radicale que la loi belge : certaines poursuites ne sont pas arrêtées par le sursis : ce sont celles qui ont pour cause une hypothèque, un gage, ou tout autre droit réel, le loyer de terres ou de maisons, une dette d'aliments, les salaires et gages des domestiques et employés, les dettes provenant de fournitures d'aliments pour le débiteur et sa famille.

La procédure de sursis nous paraît, avons-nous dit, un peu compliquée; pourquoi exiger dans tous les cas une décision de la cour d'appel, ou de la cour suprême? Le plus souvent, pour ne pas dire toujours, ces hautes juridictions se conformeront à l'avis émis par le tribunal de commerce, mieux placé que personne pour apprécier la situation du débiteur, et statuer en connaissance de cause. Il nous paraîtrait donc plus simple de se contenter de la décision de ce tribunal, sauf appel par le débiteur, si le sursis lui était refusé nonobstant l'avis conforme des créanciers.

Les législations diffèrent, nous venons de le voir,

(12) Voir sur les sursis de paiements : Humblet : *Traité des faillites, des banqueroutes et des sursis de paiement*, p. 515 et suiv.

sur le point de savoir quels sont les faits d'où peut résulter la faillite, et quelles sont les conséquences que le juge doit tirer de la constatation de ces faits. Il est un point sur lequel elles s'accordent, à savoir que la fraude doit être réprimée plus sévèrement que la simple négligence. De là, la distinction entre la faillite simple et la faillite frauduleuse. Sous ce rapport, la loi française distingue la *faillite*, conséquence de la cessation des paiements, peu importe que cette cessation ait pour cause des circonstances accidentelles, ou la négligence du débiteur ; la *banqueroute simple* qui suppose de la part du débiteur un manquement à ses devoirs professionnels ; enfin, la *banqueroute frauduleuse* qui, comme son nom l'indique, suppose un dol, et est qualifiée crime par la loi. Les mêmes distinctions se retrouvent dans la loi allemande, (art. 209 et 210) et dans la loi autrichienne (C. Pen. art. 199 et 486).

En Angleterre, l'acte du 9 août 1869 punit d'un emprisonnement qui peut aller jusqu'à 2 ans, avec ou sans travaux forcés, les faillis qui se sont rendus coupables de quelque fraude ; les cas de fraude indiqués par cette loi correspondent à nos cas de banqueroute simple et de banqueroute frauduleuse. Enfin, on retrouve la même distinction dans la loi espagnole.

b) *Déclaration de faillite.*

Connaissant les faits générateurs de la faillite dans les différentes législations, nous devons nous demander maintenant comment elle s'ouvre.

Dans tous les pays, c'est à l'autorité judiciaire qu'il appartient de déclarer la faillite. Cette autorité, c'est le tribunal de commerce, dans les pays où il en existe, et dans lesquels la faillite constitue un régime spécial aux commerçants ; c'est le système suivi en France, en Belgique, en Italie. Dans d'autres pays, ce sont les tribunaux de l'ordre civil ; c'est ce qui a lieu en Allemagne, en Autriche, en Suède et en Espagne. Enfin, la législation anglaise, suivie en cela par celle des Etats-Unis, a institué pour les faillites une juridiction spéciale qui porte le nom de *Cour des faillites* (13).

La compétence *ratione personæ* appartient partout au tribunal du domicile du failli (C. co. fr. art. 438 ; loi allemande, art. 64 ; loi autrichienne, art. 58). Cela se conçoit ; comme nous aurons encore occasion de le dire, c'est ce tribunal qui est le mieux à même d'apprécier la situation du débiteur. Aux termes de l'art. 64 § 2 de la loi allemande, si plusieurs tribunaux sont compétents, celui devant lequel la demande en ouverture de faillite aura été portée en premier lieu exclura les autres. La même disposition se retrouve dans la loi autrichienne : entre plusieurs tribunaux compétents, la priorité dans la déclaration de faillite crée la compétence (art. 58).

Maintenant, qui mettra en mouvement l'autorité judiciaire ? Pourra-t-elle agir d'office ? Le débiteur sera-t-il tenu de déclarer son état de cessation de

---

(13) La Cour des faillites est divisée en cour de Londres et cours de comté. La cour de Londres connaît en appel des affaires jugées en première instance par les cours de comté. Les décisions qu'elle rend comme juge de première instance, peuvent être réformées par la cour d'appel.

paiements? Tout créancier pourra-t-il requérir la déclaration de faillite? Des divergences existent sur tous ces points entre les différentes législations. En France (C. co. art. 440), en Belgique (art. 412), en Italie (art. 546), en Espagne (art. 1010), en Autriche (art. 199 et 213), la faillite peut être déclarée soit sur la demande du failli, soit sur la requête des créanciers, soit enfin d'office (14). En Angleterre, la déclaration d'office n'est pas admise; il en est de même en Allemagne (art. 95). D'un autre côté, dans ces deux législations, aucune déclaration n'est imposée au failli; la faillite ne peut donc être déclarée que sur la requête d'un ou de plusieurs créanciers. Aux Etats-Unis, les créanciers requérants doivent constituer un quart au moins en nombre et un tiers en valeur des dettes qui peuvent être prouvées. Ceux dont la créance est inférieure à 250 schillings ne sont pas comptés pour compléter le nombre requis par la loi (Loi du 22 juin 1874, art. 12). En Angleterre, ils doivent représenter au moins une somme de 250 liv. sterl. (1,250 fr.). Signalons aussi la loi portugaise dont l'art. 1127 porte que

(14) En Autriche, il n'en est ainsi que pour la faillite commerciale. La faillite ordinaire ne peut être ouverte que sur la déclaration du débiteur, ou sur la demande des héritiers ou du curateur à la succession, ou encore sur la poursuite d'un ou de plusieurs créanciers nantis d'un titre authentique (art. 62 et suiv.). Aux termes de l'art. 66, si au moment même de prononcer sur la requête en déclaration de faillite, il appert qu'un seul créancier personnel se présente ou que l'actif est trop minime pour couvrir les frais de la faillite, il n'y a pas lieu de déclarer la faillite. Le tribunal devra seulement, sur la demande d'un créancier, sans débat contradictoire, déférer au débiteur le serment qu'il n'a rien célé de son actif. Le refus de serment est communiqué au ministère public.

le père ou le fils commerçants créanciers l'un de l'autre, de même que la femme créancière de son mari commerçant, ne peuvent réciproquement se faire déclarer en faillite. Dans les autres législations, aucune restriction n'est mise au droit des créanciers: ceux-ci peuvent agir quels que soient le chiffre de leur créance et leur qualité vis-à-vis du débiteur.

Le jugement déclaratif est, dans toutes les législations, rendu public afin d'avertir les tiers des incapacités qui frappent le failli, et aussi afin de provoquer les oppositions (C. co. fr., 442. Lois all., art. 103; autrich. 69; belge, 466; anglaise. 10 et 11.)

§ II. — Des effets de la faillite par rapport au failli

I. — DANS L'AVENIR

a) *Quant à la personne du failli*

Dans presque toutes les législations, des mesures ont été prises pour mettre le failli sous la main de la justice. En France, il a été jugé que le dépôt du failli ou sa garde peuvent être ordonnés conformément à l'art. 455 du code de commerce, nonobstant la loi du 22 juillet 1867 abolitive de la contrainte par corps (15). Des dispositions analogues à l'article précité se trouvent dans les lois belge (art. 467, 481, 482, 495), italienne (art. 548), autrichienne (art. 98), allemande (art. 98), espagnole (art. 1044). En Angleterre,

(15) Montpellier, 11 mars 1871, D. P. 72, 2, 29.

l'acte du 9 août 1869 a abrogé l'emprisonnement pour dettes et s'est contenté d'édicter des dispositions pénales contre les débiteurs frauduleux (16).

Mais ces mesures coërcitives sont, partout où elles existent, abandonnées à l'appréciation du juge : ce dernier, du reste, ne peut en user que dans certains cas, vis-à-vis du failli qui n'a pas déposé son bilan et ne s'est pas conformé aux dispositions de la loi.

La faillite entraîne enfin dans tous les pays, certaines incapacités civiles et politiques. (C. co. fr. art. 83, 613, décret du 2 Févr. 1852, art. 15-17).

b) *Quant aux biens du failli.*

Le failli se trouve, en vertu du jugement déclaratif, dessaisi de l'administration de ses biens, (art. 443 du code français (17), 444 du code belge, 1 de la loi autrichienne, 552 de la loi italienne, 17 de la loi anglaise, 1035 de la loi espagnole). Cette mesure est impérieusement commandée par l'intérêt des créanciers ; il ne faut pas que le débiteur puisse diminuer son actif, augmenter son passif, avantager certains créanciers au détriment des autres. Il ne pourra donc plus aliéner ses biens, à titre gratuit ou à titre onéreux, ni constituer d'hypothèques ; celles antérieurement constituées et non inscrites au jour du jugement déclaratif, ne pourront plus l'être après cette époque

(16) D'après le nouveau projet français (art. 448 et 449), le tribunal de commerce statue sur la question de savoir si le débiteur en état de suspension de paiements sera ou non incarcéré ou gardé.

(17) Le projet français fait produire le dessaisissement au jugement qui prononce la suspension des paiements.

(loi autrich., art. 12). Il ne pourra plus disposer de ses créances, ni les éteindre par aucun mode volontaire (18), la compensation ne sera plus possible ; car, comme on ne sait pas quel sera le dividende afférent à chaque créancier, la *liquidité*, condition essentielle de la compensation, n'existera pas. Quant à ses dettes, le failli ne pourra les éteindre, au préjudice de la masse ; c'est même, nous l'avons vu, un des principaux buts du dessaisissement que d'empêcher le failli de désintéresser certains créanciers au détriment des autres. C'est cette nécessité de maintenir l'égalité entre les créanciers qui a inspiré l'article 444 de notre code, aux termes duquel le jugement déclaratif arrête le cours des intérêts. La loi autrichienne ne contient pas de disposition semblable (voy. art. 17). Enfin le bénéfice du terme est enlevé au failli ; (C. civ., art. 1188); l'exigibilité immédiate était du reste nécessaire pour permettre de liquider la situation.

Ce dessaisissement et les nullités qui en résultent sont purement relatifs, et ne peuvent être invoqués que par la masse ; ils ne profiteront donc pas au failli revenu plus tard à une meilleure fortune ; d'un autre côté, les créanciers privilégiés et hypothécaires, étant hors de la masse, n'auront aucun compte à en tenir. On s'est seulement demandé chez nous s'ils pourraient se prévaloir de la disposition qui prononce contre le

(18) D'après la loi autrichienne (art. 3), le paiement fait après l'ouverture de la faillite est valable, alors même qu'il n'aurait pas profité à la masse, à la charge par le débiteur de prouver qu'à l'époque où il a fait le paiement, il ne pouvait avoir connaissance de l'ouverture de la faillite.

failli la déchéance du terme (19). Le Code italien (art. 684) et la loi autrichienne (art. 14) ont tranché la question dans le sens de la négative. Sauf les divergences que nous avons signalées, les principes ci-dessus exposés sont admis partout.

II. — DANS LE PASSÉ

La plupart des législations permettent de faire remonter la faillite à une date antérieure à sa prononciation judiciaire, au moment même de la cessation des paiements, et annulent les actes passés depuis cette cessation, ou même dans les derniers jours qui l'ont précédée. C'est ce que l'on appelle le *report* de la faillite. Seulement le pouvoir donné aux tribunaux n'est pas partout le même. Tandis qu'en France et en Italie (art. 441) (20) le juge peut faire remonter la cessation des paiements à quelqu'époque que ce soit (on a vu des faillites reportées à vingt ans en deçà) (21), le report n'est possible en d'autres pays que dans une certaine limite. Ainsi d'après l'art. 442 du code de commerce belge, l'époque de la cessation des paiements ne peut être fixée à une date antérieure de plus de six mois au jugement déclaratif, sauf le cas de faillite après sursis de paiement ; la faillite remonte alors de plein droit au jour de la demande de sursis (art. 613). En Portugal, la faillite ne peut remonter à une

(19) Voir sur cette controverse : Boistel, *Précis de droit commercial*, n° 924 et les autorités qu'il cite.

(20) Le nouveau projet de code de commerce italien n'admet pas le report au-delà de trois ans.

(21) D. A. V° Faillite N° 272 1°.

date antérieure aux quarante jours qui ont précédé le jugement déclaratif (art. 1131 du Code portugais). Les mêmes dispositions se retrouvent au Brésil (art. 806). La loi anglaise permet de faire remonter la faillite au premier *act of bankruptey* commis dans les douze mois précédents (22).

La loi espagnole doit être rangée dans une catégorie spéciale : elle ne fixe pas d'une manière absolue la date au-delà de laquelle le report ne sera pas possible ; cette date varie suivant les différentes espèces d'actes. Le code des faillites allemand se range à une théorie analogue ; il distingue trois catégories d'actes annulables : la première comprend les actes ne pouvant être annulés que s'ils sont survenus après la cessation des paiements ou la demande d'ouverture de la procédure ; ce sont les obligations contractées, et les sûretés consenties depuis cette époque à certains créanciers avec complicité de leur part (art. 23) ; la deuxième catégorie comprend les actes pouvant être annulés s'ils ont eu lieu dans les deux années qui précèdent l'ouverture de la procédure ; ce sont les dispositions à titre gratuit en faveur du conjoint, ou les garanties à lui consenties *dotis causa* (art. 25). En troisième lieu, certains actes sont annulables s'ils ont lieu dans l'année qui précède l'ouverture de la faillite (art. 24, 2°).

(22) Un auteur anglais, M. Robertson, dans un article analysé au bulletin de la Société de législation comparée, 1879, p. 320, voudrait voir fixer au jour de sa déclaration, le commencement de la faillite, sauf à la loi à décider que les actes accomplis dans une période déterminée seraient considérés comme nuls.

Enfin il est des actes annulables sans distinction de temps (art. 24, 1°.)

Le report de la faillite n'est pas admis dans la législation autrichienne; c'est ce qui résulte de l'art. 24 de la loi du 25 décembre 1868 aux termes duquel « les dispositions du code civil règlent le droit de contester la validité des obligations contractées frauduleusement par le failli avant l'ouverture de la faillite, au préjudice des créanciers » (23).

Là où le report de la faillite est admis par le législateur, des règles doivent être posées touchant la validité des actes accomplis dans l'intervalle de l'ouverture effective de la faillite au jugement déclaratif. Le principe suivi à cet égard est le suivant : les actes à titre onéreux et de bonne foi sont valables, au contraire les actes passés de mauvaise foi, ou bien à titre gratuit, sont frappés de nullité. Cette nullité, dans certaines législations opère de plein droit; c'est-à-dire est obligatoire pour le juge, du moins quant aux actes les plus suspects (C. co. Fr. art. 440). Dans d'autres législations, en Allemagne, par exemple, la nullité est toujours facultative.

(23) Cette disposition doit être critiquée et l'a été en effet par les jurisconsultes autrichiens. On a fait remarquer avec raison « que les principes de droit civil auxquels il est fait allusion sont extrêmement défectueux et n'accordent pas aux créanciers de protection suffisante contre les actes irréguliers de leur débiteur. » On peut ajouter que quelque complètes que soient les dispositions du droit civil, la fréquence des fraudes et la nécessité de maintenir une égalité rigoureuse entre les créanciers exigent dans notre matière une réglementation spéciale. (Geyer : *Législation de l'Autriche*, revue de droit intern., 1869, page 402.)

§ III. — Des effets de la faillite par rapport aux tiers

Les tiers sont ici ceux que l'état de faillite touche directement, c'est-à-dire ceux qui ont à exercer contre le débiteur des droits de créance, ce qui exclut les revendiquants qui agissent non comme créanciers mais comme propriétaires (24). Les créanciers n'ont pas tous les mêmes droits : les uns ont suivi la foi personnelle du débiteur, en se contentant des garanties que la loi accorde à tous les créanciers ; les autres ont au contraire une situation privilégiée qu'ils tiennent soit de la loi, à raison de la qualité de leurs créances, soit de stipulations expresses avec le débiteur. Les premiers viennent en concours et ne participent à la répartition de l'actif qu'en proportion de leurs créances, les autres n'ont à subir aucun concours et sont payés intégralement, du moins dans la mesure des sûretés qui leur appartiennent.

Nous nous occuperons tout d'abord des revendiquants ; nous verrons ensuite quels sont dans les différentes législations, les créanciers munis de sûretés spéciales, et nous parlerons enfin des créanciers chirographaires.

---

(24) Notons ici une particularité de la loi espagnole qui qualifie les revendiquants « *accreedores de dominio* » *créanciers de propriété*. Il y a là une confusion manifeste du droit de créance et du droit de propriété.

I. — REVENDIQUANTS

L'exercice du droit de revendication suppose que des valeurs se trouvent entre les mains du failli sans qu'il en soit propriétaire. On lui a, par exemple, remis des effets de commerce avec mandat d'en opérer le recouvrement, on a déposé ou consigné chez lui des marchandises, le propriétaire des effets de commerce ou des marchandises pourra les revendiquer. Le fondement de cette revendication étant le droit de propriété, il s'en suit qu'elle est admise à peu près partout. Il est cependant une catégorie de revendiquants dont les droits sont diversement réglés dans les divers Etats, et à propos désquels le conflit pourra s'élever; nous voulons parler de la femme du failli. Sous tous les régimes, sauf sous celui de la séparation de biens (25), il y a des biens de la femme qui se trouvent entre les mains du mari chargé de les administrer. Ces biens ne forment pas le gage des créanciers de ce dernier, la femme a le droit de les revendiquer comme propriétaire. Mais la loi a craint des fraudes, elle a craint que le mari ne détournât une partie du gage de ses créanciers, en faisant passer certains de ses biens sous le nom de sa femme ; aussi le législateur s'est-il montré très sévère vis-à-vis de cette dernière, pour la preuve de sa propriété. Ainsi, tandis que d'après le droit commun la femme peut faire la preuve de la consistance de son mobilier pro-

(25) La séparation de biens est le régime légal en Italie.

pre par tous moyens, même par la commune renom-
mée (C. civ., 1415 et 1504), lorsqu'elle est en conflit
avec les créanciers de son mari tombé en faillite, la
preuve doit être faite par acte authentique (art. 560,
C. co.). Quant aux immeubles, les modes de preuve
du droit commun suffisent, parce que leur origine
est facile à constater et à contrôler. On exige seulement des conditions particulières, en cas d'emploi en
immeubles d'une somme propre à la femme: 1° constatation de l'origine des deniers par acte authentique;
2° déclaration d'emploi dans l'acte d'acquisition (art.
558, C. co.). Enfin, la loi enlève à la femme tout droit
sur les biens à elle donnés par son mari, lorsqu'il
était commerçant lors de la célébration du mariage, ou lorsque n'ayant pas à cette époque de
profession déterminée, il l'est devenu dans. l'année
(art. 564, C. co.).

Des dispositions analogues se trouvent dans les lois
belge et italienne. Il y a cependant une différence
entre notre législation et la législation belge ; dans ce
pays la femme peut être privée de toute action à raison des avantages portés au contrat de mariage, si le
mari non commerçant au moment du mariage l'est
devenu dans les *deux* années (art. 557 C. com. belge).
Les codes belge et italien se prononcent aussi expressément sur un point contesté chez nous, celui de
savoir si la femme a le droit de reprendre les biens
acquis en remploi. La loi belge (art. 554) exige un acte
authentique, le code italien un acte ayant date certaine. En Espagne, la femme a le droit de revendiquer
les biens dotaux, mais l'apport doit avoir été constaté
par acte public. Quant aux biens paraphernaux la

preuve se fera d'après le droit commun. L'article 880 du code des Pays-Bas autorise la femme à reprendre en nature tous les biens meubles ou immeubles qui lui appartiennent et ne sont pas tombés en communauté. L'apport des biens exclus devra être prouvé d'après le droit commun ; s'ils appartenaient à la femme au moment du mariage, s'ils lui sont advenus pendant le mariage à titre de succession ou de donation, il faudra un inventaire ou tout acte de nature à donner au juge une conviction suffisante. En Autriche « la déclaration faite par le mari, avant l'ouverture de la faillite, verbalement ou par écrit, qu'il a reçu la dot doit, pour faire preuve contre la masse, avoir lieu à l'époque de la réception de la dot, ou au plus tard un an avant le jour de l'ouverture de la faillite, et la date de cette déclaration doit être établie vis-à-vis de la masse. La date inscrite sur l'acte ne fait pas preuve suffisante » (art. 49). L'article 37 de la loi allemande reproduit la présomption de notre article 559. « La femme du failli ne pourra revendiquer les objets acquis par elle pendant le mariage qu'à la charge de prouver que ces objets n'ont pas été acquis des deniers du mari ». La loi ne parle pas des biens possédés par la femme avant le mariage, il faut en conclure que la preuve devra s'en faire d'après les principes généraux. La loi garde le même silence quant aux avantages résultant pour la femme de ses conventions matrimoniales ; il s'ensuit pour nous que la créance appartenant de ce chef à la femme se trouve dans la même condition que les autres.

Il n'est pas question dans le droit anglais de la revendication de la femme du failli ; la raison en est que par le mariage ses biens sont devenus la propriété du mari, à moins qu'elle n'en ait confié l'administration à un fideicommissaire *(trustee)*. Elle pourra alors revendiquer, ou plutôt le *trustee* le pourra, car c'est lui seul qui est investi de l'exercice des actions compétant à la femme. Quant au douaire que la loi anglaise lui accorde, elle pourra y prétendre en cas de faillite du mari.

Signalons en terminant sur la revendication de la femme une particularité de la loi du canton de Glaris C. civ., § 4). En cas de faillite du mari, la fortune de la femme, y compris ses propres, tombe dans la masse. Elle a le droit d'en prélever la moitié à titre de créance privilégiée en renonçant à toute prétention sur l'autre moitié, ou de figurer pour le tout parmi les créanciers chirographaires.

Outre la revendication dont nous venons de parler, et qui est, nous l'avons dit, fondée sur le droit de propriété, il en est une autre, admise dans un grand nombre de pays, et qui constitue une sorte de résolution de la vente. Elle est consacrée en France par l'art. 576 du code de com., en Belgique par l'art. 568, en Italie par les art. 689, 691, en Allemagne par l'art. 36. La loi espagnole contient des dispositions analogues. Mais les conditions auxquelles est subordonné ce droit de résolution ne sont pas partout les mêmes. Ainsi, la loi française exige que les marchandises expédiées ne soient pas encore entrées dans les magasins du failli ou dans ceux du commissionnaire chargé de les vendre pour lui ; la loi espagnole n'est pas aussi rigoureuse, il suffit, d'après elle, du moins en cas de vente au comptant, qu'elles puissent être reconnues facilement. La législation néerlandaise diffère également de la loi française ; la revendication peut encore s'exercer dans un délai de trente jours après l'arrivée des marchandises dans les magasins du failli, et cela alors même qu'elles auraient été déballées, et que leur quantité aurait reçu une diminution. En Angleterre, la revendication des marchandises vendues au failli, et non payées par lui, n'est pas admise.

II. — Créanciers nantis d'une sureté spéciale

a) *Créanciers hypothécaires et gagistes*

Les créanciers hypothécaires exerceront leurs droits sur l'immeuble hypothéqué, les créanciers gagistes sur l'objet du gage, et pour le surplus ils viendront en concours avec les créanciers chirographaires. Ces principes sont admis partout, il est donc inutile d'insister.

a) *Créanciers privilégiés d'après la loi*

Les créances privilégiées sont énumérées dans les articles 2101, 2102 et 2103 du code civil, 549 et 550 du code de commerce. Les unes sont privilégiées sur la généralité des biens du débiteur, d'autres sur des biens spéciaux meubles ou immeubles, suivant les cas. En Belgique, la loi hypothécaire du 16 décembre 1851 a modifié un certain nombre de dispositions du code civil relatives aux privilèges ; ainsi, il n'y en a plus qu'un seul portant sur les meubles et les immeubles, c'est celui des frais de justice. Ajoutons que le privilège du vendeur de machines subsiste bien que celles-ci soient devenues immeubles par destination (art. 2). Il dure deux ans à dater de la livraison, à la charge d'être conservé au moyen de certaines formalités. Le code italien est calqué sur le nôtre, sauf que le privilège du bailleur s'exerce conformément au droit français antérieur à la loi de 1872 (C. civ. italien, art. 1956). La loi anglaise de 1869 indique comme créances privilégiées : 1° les taxes paroissiales et autres taxes locales pour les douze mois antérieurs à la faillite, l'impôt foncier et les contributions personnelles auxquelles le failli était assujetti à la date du 15 avril antérieur à la faillite, et pour un an au maximum ; 2° les salaires et gages des employés et domestiques du failli dûs au moment de la faillite, pour quatre mois seulement et jusqu'à concurrence de 50 livres sterling, et les salaires des ouvriers employés par le failli, mais pour deux mois seulement. L'apprenti a une créance privilégiée pour rupture de son contrat (art. 33). Quant au propriétaire, il est privilégié pour une année antérieure à la faillite. La loi autrichienne donne un privilège au commissionnaire, au voiturier et au vendeur d'effets mobiliers (art. 38), à peu près dans les mêmes termes que la loi française. Quant aux créances de la nature de celles dont il est question dans l'article 2102 du code civil, la loi autrichienne les range dans la catégorie des créances chirographaires ; elles sont cependant privilégiées dans une certaine mesure, ainsi que nous le verrons tout à l'heure. La loi allemande indique dans les articles 39-45 les créances qui doivent être distraites de la masse de la faillite. Nous y trouvons notamment les impôts, les loyers et fermages, les créances des aubergistes, celles des ouvriers et des artisans, les frais faits pour la conservation de la chose, etc. Le privilège du commissionnaire est consacré par l'article 374 du code de commerce ; celui du voiturier par les articles 409 et 412.

La faveur dont sont entourées les créances dont il vient d'être question, tient à leur nature. Il en est d'autres qui doivent leur situation privilégiée à la personne du créancier ; nous voulons parler des créances garanties par des hypothèques légales, et spécialement de l'hypothèque légale de la femme mariée. Cette hypothèque, consacrée par l'art. 2121 du code civil, subit certaines restrictions en cas de faillite du mari : 1° Quant à son assiette ; la loi soustrait à l'hypothèque légale de la femme, tous les immeubles acquis à titre onéreux depuis le mariage. Elle présume qu'ils ont été achetés avec l'argent des créanciers, et cette présomption est absolue, la preuve contraire n'est pas admise. 2° Quant aux créances garanties (voir art. 563, C. com., al. 2.) Des dispositions analogues se trouvent dans la loi belge (art. 559), mais l'hypothèque légale a perdu dans cette législation son caractère de généralité ; elle doit être spécialisée. La loi allemande a supprimé l'hypothèque légale en cas de faillite. Notons cependant une disposition transitoire. La loi introductive du code des faillites (art. 13) autorise la législation de chaque Etat de la Confédération à accorder un droit de préférence à la femme du failli, pour les créances antérieures à la mise en vigueur du code, en tant que la législation

précédente lui accordait un privilège ou une hypothèque. La loi ajoute que ce droit de préférence ne
pourra plus être accordé dans les faillites ouvertes deux
ans après la mise en vigueur de la législation nouvelle. Ce moment étant arrivé le 1er octobre 1879,
la disposition transitoire n'a plus d'intérêt aujour-
d'hui.

L'hypothèque légale n'existe plus en Autriche et
dans les Pays-Bas. En Angleterre, nous savons que,
par le mariage, la femme perd sa personnalité, et que
tous ses biens deviennent la propriété du mari qui en
a seul l'administration et la disposition. Si donc, il
vient à tomber en faillite, les biens de la femme comme
les siens deviennent le gage de ses créanciers. Quand
elle se sera constitué un douaire, elle aura contre son
mari une créance, mais sans aucune garantie; elle par-
tagera les conséquences matérielles du désastre,
comme elle en partage la responsabilité morale,
puisque le juge de la Cour peut exiger d'elle tous les
renseignements utiles sur les affaires du mari.

Lorsque la femme aura confié l'administration de
ses biens à un fidéicommissaire, elle pourra devenir
créancière de son mari et produire à sa faillite, comme
tout autre créancier ; mais elle n'agira pas ; l'action
appartiendra aux *trustees* (26).

(26) L'hypothèque légale en général et celle de la femme en particulier
ont été l'objet de nombreuses critiques. On l'a présentée comme nui-
sible à la propriété elle-même, comme ce qu'il y a de plus propre à détourner de la vente et du prêt, à cause des embarras qu'elle suscite dans la
pratique des affaires et du discrédit qu'elle jette sur les fortunes les
mieux assises. Ces inconvénients tiennent plutôt à l'organisation de l'hypothèque légale dans nos lois qu'au principe de cette institution. Le légis-

c) *Créanciers chirographaires*

Ce sont ceux qui n'ont aucune cause de préférence ; ils viennent au marc le franc. Notons ici une particularité de la loi autrichienne. Les créanciers chirographaires sont divisés en cinq classes entre lesquelles il y a priorité. La première classe comprend : *a)* les frais funéraires ; *b)* les salaires des personnes employées d'une façon stable dans la maison, et dus pour la dernière année avant l'ouverture de la faillite ; *c)*. Les créances des médecins, chirurgiens, gardes malades ou pharmaciens, en tant que les droits au paiement de leurs soins ou des remèdes fournis se rapportent à des maladies, ou du failli, ou des membres de sa famille auxquels il doit l'entretien, ou des gens de service attachés à sa maison, et ne remontent pas à plus d'une

lateur a le devoir de protéger les incapables. En leur accordant une sûreté spéciale, il ne fait que mettre leurs biens sous la protection du droit commun, il stipule pour eux la garantie que tout créancier maître de ses droits peut se faire concéder par son débiteur. En ce qui touche spécialement la femme mariée, l'hypothèque légale est une compensation bien légitime de l'état de dépendance oú elle se trouve vis-à-vis de son mari. Mais si le principe même de l'hypothèque légale nous paraît bien fondé, nous n'en dirons pas autant de la manière dont il a été mis en pratique. La clandestinité offre les plus grands dangers ; d'abord quant aux autres créanciers hypothécaires qui ignoreront le véritable crédit immobilier de leur débiteur, ensuite quant aux tiers acquéreurs. La situation de ces derniers sera, il est vrai, bien moins défavorable, puisqu'ils auront toujours la ressource de la purge légale, mais enfin ce sont toujours des formalités qu'on leur impose. Des inconvénients analogues résultent de la généralité de l'hypothèque légale. Pour une somme relativement peu considérable, le crédit d'une personne pourra être diminué. Nous donnons donc notre préférence au système belge, qui était celui du projet de réforme hypothécaire de 1849.

année à compter du jour de l'ouverture de la faillite, ou bien si le failli est mort avant l'ouverture de la faillite, du jour de sa mort ; *d)* les impôts, ceux dus par abonnement, ceux de douane, de consommation, en tant que ces créances ne remontent pas à plus de trois ans à dater du jour de l'ouverture de la faillite et ne sont pas payées par la chose qui les garantit.

La deuxième classe comprend : *a)* les restitutions à la charge du père, tuteur ou curateur, à raison de l'administration infidèle de la fortune de celui dont il a la tutelle ou la curatelle ; *b)* les créances de l'Etat contre un fonctionnaire à raison de son emploi.

La troisième classe comprend les créanciers non désignés dans les deux classes précédentes.

Rentrent dans la quatrième, les intérêts, arrérages qui ne jouissent pas du même rang de priorité que le capital.

Enfin une cinquième et dernière classe comprend *a)* les créances résultant de donations, *b)* les amendes prononcées pour contravention de toute nature en tant qu'elles ne sont pas garanties par un droit de gage.

Doivent être rangés dans la catégorie des créanciers chirographaires, ceux qui, sans se faire concéder de sûretés réelles, ont exigé l'adjonction, soit d'un deuxième débiteur, soit d'une caution. Les droits de ces créanciers sont réglés par les articles 542 et suivants du code de commerce. Ces dispositions ont été reproduites dans les articles 537-540 de la loi belge, 18 et 19 de la loi autrichienne.

Le code italien (art. 656-658) consacre des principes analogues : il ajoute de plus qu'en cas de production

à la faillite par un créancier qui a reçu un *à compte*
et par un cooblige pour le montant de cet à compte,
le créancier conserve le droit de prélever jusqu'à parfait paiement le dividende revenant au cooblige ou à
la caution, en restreignant alors son action à la somme qui lui resterait due après encaissement des
deux dividendes (art. 658.) Le droit anglais contient
des dispositions analogues.

Créanciers étrangers. — Il n'est pas douteux,
comme nous le verrons, que nos lois sur la faillite
s'appliquent aux étrangers. Il en est ainsi dans tous
les pays, bien que les différentes lois ne se soient pas
expressément prononcées sur ce point (27). Quant aux
créanciers étrangers ils sont partout traités comme les
nationaux ; le principe est si évident que la plupart
des lois positives n'ont pas songé à le proclamer *in
terminis*. On le trouve cependant dans l'article 4 du
code des faillites allemand qui autorise toutefois le
chancelier de l'Empire à employer des mesures de re-
présailles à l'égard des individus de nationalité étrangère ou de leurs ayants droit. D'après la loi autrichienne, il faut d'abord se référer aux traités internationaux. A défaut de traités, il faut appliquer le principe que les étrangers ont à la faillite les mêmes droits
que les nationaux, sous condition de réciprocité. En
cas de doute, la réciprocité doit se présumer. Si le
juge du pays a quelque motif spécial d'admettre le
contraire, c'est à l'étranger qui produit à la faillite à
prouver dans un délai déterminé par pièces authenti-

---

(27) Voy. cep. loi allemande, art. 208.

ques, d'après quels principes sont traités les sujets autrichiens, dans l'Etat auquel il appartient..Le juge autrichien prendra en considération ces mêmes principes relativement au droit de l'étranger. En cas de
besoin, il devra en être référé au ministre de la justice (art. 51).

§ IV. — Opérations de la faillite

I. — PERSONNEL DE LA FAILLITE

La faillite ayant pour objet l'égale répartition des
biens du débiteur entre ses créanciers, donne lieu à
des opérations multiples : d'abord à des mesures conservatoires sur la personne et les biens du failli, ensuite à différents actes ayant pour but d'en préparer
et d'en hâter la solution. Il ne pouvait être question
de confier la direction de ces opérations aux créanciers ; la loi les a concentrées entre les mains des
syndics que nous retrouvons dans toutes les législa-
lations. De plus, il importait de ne pas laisser cette
administration sans contrôle, de là des mesures diverses pour assurer la bonne marche des opérations
dans l'intérêt commun des créanciers.

a) *Syndics.* — En France, ils sont nommés par le
tribunal de commerce, après avis des créanciers (art.
462. c. com.) ; dans d'autres pays par les créanciers
eux-mêmes, ce qui est peut-être plus juste puisqu'ils
sont leurs mandataires. Mais pour faciliter ce choix,
on pourrait (et c'est ce qu'a fait le projet italien) donner aux chambres de commerce mission de former

une liste triennale des personnes aptes à remplir les fonctions de syndics, tout en permettant aux créanciers de choisir toute autre personne non portée sur la liste.

En Angleterre le syndic *(trustee)* est nommé par l'assemblée des créanciers. On a proposé la suppression des *trustees*, et leur remplacement par un système d'administration officielle. Ce système est repoussé avec raison par les hommes de commerce. La mission du syndic est de mener les opérations de la faillite pour le plus grand intérêt des créanciers ; ceux-ci doivent donc le choisir (28).

Quant aux fonctions des syndics, dans la plupart des législations ils ne sont qu'administrateurs des biens composant la masse. La législation anglaise, qui a inspiré celle des Etat-Unis, repose sur une théorie différente. Le failli est considéré comme mort civilement, la déclaration de faillite opère une véritable translation de la propriété des biens du failli aux *trustees.*

b) *Contrôle des opérations de la faillite*

A côté des syndics se trouve dans toutes les législations un personnel chargé, soit de contrôler et de surveiller les opérations de la faillite, soit de délibérer et de statuer sur les mesures les plus importantes. On

(28) Voir sur la nomination des syndics en droit anglais et les critiques que l'on peut diriger contre ce système : *Bulletin de la Société de législation comparée, 1879*, p. 379 et 380. — En Russie c'est aussi l'assemblée des créanciers qui nomme les syndics.

peut sous ce rapport trouver dans les différentes législations deux tendances, suivant la part donnée aux créanciers dans ce contrôle et ces délibérations. Les unes, comme les lois française, belge et italienne ne donnent aux créanciers qu'une influence minime dans l'administration de la faillite. C'est à l'autorité judiciaire, c'est-à-dire au juge commissaire et au tribunal de commerce, qu'il appartient de statuer sur les actes les plus importants. D'autres, comme les lois allemande, autrichienne, anglaise assurent aux créanciers la prépondérance dans les affaires de la faillite. D'après la loi autrichienne (art. 74), il doit être constitué un comité de créanciers, avec mission, non pas précisément de surveiller la gestion du syndic, cette surveillance appartient au juge commissaire (art. 70, al. 2), mais de représenter la masse des créanciers avec des pouvoirs plus étendus que ceux des syndics. Les mêmes principes sont appliqués par la loi allemande, avec cette différence que le juge commissaire n'est autre chose que le juge cantonal (*amtsrichter*) (29) devant lequel s'instruisent toutes les faillites. La loi anglaise ne connaît pas le juge commissaire; les attributions conférées à ce magistrat par notre code, sont dévolues à la Cour des faillites qui jouit d'un droit d'investigation très étendu; elle peut faire comparaître devant elle toute personne qu'elle suppose détenir des objets appartenant au failli, être son débi-

---

(29) Il faudrait se garder d'assimiler ce magistrat à nos juges de paix; en dehors du sujet qui nous occupe, sa compétence est plus étendue en matière civile, et en matière criminelle, où il juge, avec assistance d'échevins, de véritables délits.

teur, ou pouvoir donner des renseignements sur ses affaires. Nous trouvons également dans la loi anglaise un comité d'inspection auquel le syndic est obligé de rendre ses comptes tous les trois mois, et dont il est tenu de prendre l'avis en certains cas. Enfin, il existe dans toutes les législations des assemblées de créanciers chargées de la nomination des syndics, de la constitution du comité de créanciers, de la vérification des créances (30), enfin de délibérer sur le concordat.

II. — MESURES CONSERVATOIRES ET PRÉPARATOIRES

Ces mesures ont trait soit à la personne soit aux biens du failli ; elles sont les mêmes dans toutes les législations. Citons seulement à titre d'exemples, l'apposition des scellés et la confection d'un inventaire, l'exploitation du commerce du failli, la vente des objets sujets à dépréciation, etc., etc. La loi anglaise ne parle pas de l'apposition des scellés, le *trustee* étant investi de la propriété de tous les biens du failli.

Les mesures préparatoires sont celles qui se réfèrent à la formation du bilan, c'est-à-dire de l'état général de l'actif et du passif (art. 476, 477, 478, C. co.) et à l'établissement de la liste des créanciers, ce qui comprend la production, l'admission et la vérification des créances (491-504). Ici encore nous serons

---

(30) Le projet italien confère au juge commissaire la mission de vérifier les créances ; c'est, comme on l'a fait remarquer, une confusion entre les fonctions du juge et celles des syndics.

très brefs, car toutes les législations se ressemblent; on n'y trouve que des différences de détail, par exemple, quant aux délais dans lesquels la production doit se faire (31) et quant aux conséquences résultant de la non production dans ces délais. En ce qui touche les contestations auxquelles peut donner lieu l'admission des créances, elles sont jugées d'après la procédure en vigueur dans les différents pays.

§ V. — Clôture de la Faillite

La faillite est dissoute soit pour insuffisance d'actif, soit par l'obtention d'un concordat, soit par la réalisation de l'actif.

a) *Clôture pour insuffisance d'actif*

Il arrive fréquemment que des faillites prennent fin parce que les moyens de continuer les opérations font défaut; c'est là ce qu'on appelle la *clôture en cas d'insuffisance d'actif*. Les lois espagnole et anglaise n'en font aucune mention. D'après la loi autrichienne (art. 66), si au moment où la faillite est provoquée, il appert qu'un seul créancier se présente, ou que l'actif est trop minime pour couvrir les frais, la faillite ne doit pas être déclarée. Dans ce cas, le débiteur doit prêter serment qu'il n'a rien célé de son actif. L'art. 99

(31) C. com., art. 492. Belgique, 496. Italie, 601. Espagne, 1001. Angleterre, 14. Autriche, 103-106. Allemagne, 126.

du code allemand contient des dispositions idén-
tiques. Aux termes de ce texte, « la demande en
déclaration de faillite peut être rejetée, si le tribunal
est d'avis que l'actif de la masse n'est pas proportionné
aux frais qu'entraînerait la procédure ». L'article 190
de la loi permet au tribunal de clore la procédure de
faillite s'il est constaté « que l'actif de la masse n'est
pas en rapport avec les frais de la procédure ». Les
législations autrichienne (art. 155) et allemande (art.
188) admettent la cessation de la procédure sur la
demande de *tous* les créanciers.

b) Concordat.

Le concordat est un traité entre le failli et ses créanciers d'après lequel il s'engage à leur payer un certain dividende, moyennant certaines remises qui lui
sont consenties. Ce traité a cela de particulier qu'il ne
suppose pas le consentement de tous les créanciers, et
que la majorité fait la loi à la minorité. Il est très
avantageux pour le failli qui sera remis à la tête de
ses affaires, et pour les créanciers qui n'y consenti-
ront que s'ils peuvent obtenir un dividende plus fort
que celui qui leur reviendrait après la vente des biens.
Aussi le retrouve-t-on dans toutes les législations :
mais partout aussi des précautions sont prises pour
que les droits de la minorité ne soient pas sacrifiés :
partout on exige pour la formation du concordat une
double majorité ; majorité en nombre et majorité en
somme ; partout les créanciers hypothécaires en sont
exclus comme n'ayant aucun intérêt à y débattre, partout enfin le concordat une fois voté doit être soumis à

l'examen du juge. Nous n'aurons à signaler entre les différentes législations que des divergences de détail relatives au chiffre exigé pour la formation des majorités. En France (art. 507), en Belgique (art. 512), en Italie (art. 518), le concordat doit être formé à la majorité des 3/4 en somme et de la moitié plus un en nombre. L'art. 513 du code belge tranche une question controversée dans nos lois. On se demande si les créanciers hypothécaires qui, en principe, ne sont pas admis au concordat, peuvent, en renonçant à leur sûreté pour une portion, être admis à y prendre part jusqu'à concurrence de cette portion. En France la négative est admise (32) ; l'art. 513 de la loi belge décide qu'ils pourront voter au concordat à la condition de renoncer à leur sûreté pour une moitié. L'article 420 du même code porte que le débiteur qui a satisfait aux prescriptions de la loi et présente les bases d'un concordat, peut demander la convocation immédiate des créanciers, et, après vérification et affirmation des créances à bref délai, obtenir un concordat par le concours des trois quarts des créanciers vérifiés représentant les 5/6 des sommes dues. En Espagne le concordat doit être consenti par la moitié plus un des créanciers représentant les 3/5 du passif total ; la même règle est suivie en Allemagne (art. 169). En Autriche (art. 217) et en Portugal (art. 1186 et s.) on exige les 2/3 en nombre et les 3/4 en somme. En Angleterre, l'ordonnance de décharge qui équivaut au concordat peut être accordée au failli, s'il est prouvé à

(3 2) Boistel, *loc. cit.* nº 1035 ; Bravard, v. p. 375.

la cour que l'actif a produit un dividende au moins égal à dix shillings par livre sterling, ou si une résolution spéciale sollicitant en sa faveur un ordre de décharge a été adoptée par les créanciers. L'ordre de décharge ne dégage pas le failli des dettes ou responsabilités qui pèsent sur lui du fait de quelque fraude ou abus de confiance qu'il aurait commis. Pour que la résolution spéciale dont il vient d'être question soit valable, il faut qu'elle ait été prise à la majorité des voix dans une réunion des créanciers, ceux-ci ayant été réguliérement convoqués et ayant produit leurs titres de créances, et que cette majorité représente les 3/4 des créances dont les titulaires assistent directement ou par intermédiaire à la dite réunion (33).

Le concordat une fois consenti est homologué par l'autorité judiciaire compétente. (France, art. 513 ; Belgique, art. 516 ; Italie, art. 625 ; Espagne, art. 1157 ; Autriche, art. 227 ; Allemagne, art. 170.) En Angleterre l'ordonnance de décharge émane de la cour elle-même, elle porte ainsi sa propre homologation.

Outre le concordat proprement dit dont il vient d'être question, on trouve dans toutes les législations le concordat amiable ; c'est l'application pure et simple du principe de la liberté des conventions. Les créanciers pourront faire à leur débiteur telles remises qu'il leur plaira, et lui accorder tels délais qu'ils jugeront convenables, mais le consentement de *tous* sera

(33) D'après le projet français (art. 501 et s.) le débiteur en état de suspension de paiements peut obtenir un concordat aux conditions requises aujourd'hui en cas de faillite.

exigé. Notre loi ne contenant pas de dispositions spéciales sur ce point, on appliquera le droit commun.

En Angleterre l'acte du 9 août 1869, distingue de la
faillite, la *liquidation par arrangement,*et *la composition* ou concordat amiable. Dans le premier cas, les
créanciers réunis et votant comme en matière de faillite consentent à ce que la situation de leur débiteur
soit liquidée par voie d'arrangement et non par la
faillite. Dans le second, les créanciers traitent avec
leur débiteur en dehors de toute procédure de faillite.
Dans les deux cas le consentement unanime est
exigé.

La loi autrichienne qui, comme nous le savons,
règle différemment la faillite commerciale et l'insolvabilité purement civile, indique comme mode de cessation de la faillite des non commerçants la *transaction* ou *conciliation* (art. 156-158). Lorsqu'il se présente des circonstances propres à faire prévoir la clôture de la faillite par une transaction, le juge commissaire doit fixer une audience de conciliation à laquelle
seront appelés tous les créanciers. Mais pour que
la transaction ait lieu, il faut, bien entendu, le
consentement de tous (v. art. 157).

c) *De l'union et de la répartition de l'actif*

L'actif de la faillite est liquidé par les syndics et les
créanciers sont payés au marc-le-franc. Ces principes
sont admis partout ; et nous n'avons rien de particulier
à signaler.

§ VII — **Réhabilitation**

Dans tous les pays le failli peut obtenir sa réhabilitation. Nous ferons ici la même remarque que tout à
l'heure : rien de particulier à signaler.

§ VIII — **Conclusion**

Le point capital sur lequel nous avons vu que les
législations modernes sont en désaccord, c'est celui
de savoir à qui la faillite doit s'appliquer, si on doit
assimiler les commerçants et les non commerçants,
établir pour eux des règles différentes, ou même laisser
les non commerçants en dehors de toute réglementation. Quel est sur ce point le système préférable ?
Il est certain, tout d'abord, que, dans une bonne législa-
lation, des règles précises doivent être posées sur la
situation du non commerçant insolvable. Sous ce rapport, notre code civil peut prêter à de sérieuses critiques. En effet, comme on l'a fait remarquer, (34) « si
les opérations de commerce par cela seul qu'elles né-
cessitent un maniement de fonds plus considérable,
conduisent plus fréquemment à la ruine que la gestion pure et simple d'une fortune patrimoniale, il ne
manque cependant pas de gens qui, sans appartenir
à la vie des affaires, se trouvent, à un moment donné,

(34) De Montluc, revue de droit intern., 1869. I, p. 569.

dans l'impossibilité absolue de faire honneur à leurs engagements. » Dès lors, pourquoi ne pas régler la situation des uns et des autres ? La faillite est la mise en pratique du principe de l'art. 2092 du Code civil, à savoir que les biens d'un débiteur constituent le gage commun de ses créanciers ; or, ce principe est vrai pour le non commerçant comme pour le commerçant, pourquoi dès lors n'en régler l'application que dans un cas et non dans l'autre ? La seule question qui puisse se poser est celle de savoir si les règles qu'il s'agit d'établir doivent être identiques, ou si, au contraire, la faillite doit être organisée autrement que la déconfiture. C'est cette dernière solution qui nous semble préférable. Les faits qui entraînent la faillite d'un commerçant sont, la plupart du temps, bien différents de ceux d'où résulte l'insolvabilité purement civile : dans le premier cas ce sera bien souvent le hasard, dans le deuxième ce sera presque toujours une faute. Le commerçant a d'incessants appels à faire au crédit ; il doit être débiteur s'il veut vivre, et ses dettes sont rigoureusement exigibles à certains termes. Mais, pour payer exactement, il faut recevoir de même ; il arrivera donc fréquemment que l'insolvabilité des uns retombera sur les autres. « *Negotia mercatorum*, disait Casarégis, *sunt magis periculosa, quia mercatores sunt semper in proximo periculo decoquendi et hodie sunt solvendo, cras vero non* ». Il importait donc d'organiser une procédure, plus favorable sous certains rapports que la procédure ordinaire.

Ces raisons n'existent pas pour le non commerçant qui ne fait que de très rares appels au crédit, et qui, en tout cas, n'en a pas besoin. Pourquoi dès lors le protéger contre ses créanciers? Pourquoi le libérer, même moyennant certaines conditions, de la portion de dettes qu'il ne peut payer? Et si maintenant nous envisageons la faillite dans ses dispositions rigoureuses, nous sommes encore amenés à reconnaître qu'une différence serait nécessaire entre la faillite et la déconfiture, ou que leur assimilation exigerait une refonte préalable de notre code, et l'établissement d'un état intermédiaire entre la solvabilité et la faillite (35). Les sévérités de la loi peuvent se justifier par la nécessité d'assurer la stricte exécution des engagements commerciaux; mais ce motif ne s'applique pas au débiteur civil. Nous avons dit, il est vrai, que le commerçant était plus exposé, courait plus de risques que le non commerçant et que, par conséquent, le non commerçant ne devait pas être traité aussi favorablement que le premier; il faut reconnaître néanmoins, qu'en acceptant la profession commerciale, le négociant s'est soumis à des obligations plus strictes et qu'ainsi il est juste qu'il soit traité plus rigoureusement que d'après le droit commun. Nous pensons donc qu'il faudrait organiser pour le non commerçant une procédure à la fois moins favorable et moins sévère que la loi commerciale, procédure dont le résultat serait de procurer, comme en cas de faillite, la plus égale répartition des biens du débiteur entre ses créanciers. Essayons rapidement de formuler ces réformes, et de déterminer les dispositions qui

---

(35) C'est ce que fait le projet français.

pourraient être empruntées à la faillite. Pour cela, nous nous placerons à trois points de vue : au point de vue des créanciers ; au point de vue du débiteur ; enfin au point de vue de l'ordre public.

Les intérêts des créanciers sont sauvegardés dans notre loi par deux ordres de mesures : 1° par l'organi-sation collective ; 2° par les nullités que prononce la loi. Ces mesures devraient-elles être étendues à la déconfiture? En ce qui touche l'organisation de la masse des créanciers, il faut sans hésiter répondre affirmativement. Toutes les législations qui ont réglé la déconfiture lui ont donné un caractère collectif, et le but qu'on a voulu atteindre exigeait qu'il en fût ainsi. L'égalité des créanciers, qui doit être le plus grand souci du législateur, ne peut être obtenue qu'en substituant l'unité dans l'action à l'anarchie des pour-suites individuelles, auxquelles l'hypothèque judi-ciaire donne un si grand intérêt; il serait facile alors de supprimer cette hypothèque en la remplaçant par un état de déconfiture analogue à la faillite. La consé-quence naturelle de l'organisation du concours serait le dessaisissement du débiteur, sans quoi rien ne serait plus facile à ce dernier que de frauder ses créan-ciers en favorisant les uns au détriment des autres.

On a cependant critiqué la procédure collective; on a fait remarquer que le débiteur civil a en général peu de créanciers ; que ceux-ci seront le plus souvent rapprochés de leur débiteur, ce qui leur permettra de se surveiller, et que dès lors le concours n'aurait d'autre résultat que d'augmenter les délais et les frais de la distribution par contribution : « imaginée dans l'intérêt des créanciers, a-t-on dit, cette procédure tournerait contre eux. Elle pourrait de plus détruire la réputation et l'existence civile du débiteur qui aurait pu être sauvé sans cela. » Que ces reproches soient fondés, c'est possible, mais en tous cas, ils s'attaquent moins à l'institution elle-même, qu'à son organisation spéciale dans telle ou telle législation ; ils n'ébranlent en rien les considérations que nous avons fait valoir.

Les intérêts des créanciers sont encore sauvegardés, avons-nous dit, par les nullités dont notre loi frappe certains actes passés par le débiteur depuis la cessation des paiements ou dans les jours précédents. Faudrait-il étendre ces nullités à la déconfiture ? La question est des plus délicates.

On a soutenu (35) que les art. 446 et 447 qui édictent des présomptions de fraudes, dépassaient la mesure de la justice, et devaient disparaître de nos lois ; on a proposé d'appliquer aux actes antérieurs au jugement déclaratif le droit commun, tel qu'il résulte de l'art. 1167, avec cette modification que la fraude serait présumée en cas de donation ou de renonciation gratuite à un droit. Nous avouerons que ce système ne nous satisfait pas, et nous pensons que les nullités dont il s'agit, non seulement devraient être maintenues en cas de faillite, mais même étendues à la déconfiture, l'art. 1167 étant insuffisant pour assurer l'égalité qui doit être l'âme de toute procédure de concours. Précisons par quelques exemples : Aux termes de l'art. 446 du code de commerce sont nuls : certains paiements de dettes non échues, et de dettes

(35) Garraud, *Déconfiture*, p. 263.

échues s'ils sont faits autrement qu'en espèces ou effets de commerce; la loi ne veut pas qu'un créancier soit préféré aux autres : eh bien ! ce résultat ne sera pas atteint si on applique purement et simplement l'art. 1167 du code civil. Quoique insolvable, le débiteur conserve la libre administration de ses biens; il pourra donc payer ses dettes comme bon lui semblera et même avantager certains créanciers au préjudice des autres. « Considérant, dit le tribunal de Lyon, que si dans l'intérêt du commerce, le législateur a voulu une égalité complète entre les créanciers d'un failli, il n'a édicté aucune règle quant aux créanciers d'un simple particulier, que la présomption légale de fraude leur est complètement inapplicable, que la fraude prévue par l'art. 1167 du code civil, ne saurait résulter de cela seul que le créancier a connu ou re-douté l'insolvabilité du débiteur; qu'il n'y a pas de fraude de la part de celui qui ne fait qu'exercer un droit légitime ; que tel est le droit du créancier qui, dans son propre intérêt, se borne à pourvoir à la ga-rantie de sa créance, qu'en pareil cas la préférence est non le prix de la fraude, mais le prix de la vigi-lance. (36) » Est-ce à dire que les actes en question seront toujours respectés ? Non, ils pourront être atta-qués en vertu de l'article 1167, mais alors les condi-tions édictées par ce texte devront être remplies; les créanciers devront prouver la fraude du débiteur et celle du tiers cocontractant, preuve qui sera souvent très difficile à faire. Il suffira, sans doute, pour que le

---

(36) **Trib. civ. de Lyon,** 29 juillet 1871, cité par **Garraud,** p. 215.

débiteur puisse être considéré comme de mauvaise foi, qu'il ait eu, au moment de l'acte, connaissance de son insolvabilité; mais une semblable connaissance ne suffira pas en ce qui touche le tiers, auquel on ne saurait reprocher de prendre des précautions pour échapper au désastre ; il faudra quant à lui, quelque chose de plus, *l'intention de détourner à son profit une partie de l'actif commun.* C'est cette intention qui constituera la fraude (37), et il faut reconnaître qu'elle ne sera pas toujours facile à établir. L'article 1167 serait, on le voit, bien insuffisant pour protéger les créanciers.

L'article 447 du code de commerce établit pour le juge certaines nullités facultatives qui, à la différence de celles dont il vient d'être question, n'atteignent que les actes passés postérieurement à la cessation des paiements. Ici encore nous avons à constater des différences avec le droit commun de l'art. 1167, d'abord quant aux conditions exigées, et en second lieu quant aux actes susceptibles d'être annulés. A ces deux points de vue, les créanciers d'un commerçant sont mieux protégés que ceux d'un insolvable ordinaire. Le créancier qui attaque un acte à titre onéreux au moyen de l'action Paulienne doit prouver trois choses : 1° que cet acte lui cause un préjudice ; 2° la fraude du débiteur ; 3° la fraude du tiers cocontractant. La première condition n'est pas modifiée par l'art. 447 ; la deuxième l'est au contraire, en ce sens que les syn-

(37) Garraud *loc. cit.* p. 216. Aubry et Rau, III, § 313, texte n° 2, lettre c, et note 32. Demolombe : *Contrats II*, 226, et les arrêts cités par ces auteurs.

dics n'auront pas besoin de démontrer la fraude du débiteur. Quant à la complicité du tiers, elle est toujours exigée et résulte, nous dit la loi, de la connaissance qu'avait le tiers de l'état de cessation des paiements (38).

L'action en nullité de l'art. 447 diffère en second lieu de l'action Paulienne quant aux actes qui peuvent être annulés ; c'est ainsi que l'art. 447 permet d'annuler les paiements de dettes échues, paiements qui seront parfaitement valables d'après le droit commun ; ils ne sauraient, en effet, être considérés comme frauduleux, car le débiteur est obligé de payer et les créanciers ont le droit de l'être au fur et à mesure qu'ils se présentent (Code civ. art. 808 et 809). La nullité des inscriptions de privilèges et hypothèques peut être prononcée en vertu de l'art. 448, (39) s'il s'est

(38) Les actes à titre onéreux consentis par le failli postérieurement à la cessation des paiements ne sont pas nécessairement nuls par cela seul que ceux qui ont traité avec lui avaient connaissance de cette cessation de paiements : les juges ont la faculté d'annuler ou de maintenir ces actes d'après les circonstances, et notamment eu égard à la bonne ou mauvaise foi qui y aura présidé, et aux conséquences qu'ils auront eues pour le débiteur et ses créanciers. Cass., 24 déc. 1860.

V. aussi Cass., 9 déc. 1868.

En droit civil il est également admis que la connaissance qu'avait le tiers au moment de l'acte, de l'insolvabilité du débiteur suffit pour le constituer complice de la fraude. Demolombe, *Contrats, II*, 203. Colmet de Santerre, V. 82 bis. VIII. Aubry et Rau, IV, § 313, texte n° 2 et note 20, p. 137.

(39) En faisant usage du pouvoir d'appréciation qui leur est accordé les tribunaux doivent principalement prendre en considération la durée de l'intervalle qui s'est écoulé entre la constitution d'hypothèque et son inscription ; ils pourraient malgré la bonne foi du créancier annuler l'inscription s'ils reconnaissent que le retard qu'il a mis à s'inscrire a été de nature à induire les tiers en erreur sur la situation de leur débiteur. — Aubry et Rau, III. § 272, texte n° 3, note 21 et les auteurs qu'ils citent.

écoulé plus de quinze jours entre sa date et l'acte qui a donné naissance à l'hypothèque ou au privilège. Le droit commun n'autoriserait pas une nullité de ce genre. L'hypothèque une fois valable, l'inscription a pu être prise à n'importe quelle époque, aux risques et périls du créancier. La loi, dans l'art. 448, a voulu empêcher que le futur failli, pour conserver son crédit, laissât pendant plus ou moins longtemps son hypothèque occulte pour la faire apparaître au dernier moment. C'est toujours la même idée; le législateur désire que les créanciers soient autant que possible dans une situation égale. Dès lors pas de raison pour ne pas étendre ces dispositions à la déconfiture. Nous en dirons autant de l'article 448 1° aux termes duquel le jugement déclaratif arrête le cours des inscriptions de privilèges ou d'hypothèques; l'extension de ce texte à la déconfiture a même été soutenue dans l'état actuel de la législation (40)

En résumé, il nous semble que dans l'intérêt des créanciers, on devrait étendre à la déconfiture: 1° l'organisation collective ; 2° le système des nullités des articles 446 et suivants C. com. On pourrait ainsi pallier les inconvénients qui résultent de la suppression de la contrainte par corps. Cette institution, telle qu'elle était organisée avant la loi du 22 juillet 1867 servait surtout d'épreuve de la solvabilité et accessoirement seulement de peine contre le dol ou la fraude du débiteur. On emprisonnait un individu pour le forcer à payer ou à révéler les ressources qu'il pouvait avoir.

(40) Voir sur cette question Garraud, *loc. cit.* p. 82.

C'est dire qu'elle était peu usitée en matière commerciale ; les créanciers avaient un moyen beaucoup plus sûr de connaître la situation de leur débiteur : la faillite. Par suite du dessaisissement, il lui était en effet bien difficile de soustraire à ses créanciers une partie de leur gage ; et si l'idée lui en était venue, la crainte des peines de la banqueroute aurait suffi pour l'arrêter. En matière civile, la contrainte par corps était le seul moyen qu'avaient les créanciers de savoir si l'insolvabilité de leur débiteur était bien réelle. Sa suppression laisse donc une lacune qu'il serait facile de combler en organisant la déconfiture avec dessaisissement forcé.

Plaçons-nous maintenant au point de vue du débiteur.

Le bénéfice le plus remarquable, accordé au commerçant par la loi des faillites, est celui d'obtenir un concordat, de pouvoir imposer à la minorité des créanciers, les avantages que lui a consentis la majorité. Faudrait-il l'étendre à la déconfiture ? C'est, nous l'avons vu, le système suivi par la loi allemande.

Le concordat, dit-on dans ce système, est une mesure particulièrement avantageuse pour l'insolvable, et qui ne porte aucun préjudice à la masse ; car il est certain qu'elle ne l'accordera qu'autant qu'elle y aura intérêt. Cette extension ne nous paraît pas justifiée. Comme le dit Fournier-Verneuil, « quel serait, en matière civile, l'objet d'un concordat, d'un atermoiement, d'une remise ? Ce sont peut-être là des opérations sages pour le commerce, parce que les valeurs commerciales d'une maison en faillite sont d'une nature toute particulière ; exploitées par le débiteur, elles peuvent produire deux ou trois fois plus qu'administrées par les créanciers unis. » (41). Ajoutons, avec M. Garraud, cette considération pratique, que quand il s'agit d'un non commerçant, les créanciers seront le plus souvent des parents et des amis venus à son secours ; ne serait-il pas dès lors à craindre, que, si on étendait à la déconfiture les règles du concordat, les droits de la minorité ne fussent sacrifiés à des considérations de famille et d'amitié ? (42).

La faillite peut aboutir à des poursuites en banqueroute simple et en banqueroute frauduleuse. Les faits constitutifs de ces délits ou de ces crimes, pouvant être commis par un simple particulier, aussi bien que par un commerçant, on ne voit pas pourquoi la banqueroute resterait un délit ou un crime spécial aux commerçants ; nous pensons donc qu'il serait utile tant dans l'intérêt des créanciers, que pour la bonne administration de la justice, d'étendre à l'insolvabilité civile les dispositions des art. 584-600 du code de commerce. On pourrait ainsi réprimer le dol et la fraude qui restent impunis depuis la loi de 1867 (43). Enfin la déclaration de faillite frappe celui qui en est l'objet de certaines incapacités civiles et politiques ; faudrait-il les attacher à la déconfiture comme à la faillite ? Le meilleur système serait, croyons-nous, de modifier la loi commerciale elle-même, et de restreindre les incapacités dont le failli est atteint au cas où c'est par sa faute ou son dol qu'il est devenu insol-

(41) Dissertation insérée au recueil Sirey 1811. 2. 273.
(42) Garraud, *loc. cit.*, p. 264 *in fine*.
(43) Garraud, *loc. cit.*, p. 267.

vable (44). Dans ces termes la privation de toute apti-
tude électorale, du droit d'êtrejuré, etc., nous paraîtrait
devoir être la conséquence de la déconfiture comme de
la faillite. S'il y avait une raison de distinguer, ce
serait plutôt en faveur du commerçant plus exposé
que tout autre, à raison de nécessités de sa profession,
à se laisser entraîner à d'aventureuses spéculations.
L'expérience démontre que c'est parmi les gens ruinés
que se recrutent, comme on l'a dit, « ces Catilinas modernes, ces agitateurs de la chose publique qui viennent s'emparer des emplois et combler par là le déficit
que le luxe et la prodigalité ont creusé dans leur patrimoine. » (45).

(44) C'est le système suivi par le projet français, art. 580 : « Le débiteur
en état de suspension de paiements qui n'a pas été déclaré failli ne peut
concourir comme électeur ni comme éligible aux élections de la chambre de
commerce, du Tribunal de commerce », il conserve donc en général sa capacité politique.

(45) De Montluc, *de la faillite des non commerçants,* rev. de dr. intern.
de Gand, année 1869, T. I., p. 577; Garraud, *loc. cit.,* p. 267.

CHAPITRE II

Ouverture de la faillite

———

Tant qu'un commerçant remplit ses obligations, il peut être poursuivi relativement à leur exécution, conformément au droit commun, soit au lieu du contrat, soit au lieu fixé pour le paiement, soit enfin dans tout autre endroit déterminé par la convention. Vient-il à cesser ses paiements, toutes ces juridictions font place à un tribunal unique, celui où il a le siège de ses affaires, son principal établissement. Cela s'explique par deux raisons : la personne du failli disparaît, pour faire place à un être moral, la masse des créanciers représentée par les syndics ; on ne voit pas quel serait le siège de cette personne, sinon le domicile du failli (46). On peut, dans une certaine mesure, comparer la faillite à la société ou à la succession, qui forment aussi des être collectifs et attribuent compétence à un tribunal unique, celui du siège de la société ou de l'ouverture de la succession. Le second motif de l'unité

(46) Comme il s'agit dans la faillite, dit M. de Savigny, de régler les droits de plusieurs créanciers, cela ne peut se faire que dans un seul lieu, au domicile du débiteur, de sorte que la juridiction personnelle générale l'emporte ici sur la juridiction spéciale de l'obligation.

Savigny. *Droit romain* traduct. Guenoux t. VIII, p. 279 *in fine.*

de juridiction, c'est que c'est au domicile du failli que sera le plus facile l'examen des livres, le contrôle du bilan ; c'est là que le failli aura probablement la plus grande partie de ses biens, enfin c'est là qu'il se trouvera et pourra donner aux syndics des éclaircissements facilitant leur tâche. Faut-il appliquer ces principes d'unité et de concentration : 1° au cas où c'est un étranger qu'il s'agit de déclarer en faillite ; 2° au cas où les biens du failli se trouvent dans des pays différents ; 3° quand ce dernier a deux ou plusieurs établissements commerciaux, situés l'un dans son propre pays, l'autre ou les autres à l'étranger ?

1°) *C'est un étranger qu'il s'agit de déclarer en faillite.*

Un étranger peut-il être déclaré en faillite en France ? Telle est la question qui se pose et qui au premier abord peut paraître étrange. Le but principal de la faillite est, en effet, de protéger les intérêts des créanciers en leur permettant de recouvrer dans la répartition de l'actif, la plus grande partie de leurs créances. S'il en est ainsi, il n'y a aucune raison de distinguer entre les regnicoles et les étrangers. Cependant, à certains égards, la faillite peut être considérée comme un bénéfice pour le débiteur auquel elle procure certains avantages ; de là le point de savoir si l'étranger peut en jouir. L'affirmative ne nous paraît pas douteuse, dans le cas où il a obtenu, conformément à l'art. 13, l'autorisation d'établir son domicile en France ; il est alors assimilé aux Français, quant à la jouissance des droits civils. Il doit en être de même dans le cas contraire, quel que soit le système que l'on adopte pour l'interprétation de l'art. 11 du code civil. Le fait de ne pas payer ses dettes n'a rien de commun avec la jouissance des droits civils. Du moment que l'étranger peut exercer le commerce en France, il doit pouvoir y être déclaré en faillite. Cela n'a jamais été contesté, quant aux droits des tiers créanciers, de provoquer la faillite de leur débiteur étranger, ou quant au droit du ministère public de la poursuivre au nom de l'ordre public ; mais on a soutenu que les commer·çants étrangers ne pouvaient provoquer eux-mêmes leur mise en faillite, et certes il y a sur ce point, si l'on admet, en ce qui touche la condition des étran·gers, la distinction traditionnelle des droits naturels et des droits civils, il y a, disons-nous, de sérieuses raisons de douter (47).

La faillite, a-t-on dit, est un état de droit tout à fait arbitraire, composé de dispositions les unes défavorables, les autres favorables au failli. Au premier point de vue, le failli est frappé dans sa personne et dans ses biens. Dans sa personne, il peut être surveillé, même arrêté, il est privé de l'exercice de ses droits politiques, il ne peut concourir à la nomination des prud'hommes ou à celle des juges consulaires ; l'entrée de la Bourse lui est interdite. Dans ses

(47) Nous repoussons ce système qui nous paraît trop vague et nous rangeons sans hésitation à la théorie de MM. Valette et Demangeat qui accordent aux étrangers la jouissance de tous les droits qui ne leur ont pas été refusés par un texte spécial. Nous ne pouvons ici discuter la question, nous renvoyons aux ouvrages généraux de droit civil et de droit international. Demangeat, *Condition des étrangers en France* n° 56. Valette *Cours de Code civil* p. 67. Demolombe I 240. 246 bis. Aubry et Rau I § 78. Laurent *Principes de droit civil*, I, n°; 60, *Droit civil international* II 5 et s.

biens, il est dessaisi de leur administration au profit de la masse.

Au point de vue des avantages, avant l'abolition de la contrainte par corps (loi du 22 juillet 1867), il ne pouvait être soumis à cette voie rigoureuse d'exécution. Aujourd'hui éncore, il peut obtenir la liberté provisoire si le tribunal lui accorde un sauf-conduit, et définitive s'il est déclaré excusable. Il peut stipuler un concordat, c'est-à-dire une remise partielle de ses dettes concédée par la majorité des créanciers et liant la minorité. Enfin il peut obtenir de ses créanciers un secours alimentaire. Il importe, ajoutait-on, que la faillite soit à la fois favorable et défavorable au failli ; or, il est manifeste que s'il est étranger les avantages l'emporteront sur les inconvénients : les incapacités politiques ne l'atteindront pas ; quant aux incapacités civiles, elles seront moins efficaces contre un étranger que contre un national, car il lui restera toujours la ressource de se réfugier dans son pays, où la fraude pourra être pratiquée plus aisément.

La Cour de cassation devant laquelle ce système a été soutenu, ne s'est pas arrêtée à ces objections, et a décidé, avec grande raison, que l'état de faillite, loin d'être l'exercice d'un droit civil, n'est au contraire que la constatation judiciaire d'un fait : la cessation des paiements. Les dispositions du code de commerce qui obligent le négociant tombé en état de cessation de paiement à déposer son bilan sont conçues dans les termes les plus généraux et ne font aucune distinction entre les étrangers et les régnicoles. Quant à la distinction entre le cas où la déclaration de faillite est demandée par les créanciers, et celui où c'est le débiteur lui-même qui la sollicite, elle est tout à fait arbitraire, et de plus, d'une application fort difficile si, ce qui pourra souvent se présenter, il se trouve des créanciers demandant la déclaration de faillite et d'autres s'y opposant. La faillite d'ailleurs constitue un état indivisible, aussi bien vis-à-vis des étrangers que vis-à-vis des Français. L'étranger qui peut exercer le commerce dans un pays, se soumet pour tous ses actes, pour toutes ses obligations, à la législation de ce pays; il en devient en quelque sorte le sujet temporaire; il doit dès lors pouvoir profiter des avantages qu'elle lui procure, comme il est soumis aux charges qu'elle lui impose. Qu'on n'objecte pas qu'elles ne l'atteindront pas; les incapacités dont il est frappé ne sont pas purement politiques; c'est ainsi que l'entrée de la Bourse lui est interdite, et qu'il n'est pas admis à l'escompte de la Banque de France. L'étranger en souffrira donc aussi bien que le Français (48).

La jurisprudence a été plus loin et a décidé, non-seulement que l'étranger commerçant est soumis à nos lois sur la faillite, mais encore qu'il peut se prévaloir des avantages attachés, dans certaines circonstances, à la qualité de failli. C'est ainsi que la cour de Paris, réformant un jugement du tribunal de la Seine, a décidé qu'un étranger qui avait cessé ses paiements

---

(48) Dubois *sur Carle*, note 50, I; Demangeat *sur Bravard*, V, p. 10, note 2; Massé, I, 504; Alauzet : *Droit com.*, 2427; Fiore *del fallimento*, cap. I; Paris, 23 déc. 1847, D. P., 48, 2, 3; Paris, 22 janv. 1857, D. P., 57, 2, 135; Req. rej., 24 nov. 1857, D. P., 58, I, 85; Req. rej., 12 nov. 1872, Sir. 72, 2, 238; Paris, 20 mai 1878, Clunet, 78, p. 375, Sir., 80, 2, 193.

dans la période du 10 juillet 1870 au 13 mars 1872 (49) était, conformément à la loi du 22 avril 1871, affranchi de la qualité de failli. La cour argumente de la généralité de cette loi dont le but a été de venir en aide aux négociants malheureux et de bonne foi frappés par les circonstances ; ce motif ne permet pas de distinguer entre le régnicole et l'étranger (50).

Un étranger pourra donc être déclaré en faillite en France. Mais par quel tribunal le sera-t-il ? Nous appliquerons purement et simplement l'art. 59, § 7 du code de procédure (51). Le tribunal compétent sera

(49) Lois du 9 sept. 1871 (D. P., 1871, 4, 158) et du 19 déc. 1871 (D. P., 1871, 4, 167).

(50) Paris, 11 juin 1872. D. P., 72, 2, 191.

La cour de Paris, dans cet arrêt, se range implicitement au système admis par nous (Voir note 47) et suivant lequel, en l'absence de traités diplomatiques, les étrangers jouissent en France de tous les droits qui ne leur ont pas été refusés par une disposition formelle. La solution donnée ne s'accorderait guère avec le système qui n'accorde aux étrangers que les droits qui leur ont été expressément concédés par des textes ; elle est également incompatible avec l'opinion qui ne donne aux étrangers que la jouissance des facultés de droit des gens. Fiore, *loc. cit.* p. 14.

La quastion résolue par la cour de Paris se pose également à propos des autres lois de circonstance rendues pendant la guerre de 1870 (Lois du 13 août 1870, 10-14 sept. 1870, 24 mars 1871, 7 juillet 1871. D. P. 70, 4, 78, 87 ; 1871, 4, 30 et. s.) et elle doit l'être de la même manière ; les motifs sont identiques.

Même observation quant aux lois et décrets qui ont accordé des réductions de loyers motivées par le siège de Paris. Paris, 5 janv. 1871. D. P., 71, 2, 15. — *Contrà*, jury spécial des loyers du 4ᵉ arr. de Paris du 27 juil. 1871. D. P., 71, 3, 7.

(51) Nous pensons en effet que les tribunaux français sont en principe compétents, pour connaître des contestations ent.e étrangers. Nous ne pouvons entrer dans la discusssion de celte question très débattue ; qu'il nous suffise de faire remarquer qu'aucune loi ne leur interdit de s'adresser à la

celui du domicile du failli ; de son principal établissement. Les raisons que nous avons fait valoir plus haut pour justifier l'unité de juridiction, conservent toute leur force quànd il s'agit d'un étranger (52).

2° et 3° *Le failli a des biens ou des établissements distincts situés en des pays différents* (53).

Faudra-t-il alors déclarer autant de faillites qu'il y a d'établissements ou de biens situés dans des pays différents ?

Stracca enseignait l'affirmative. Les créanciers de chaque établissement devraient, d'après lui, être appelés séparément sur le capital afférant à chacun de ces établissements, par cette raison que *unusquisque creditor magis merci quam debitori credidit* (54).

justice française. Ce droit semble, bien au contraire, leur avoir été reconnu lors de la discussion de l'art. 14. En tous cas, le silence du code constitue plutôt une lacune que la volonté d'écarter les étrangers des tribunaux français.

(52) Bruxelles, 13 août 1836 ; Clunet : 1880, p. 89 ; — 13 août 1851 ; Clunet, 1880 p· 90 ; Req. règl., 4 mai 1857, Sir., 57. I. 461. D. P. 57 I 401 ; Paris, 7 mai 1867, Sir. 68. 2. 149 ; Req. rej., 20 déc. 1871, D. P. 72,I 200 ; Tribunal de commerce de la Seine, 10 août 1872 ; Clunet, 1874 p. 124 ; Req. rej., 10 mars 1874, Sir. 1875, I, 51 et la note ; Paris, 20 mai 1878, Clunet, 1878, p. 375, Sir., 1880, I. 293 ; *Dissertation dans Clunet*, 1881 p. 240, et s. V-VI. ; Bravard et Demangeat. V. p. 43 ; Boistel : *Précis de droit commercial*, n° 899 ; Glasson : *Compétence des trib. français à l'égard des étrangers*, Clunet, 1881, p. 125 et 126.

(53) Cette question qui est de savoir quel est, dans le cas où le failli a des établissements ou des biens situés en pays différents, le tribunal compétent pour déclarer la faillite ne doit pas être confondue avec celle de l'effet dans un Etat, du jugement rendu dans un autre. La première doit être résolue pour que la seconde puisse se poser. Elles rentrent cependant dans une certaine mesure l'une dans l'autre ; mais il nous a paru indispensable de les examiner séparément.

(54) Stracca, *de decoctoribus*, dernière partie, n°s 20, 21 et 22.

D'autre auteurs maintiennent dans ce cas, l'unité de juridiction ; ils s'appuient sur ce qu'un débiteur en s'obligeant a engagé tout son patrimoine à chacun de ses créanciers. Le patrimoine d'une personne, disent-ils, répond de l'ensemble des dettes et de chacune d'elles en particulier.

Nous pensons qu'il faut distinguer deux hypothèses : 1° celle où le même commerçant est associé dans des établissements distincts ; 2° celle où le même individu a ouvert des établissements dans différents pays. Dans le premier cas, le tribunal compétent sera celui de chaque établissement, et cela, alors même que la faillite de l'un aurait entraîné celle de l'autre. La pluralité de juridictions s'impose alors ; il y a plusieurs personnes, il doit y avoir plusieurs faillites.

Dans le second cas, au contraire, il ne devra être déclaré qu'une seule faillite. Tel n'est pas l'avis de la jurisprudence, d'après laquelle il doit y avoir autant de faillites que d'établissements distincts. Ce système a été formulé dans un arrêt de Bruxelles du 6 juin 1816, et il ne sera pas sans intérêt de rappeler l'espèce à propos de laquelle il est intervenu. John et Georges Ouhtvaïtes, frères, avaient deux maisons de commerce, l'une à Londres, l'autre à Anvers ; la première régie par John Outhvaïtes, la deuxième par Georges Fergusson. La maison de Londres fut déclarée en faillite, et les sydics anglais demandèrent au gérant de la maison d'Anvers de leur rendre compte de l'état des affaires. Fergusson contesta leur qualité par ce motif que l'établissement de Londres était distinct de celui d'Anvers, et que la faillite du premier n'avait pas entraîné celle du second. Ce système, repoussé en première instance, fut accueilli par la cour d'appel: « Attendu que, bien que la maison John et Georges Outhvaïtes établie à Londres, soit déclarée être en état de faillite, il ne s'ensuit nullement que leur autre maison de commerce établie à Anvers, soit aussi en état de faillite. Qu'en tous cas il n'appartiendrait qu'au tribunal de commerce d'Anvers de connaître de l'état de cette maison, comme étant immédiatement et exclusivement soumise sous ce rapport à sa juridiction, d'en déclarer et fixer la faillite, le cas échéant... »

Rien ne s'oppose, dit-on, à ce qu'un commerçant soit l'objet de deux déclarations de faillite, dans deux endroits différents, pour des opérations de commerce distinctes. Les créanciers porteurs d'engagements nouveaux doivent avoir le droit de provoquer une nouvelle faillite. « Le manque d'équilibre survenu dans un établissement commercial, dit M. César Norsa, crée un nouvel ordre de rapports juridiques avec les intéressés ; il ne serait pas juste que ce nouvel état, particulier à l'un des établissements, influât sur les destinées de l'autre. Le fait accidentel que tous deux sont représentés par une même personne ne suffit pas pour confondre leur sort, pour rendre les débiteurs ou les créanciers de l'être vivant, respectivement débiteurs ou créanciers de l'être dissous. Pour ce qui concerne la personne même du commerçant les rapports sont distincts, suivant qu'il agit en qualité de représentant de l'une ou de l'autre maison (55) ».

(55) Demangeat sur Fœlix, II, n° 468, p. 204, note ; Massé, II, 810 ;

Cette théorie doit être repoussée ; la faillite affecte l'état de la personne dont elle altère la capacité, il ne saurait donc y avoir plus de faillites qu'il n'y a de personnes à mettre en faillite. Or, dès qu'il est supposé en fait que c'est le même individu ou la même société qui a ouvert les établissements différents, il n'y a pas en droit plusieurs personnes distinctes, il n'y en a qu'une seule, physique dans le premier cas, morale dans le deuxième. Pour justifier la pluralité de faillites, il faudrait prouver que le fait d'une administration distincte suffit pour constituer autant de corps moraux qu'il y a d'établissements. Mais cette preuve nous paraît impossible ; d'abord, en fait, il y aura toujours entre les différentes maisons un lien de dépendance : l'une sera siège principal des affaires, l'autre simple succursale. En second lieu, la faillite n'est autre chose que l'application du principe que les biens d'un débiteur constituent le gage commun de ses créanciers ; elle a pour but l'égale répartition de ce gage, et l'insolvabilité consiste dans son insuffisance. Dès lors pas de milieu ; l'insolvabilité existera ou n'existera pas, mais on ne saurait la concevoir partielle, on ne saurait concevoir un individu failli dans un lieu, *in bonis* dans un autre. Il est du reste complètement inexact de dire que chaque créancier n'a en vue que l'actif afférant à l'établissement qui

César Norsa, *Revue de jurispr. ital.*, n° 175 ; Fiore, *Dr. intern.*, n° 369 ; *Del fallimento*, p. 21 ; Bruxelles, 6 juin 1816, Merlin, *Rép.* V° *Faillite*, sect. 2, § 2, art. 10 ; Req. rej., 23 août 1853, D. P., 55, 1, 59 ; Paris, 30 août 1867, D. P., 68, 2, 113 ; Lyon, 12 juillet 1869, D.P., 70, 2, 10 ; Trib. fédér. suisse, 18 fév. 1876 , Clunet, 76, p. 510.

s'est obligé envers lui; bien au contraire, ceux qui contractent avec un individu considèrent le plus sou-vent le patrimoine entier de la personne au nom de laquelle le commerce est exercé dans les deux mai-sons. On dit que dans le même individu on peut dis-tinguer deux ou plusieurs personnes; c'est une idée qui peut avoir du vrai, mais qui ne saurait ici recevoir d'application. Comme le fait très bien remarquer M. Carle (56), si le débiteur n'avait voulu engager son bien que dans une certaine mesure, il en aurait trouvé le moyen dans une société anonyme ou dans une société à responsabilité limitée; du moment qu'il ne l'a pas fait, il a engagé tout son patrimoine à ses créanciers, il ne saurait leur soustraire une portion de ce gage; la ruine de l'un des commerces doit entraîner celle de l'autre.

Les textes ne sont pas moins décisifs à l'appui de notre thèse. Aux termes de l'article 438 C. com., le commerçant qui cesse ses paiements doit, dans les trois jours de cette cessation, en faire la déclaration au greffe du tribunal de commerce de son domicile. Faut-il, s'il y a plusieurs établissements, qu'il fasse plusieurs déclarations? Nullement, c'est sa personne, comme le dit M. Bravard, qui est mise en faillite ce ne sont pas les différents établissements qui lui ap-partiennent (57). Quand le jugement déclaratif est rendu, il doit être publié au lieu de l'ouverture de la faillite, et dans ceux où le failli possèdera des établissements.

(56) N° 21, p. 37.
(57) *Traité de commercial* **T. V**, p. 42

Cela prouve bien que la faillite de l'un entraîne la faillite de l'autre. L'art. 439 permet de ne déposer le bilan que postérieurement à la déclaration de cessation des paiements ; l'art. 463 autorise la nomination de trois syndics ; pourquoi ces mesures, sinon à raison des retards que peut occasionner la vérification de livres situés dans d'autres établissements éloignés du lieu de la faillite ?

Les diverses opérations de la faillite supposent toutes qu'il n'y a qu'un actif et qu'un passif, qu'un juge commissaire et qu'un syndicat.

S'il en est ainsi quand les établissements sont situés dans un seul et même Etat, pourquoi en serait-il autrement s'ils sont situés dans des Etats différents ? Les raisons que nous venons de faire valoir ne sont-elles pas décisives dans un cas comme dans l'autre ? Un seul tribunal sera donc compétent, celui du lieu où se trouve situé le principal établissement, et si cet établissement se trouve situé à l'étranger, la compétence appartiendra au tribunal étranger (58).

M. Carle (59) apporte au système que nous avons adopté avec lui un tempérament que nous serions assez disposés à admettre. Suivant lui, si les deux commerces du même individu, dans des Etats séparés sont tellement distincts que leurs créanciers respectifs

---

(58) V. les autorités citées à la note 52. v. aussi *Dissertation* de M. Beudaut en note D. P. 68,2,113 ; Clunet 1881, V-VI, p. 240 et s. ; Carle, n° 21 et note 44. La jurisprudence anglaise a eu à résoudre la question que nous venons d'examiner, et elle s'est prononcée dans le sens de la doctrine suivant laquelle il doit y avoir autant de faillites que d'établissements situés en des pays différents.

(59) n° 22.

n'aient pu prendre en considération que le capital afférant à chacun d'eux, on colloquera les créanciers de
chaque établissement sur l'actif de cet établissement.
L'équité exige qu'il en soit ainsi ; c'est bien le cas de
dire avec Stracca : *Ex bono et æquo et optimâ ratione
inductum est, ut creditores separatim in negociatio-
nibus quarum causâ crediderunt, vocentur.*

La faillite une fois déclarée conformément aux règles
de compétence que nous venons de déterminer, qu'elle
sera, dans un pays, l'autorité du jugement déclaratif
rendu à l'étranger ? C'est une question, qui, comme
nous l'avons déjà dit, semble se confondre avec celle
qui vient d'être examinée, mais n'en est pas moins
distincte puisqu'elle suppose la faillite déclarée.

La détermination du principal établissement doit
être abandonnée à l'appréciation du juge qui aura à
tenir compte des circonstances. C'est ainsi qu'il lui appartiendra de juger qu'une société qui se dit étrangère
a cependant en France son principal établissement et
que, par conséquent, la compétence appartient aux
tribunaux français. L'indication dans les statuts d'un
siège social situé dans un lieu autre que le principal
établissement, ne suffirait pas pour attribuer compétence au tribunal de ce siège. La question de savoir où
se trouve le siège d'une société est essentiellement
une question de fait, contre laquelle ne saurait prévaloir une affirmation contraire contenue dans les statuts (60).

(60) Boistel : *Précis de dr. com.* n° 808 ; Alauzet, 2430 ; Renouard,
Traité des faillites, I, 265 ; Vavasseur : *Dissertation* dans Clunet, 1875, p.
345 ; Civ. rej. 4 mars 1857, Sir., 58, I, 264 ; Bordeaux, 11 et 12 août

C'est ainsi encore que le transport du siège social dans un lieu autre que celui de l'exploitation ne suf-firait pas pour entraîner un changement dans la compétence, s'il n'était pas accompagné du transport effectif du principal établissement. Deux conditions sont requises pour constituer le domicile : l'habitation réelle dans un endroit, l'intention d'y fixer son principal établissement ; si elles ne sont pas réunies, il n'y a pas de domicile dans le sens juridique du mot.

Les principes que nous venons de poser relativement au vrai domicile d'une société ont été appliqués dans l'affaire du crédit-foncier suisse, qu'il nous paraît intéressant de rappeler.

La société du crédit foncier suisse avait été déclarée en faillite à Genève en 1874, le 3 février ; et le 5 du même mois elle était également déclarée en faillite à Paris. Des syndics avaient été nommés par le tribunal français et le tribunal genèvois. Les syndics suisses firent opposition au jugement français, mais ils en furent déboutés par le tribunal de commerce de la Seine par ce motif que le domicile véritable de la société était à Paris où étaient traitées toutes les opérations et où se trouvaient les livres et toutes les pièces nécessaires à la liquidation, et que l'établissement de Genève était insignifiant, en tout cas, tout à fait secondaire.

1857, Sir. 58, 2, 257 ; req. règl., 13 mars 1865, D. P. 65 I, 228 ; Bologne, 18 sept. 1874. Clunet, 75, p. 258 ; Req règl., 16 mars 1874, Sir. ; 75, I, 51 ; Nancy, 8 mai 1875, Clunet, 1877, p. 144, Sir. 76. 2. 137 ; Req. rej., 5 déc. 1877, Sir. 1878. 1. 220.

De leur côté, les syndics français formèrent opposition au jugement suisse, opposition qui fut également rejetée par le tribunal de Genève, le 19 mars 1874. « La faillite d'une société commerciale, dit le jugement, ne peut être déclarée qu'à son domicile, à son siège social ; or, en matière de société anonyme, les statuts seuls peuvent déterminer le siège social. Le fait d'établir des succursales à l'étranger, ainsi que le font généralement les compagnies financières, ne peut transférer à l'étranger le siège social déterminé par les statuts. L'établissement d'une succursale à l'étranger n'a d'autre effet que de rendre la société anonyme justiciable du tribunal étranger, pour les opérations faites par l'intermédiaire de cette succursale »... « Il importe, ajoutait-on, en présence du développement de plus en plus considérable de ce genre de société, en présence de son caractère international, que ceux qui y prennent des intérêts soient assurés de conserver jusqu'au bout les garanties qui ont contribué à leur faire accepter de devenir parties au contrat, comme actionnaires ou créanciers. Or, parmi ces garanties le domicile de la société est la plus importante ; ce domicile doit donc être fixé une fois pour toutes, car il entraîne avec lui la nationalité de la société, et c'est par la législation de ce domicile que le pacte fondamental doit être régi » (61).

Ces deux jugements furent confirmés, l'un par arrêt de la cour de Paris du 20 juin 1874, l'autre, par arrêt de la cour de Genève, du 25 mai 1874. Le conflit

(61) Clunet, 1874, p. 95.

menaçait de se perpétuer, lorsque le conseil fédéral, par un arrêt du 21 janvier 1875 (62), donna gain de cause aux tribunaux français, et renvoya à la faillite de Paris la liquidation de l'actif et la répartition du passif de l'établissement suisse. Nous allons reproduire les principaux motifs de cette importante décision. « Aux termes de l'art. 6 du traité du 15 juin 1869, la faillite d'un Français ayant un établissement de commerce en Suisse, pourra être prononcée par le tribunal de sa résidence en Suisse et réciproquement. Or, le Crédit foncier suisse avait un double établissement de commerce, l'un à la résidence de Genève que les statuts qualifiaient de siège social, l'autre à la résidence de Paris qualifié de siège administratif ; dès lors, aux termes du traité franco-suisse (art. 6) la compétence devait appartenir soit aux tribunaux de Paris, soit à ceux de Genève. Pour voir la juridiction qui devra en définitive rester saisie, il faut rechercher dans lequel des deux pays les intérêts les plus importants sont engagés, dans lequel le Crédit foncier avait le centre de ses affaires et de ses opérations. Or, les faits démontrent qu'il n'avait de suisse que le nom, et que le vrai motif de sa création à Genève, était d'éluder les lois françaises sur les sociétés anonymes. C'est à Paris que s'étaient faites toutes les opérations de la société, il ne doit pas lui être permis de se soustraire à l'autorité du pays où elle a principalement et presqu'exclusivement opéré ; c'est cette autorité qui a seule qualité pour la liquidation c'est elle seule qui a les moyens de la faire. »

(62) Clunet, 1875, p. 80.

Il est presqu'inutile de dire que cette décision nous
paraît tout à fait conforme aux vrais principes, puisqu'elle fait déterminer le domicile par la réalité plutôt que d'après les apparences : « *Plus valet quod agi-
tur quam quod simulatur.* »

De tout ce qui précède, il résulte que si un étranger
n'a en France qu'une simple résidence, il ne pourra y
être déclaré en faillite (63). Cette solution nous est
également imposée par les principes que nous suivons
en ce qui touche la compétence des tribunaux français entre étrangers. Si ces tribunaux sont compétents,
avons-nous dit, c'est tout simplement par application
des règles générales qui ne distinguent pas entre les
régnicoles et les étrangers, or la jurisprudence décide
que si une faillite a été déclarée par plusieurs tribunaux, il y a lieu à règlement de juges, (64) et que la
connaissance de cette faillite appartient au tribunal
du principal établissement. S'il en est ainsi dans le
cas d'une faillite purement française, on ne voit pas
pourquoi il en serait autrement dans celui où les divers établissements sont situés dans des Etats différents ; les règles applicables dans un cas doivent l'être
dans l'autre (65).

(63) En sens contraire : Trib. de com. de la Seine, 18 août 1875, Clunet, 1876, p. 455; Paris, 17 juillet 1877 ; Sir. 1880, 2t 95.

(64) Req. regl., 4 mai 1857, Sir. 58 I, 461 ; Paris, 7 mai 1867, Sir. 68. 2
149. ; Req. regl. 26 déc. 1871, D. P. 72. 1. 200 ; Req. regl. 10 mars 1874.
Sir. 75. I, 51. Rouen, 11 juillet 1874, Sir. 75, 2. 236; Req. regl. 29 juin
et 21 juillet 1875, Sir. 75, I, 378 ; 21 déc. 1875, Sir. 1877, 1, 341 ; Req.
règl. 28 avril 1880, Sir. 1881 I, 22 ; Req. règl. 17 août 1881, Sir. 82 I, 112;
Lyon, 31 juillet 1881, droit du 29 octobre. Req. règl., 30 janv. 1882. Sir. 82
I, 150.

(65) Gerbaut ; *Compétence des tribunaux français à l'égard des étrangers*
n° 344, p. 440.

A fortiori, faut-il décider que l'étranger qui n'a en France ni domicile, ni résidence, ne pourra y être déclaré en état de faillite. Mais l'étranger domicilié dans son pays, qui a contracté avec des Français ne pourra-t-il pas être attiré en France, conformément à l'article 14 du code civil, et y être déclaré en faillite? Ce texte qui déroge certainement à la règle générale de compétence en matière personnelle, *actor sequitur...* etc., en tant qu'il permet aux créanciers de citer devant les tribunaux de France son débiteur étranger n'ayant en France ni domicile ni résidence, n'apporte-t-il pas aux principes généraux une dérogation plus radicale, en attribuant compétence à nos tribunaux, alors même qu'en vertu de règles étrangères à la maxime précitée, la compétence devrait appartenir au tribunal étranger (66) ? La jurisprudence s'est prononcée pour l'affirmative : « Considérant, dit la Cour de Paris, que les expressions dont se sert l'art. 14 pour définir le droit d'action qu'il confère au créancier français contre son débiteur étranger même non résidant en France, ont le sens le plus large et le plus absolu ; qu'elles comprennent dans leur généralité le droit de citer et de traduire l'étranger devant les tribunaux français, non-seulement aux fins d'obtenir reconnaissance de la dette et condamnation, mais encore à celles

---

(66) Nous aurons à nous demander plus tard, si, la faillite étant déclarée à l'étranger, les créanciers français peuvent néanmoins poursuivre leur débiteur, devant les tribunaux français, en exécution de ses engagements. En ce moment nous ne supposons pas des *poursuites individuelles après déclaration de faillite;* nous nous demandons si l'article 14 doit s'appliquer à cette déclaration elle-même, dont le résultat est l'organisation *d'une procédure collective.*

d'assurer l'exécution de l'obligation par toutes les mesures qu'il appartient à la justice d'ordonner, notamment par une déclaration de faillite, si l'étranger est commerçant (67). » On ajoute que les art. 438 du code de commerce et 59 § 7 du code de procédure ne règlent que des questions de compétence, que l'art. 14 doit dès lors recevoir son application : car il ne distingue pas entre les cas où les tribunaux étrangers devraient être compétents en vertu de la règle *actor sequitur forum rei*, et ceux où ils le seraient en vertu de dispositions spéciales telles que celles qui s'appliquent en matière de faillite, de société, de succession. Le motif qui a inspiré les rédacteurs de l'art. 14 subsiste dans le cas qui nous occupe. Si la crainte de la partialité des juges étrangers a fait déroger à la règle qui veut que le défendeur soit assigné devant le tribunal de son domicile ou de sa résidence, on ne voit pas pourquoi elle n'aurait pas été prise en considération pour déroger à d'autres règles de compétence (68).

Ce système doit être repoussé. Le jugement déclaratif, bien qu'étant, comme nous le verrons, un véritable jugement rendu en matière contentieuse, diffère cependant des jugements ordinaires en ce qu'il ne déclare aucun droit au profit de celui qui le provoque ; il se borne à constater un état de fait, l'état de cessation des paiements ; or, comme le dit très bien M.

(67) Paris 17 juillet 1877, Clunet 1878, p. 271.

(68) Paris, 23 nov. 1874, Clunet 1875, p. 434 ; Paris, 17 juillet 1877, Clunet 1878, p. 271 cité à la note précédente ; Req. rej. 12 nov. 1872, Sir 73. I. 17 ; Aix 15 mars 1870, Sir 70. 2. 297 ; Lyon, 24 avril 1850, Sir 51. 2. 354 ; Paris 30 juillet 1869, Droit du 12 septembre 69.

Bertauld, « l'article 14 est une disposition trop exorbitante, trop contraire aux vrais principes du droit international, pour qu'on puisse l'étendre à une classe de décisions qui ne sont vraisemblablement pas entrées dans la pensée du législateur » (69).

Mais s'il n'est pas possible d'invoquer l'art. 14 dans la question qui nous occupe, ne pourrait-on pas arriver à la même conclusion, en voyant dans la loi des faillites une loi de police et de sûreté, obligeant comme telle tous ceux qui habitent le territoire ? Un étranger n'a en France ni domicile, ni résidence, ni aucun établissement commercial quelconque ; mais il y vient souvent pour acheter, pour vendre, pour faire d'autres opérations commerciales ; ne pourrait-il pas, à raison des actes de commerce faits par lui en France, y être déclaré en faillite ? Les lois de police et de sûreté obligent tous ceux qui habitent le territoire, ce qui s'entend même de ceux qui n'y sont qu'accidentellement, qui ne font que le traverser. Un étranger qui traverse notre territoire commet-il une infraction, il est justiciable de la loi pénale à raison de cette infraction ; de même, peut-on dire, l'étranger qui fait des actes de commerce en France est justiciable de notre loi des faillites à raison de ces actes.

Ce raisonnement nous paraît inexact, et nous pensons qu'il n'est pas possible de considérer la loi des faillites comme une loi de police et de sûreté. Nous nous réservons de le démontrer un peu plus loin (70).

<hr>

(69) Rertauld, *Quest. pratiques et doctrinales*, I, 204 ; Dubois *sur Carté* note 50, III ; Gerbaut, *loc cit.* 344.

(70) Voyez *infrà*, chap. III, § II.

Les solutions que nous venons de donner devront recevoir leur application aussi bien s'il s'agit de déclarer en faillite un Français à l'étranger que s'il s'agit de déclarer en faillite un étranger en France. Un Français pourra être à l'étranger l'objet d'une déclaration de faillite, à la condition qu'il y ait son principal établissement. Cette déclaration soulève une question spéciale. Il existe en effet un édit de juin 1778 défendant à des Français se trouvant à l'étranger de traduire d'autres Français devant les tribunaux étrangers. Est-il encore en vigueur aujourd'hui, et si oui, doit-il recevoir son application au cas qui nous occupe ? L'édit de 1778 a été reconnu applicable de nos jours encore par un arrêt de la cour de cassation du 19 novembre 1864 (71), et nous serions assez disposés à adopter cette opinion, car aucun texte n'est venu l'abroger. On objecte l'art. 15 du code civil aux termes duquel l'étranger *pourra* traduire un Français devant un tribunal de France ; cet étranger aura donc la faculté de citer le Français devant les tribunaux étrangers au sujet d'obligations souscrites à l'étranger ; *à fortiori* le même droit doit-il appartenir à un Français. Cette induction n'est pas exacte ; on comprend, en effet, que le législateur ait offert la juridiction française à l'étranger et ait au contraire maintenu la défense faite au Français de traduire un autre Français devant des juges autres que les juges de France. Mais si l'édit de 1778 est encore en vigueur aujourd'hui, il ne l'est que dans les limites où il l'était

(71) Sir., 65, I, 217 et la note.
D. P., 65, I, 423.

autrefois, c'est-à-dire que son application doit être restreinte aux Echelles du Levant et de la Barbarie. Les auteurs de cet édit n'ont en effet eu, en aucune façon, l'intention d'astreindre les Français à plaider devant les tribunaux français, à raison des contestations pouvant s'élever entre eux à l'étranger, ils les ont soumis à la juridiction des consuls. Or, cette juridiction n'est organisée que dans les Echelles du Levant, elle ne l'est point dans les pays chrétiens ; l'édit est donc étranger à ces derniers pays. C'est ce qui explique pourquoi la formalité de l'enregistrement n'a été remplie qu'au parlement d'Aix, qui recevait alors, comme les reçoit encore la cour d'appel de cette ville, les appels des jugements rendus par les consulats dont nous venons de parler (72).

De ce que nous venons de dire résulte-t-il qu'il faille appliquer l'édit en notre matière, dans les limites que nous venons d'indiquer? Nous ne le pensons pas. Ainsi que nous l'avons dit il n'y a qu'un instant, le jugement déclaratif est un jugement d'une nature particulière. Il ne proclame aucun droit: il constate simplement un fait; or il résulte des termes de l'édit que les Français devaient avoir *formé une demande* ou *porté une plainte* pour encourir la pénalité qu'il édictait.

La compétence en matière de faillite, telle que nous venons de la déterminer, peut-elle être modifiée par une élection de domicile ? En général, l'élection de

(72) Dubois *sur Carle*, note 50, V, lettre *b* : Labbé, note sous l'arrêt précité du 19 nov. 1864 ; Bertauld, *loc. cit.* 176.

domicile attribue compétence au tribunal de ce domicile, pour tout ce qui concerne l'exécution de l'acte
en vue duquel elle a été faite. C'est même là un de ses
grands avantages. En est-il de même dans le cas qui
nous occupe ? La question s'est présentée dans des
faillites exclusivement françaises, et la cour de Bour-
ges, (6 mars 1840, Sir. 1840. 2. 269) a jugé qu'une élection de domicile l'emportait sur l'art. 59, § 7 du code
de procédure.

Les stipulations des parties font loi, a-t-on dit, et
obligent leurs représentants ou ayants cause ; le changement d'état (73) de l'un des contractants ne peut
nuire aux intérêts de l'autre, ni le priver des sûretés prises dans son intérêt. L'art. 59 dans son
énonciation des tribunaux devant lesquels les dé-
fendeurs doivent être assignés, ne règle la compétence que pour le cas où il n'y a pas de convention contraire, car après avoir posé les principes en matière de faillite, de société, de succession, il
ajoute qu'en cas d'élection de domicile, le défendeur
sera assigné devant le tribunal du domicile élu. La
jurisprudence n'a pas persisté dans ce système, et il a
été décidé plus récemment que la compétence attribuée par l'art 59, § 7 au tribunal du domicile du failli,
ne pouvait être modifiée par aucune convention contraire. Cette deuxième opinion nous paraît exacte,
aussi l'étendrons-nous, aux relations entre étrangers ;

(73) Cette expression est quelque peu inexacte. Elle semblerait faire
croire en effet que la faillite affecte surtout l'état de la personne, et constitue par conséquent, un statut personnel ce qui n'est pas vrai comme nous
le verrons plus loin. (v. *infrà*, chap. III, § 1, lettre A.)

comme le fait remarquer M. Dubois, les motifs d'intérêt général et de moralité qui exigent la concentration
de la compétence au tribunal du domicile du
failli, doivent prévaloir sur toutes conventions privées (74).

La compétence du tribunal du domicile du failli
n'est pas limitée à la déclaration de faillite, elle s'étend
à toutes les contestations *en matière de faillite* (art.
59 § 7, C- de proc., 635 C. com.) En sera-t-il de même
quand la faillite aura été déclarée à l'étranger ? La
question dépend du parti que l'on adopte sur l'autorité du jugement déclaratif rendu à l'étranger ; nous
nous bornerons donc ici à préciser le point de savoir
quand il y aura contestation en matière de faillite.

La dérogation apportée au droit commun par les
textes précités est double : 1° Le *tribunal du domicile
du failli* est attributif de juridiction ; 2° c'est au *tribunal de commerce* que la compétence est attribuée
pour les affaires relatives à la faillite. Sous le premier
rapport, exception est faite à la compétence *ratione
personæ* sous le second à la compétence *ratione ma-
teriæ*. Cette double dérogation concerne la même catégorie d'affaires, celles qui ont leur source dans la faillite,
dont la faillite est la cause, qui n'auraient pas pu naître si elle n'avait pas été déclarée. Dans ces cas, le
défendeur sera distrait de ses juges naturels, du juge
déterminé par la nature, peut-être civile, de l'affaire.

(74) Dubois : *sur Carle*, note 50, VII. — Req. règl., 15 juillet 1862, Sir.,
62, I, 933 ; D. P. 62, 1, 520. Metz, 26 mai 1868 ; civ. rej. 29 juin 1870,
Sir. 70, I, 417 ; D. P. 71, I, 289 ; Rouen, 30 juillet 1870, D. P. 72, 5,
239, n° 14.

Au contraire, les contestations qui s'élèvent à l'occasion d'opérations faites par le négociant aujourd'hui failli, à une époque où il se trouvait encore à la tête de ses affaires, qui procèdent d'une cause antérieure à la faillite, *ex causa primævâ et antiquâ* se porteront devant le tribunal déterminé d'après les principes généraux de compétence. Comme exemple d'une action naissant de la faillite, citons celle qui est fondée sur l'art. 446 du code de commerce ; la faillite est la condition essentielle de l'application de ce texte ; le défendeur ne pourra réclamer la juridiction de son domicile, et l'affaire sera portée devant le tribunal de commerce, alors même que la contestation n'aurait rien de commercial. Le droit commun s'appliquera au contraire lorsqu'il s'agira de demander la nullité d'une convention pour des raisons complètement étrangères à la faillite, pour cause de dol ou d'erreur, par exemple. Dans le premier cas la faillite se présente elle-même dans l'affaire, c'est son droit individuel qu'elle cherche à faire triompher ou à défendre. Dans le second, la masse des créanciers, la faillite en d'autres termes, n'agit plus pour elle-même, elle ne fait que représenter le failli et agit pour lui. Dès lors il est juste de suivre les règles générales que l'on aurait appliquées au failli lui-même.

Tel est le criterium à suivre en cette matière : Les conséquences seront faciles à tirer lorsque nous serons fixés sur les effets que doit produire en France le jugement déclaratif étranger.

CHAPITRE III

Effets du jugement déclaratif rendu à l'étranger

§ I. — Principes généraux.

A. Diverses opinions émises sur l'effet en France d'une faillite étrangère — Doctrine à laquelle il convient de s'arrêter.

Les auteurs qui se sont occupés de la question peuvent se diviser en deux camps bien distincts : les uns en ont cherché la solution dans la théorie traditionnelle des statuts ; les autres, se plaçant sur un autre terrain, ont appliqué au jugement déclaratif de faillite une théorie plus générale, celle de l'autorité, dans un pays, des jugements rendus à l'étranger, et ils sont arrivés à des conséquences différentes selon le degré d'efficacité qu'ils ont reconnu à ces décisions.

a) *Doctrine des statuts.*

Les partisans de la théorie statutaire ne sont pas d'accord sur le statut auquel il convient de rattacher la faillite. Les uns y voient une loi personnelle : Le failli est à leurs yeux pour ainsi dire mort civilement, *capite minutus :* les incapacités dont il est frappé le suivront donc partout, sans que le jugement ait, au préalable, été rendu exécutoire ; sauf à régler suivant la législation en vigueur dans les différents pays, les effets de la faillite quant aux biens, aux actes, et à la procédure. Le jugement déclaratif est assimilé par ces auteurs, à un jugement prononçant une interdiction ou nommant un conseil judiciaire. Tous ces jugements, disent-ils, se confondent en quelque sorte avec le statut personnel des individus qu'ils concernent (75).

D'autres auteurs, font remarquer que le but de toute loi sur les faillites est de veiller à l'intérêt des créanciers, et d'empêcher la perte de leur gage. Ils en concluent que la faillite est de statut réel et que, par conséquent, tel individu déclaré en faillite dans un pays, n'est incapable que quant aux biens situés dans ce pays ; et que, pour lui enlever la disposition de ceux situés à l'étranger, il faudra une nouvelle déclaration de faillite. « *Dispositio vel effectus principaliter versatur circa res et bona decocti crediloribus distribuenda, licet loquatur in personam.* » (Casaregis, disc. 130 n° 17).

Telle est l'opinion de Rocco : « Le débiteur déclaré en faillite par nos tribunaux sera regardé comme tel dans le territoire du royaume ; quant aux biens situés

---

(75) Liège 20 mai 1848 cité par M. Fiore, *del fallimento* p. 54 ; Bruxelles 9 nov. 1846, D. A. V° 238 3°. « L'état de faillite, dit la cour, établit une *incapacité personnelle* de disposer de ses biens qui le suit partout ; l'étranger ne peut plus en disposer, pas plus à l'étranger que chez lui, et tout paiement fait par lui serait frappé de nullité » — Aubry et Rau § 31 **T. I.** texte et note 35 4° édit. Fœlix, *Droit intern. privé*, I, 89. Cet auteur met sur la même ligne le failli et celui dont l'interdiction a été prononcée, mais il se fonde sur ce que le jugement déclaratif n'est pas un véritable jugement, mais un acte de juridiction volontaire constatant un fait. T. II, 468.

à l'étranger, il sera considéré différemment ; son incapacité s'évanouit, et le reste de sa fortune ne sera pas entraîné dans les conséquences de la faillite. » De ce principe, le savant auteur conclut que les aliénations et les constitutions d'hypothèques portant sur des biens situés à l'étranger seront parfaitement valables nonobstant la faillite de leur auteur (76).

M. Ripert, aujourd'h'ui professeur à la faculté de Paris, se rattache à la même doctrine (77). « Reportons nous, dit-il, à la pensée qui a donné naissance à l'institution de la faillite. Rationnellement lorsqu'une personne devient insolvable, on peut concevoir deux modes de liquidation de son patrimoine : le premier, qui a son origine dans la *venditio bonorum* du droit romain, tend à établir l'égalité entre tous les créanciers. Deux traits surtout le caractérisent : il emporte pour le débiteur dessaisissement, non pas de tel ou tel bien, mais de la totalité du patrimoine ; il suppose des mesures de publicité organisées pour avertir les ayants droit, et la nomination d'un mandataire chargé d'agir dans l'intérêt collectif des créanciers.

Le second mode, que le droit romain appliquait dans l'action *de peculio*, repose au contraire sur le principe que celui-là doit être préféré, entre les créanciers, qui a été le plus diligent à poursuivre « *occupantis melior est conditio.* » Aussi n'y trouve-t-on pas les deux caractères que nous venons d'indiquer, pas de dessaisissement, aucune publicité, aucun délai pour avertir les créanciers.

<hr>

(76) *Droit international*, 3e partie, chap. XXXI, n° 359
(77) *Revue critique*, 1877, p. 705-735,

De ces deux systèmes, notre législation a jugé le premier plus rassurant pour les créanciers, et partant le plus favorable au crédit public, et sans en faire le régime de droit commun, elle l'a appliqué au patrimoine des commerçants. De là est sorti l'institution de la faillite. Ce n'est donc qu'une voie d'exécution mise au service des créanciers non payés, une sorte de *venditio bonorum*, à cela près qu'elle porte à la fois sur les biens présents et à venir du débiteur. De là nous pouvons conclure que les lois qui la régissent, de même que toutes les dispositions concernant l'exécution sur les biens, rentrent dans le statut réel (77 *bis*). »

Mais ce raisonnement, le savant auteur ne l'applique qu'aux immeubles. D'après une théorie à peu près unanimement admise, pour savoir à quelle loi obéissent, dans un pays, les meubles situés à l'étranger, une distinction doit être faite. Considère-t-on les meubles en eux-mêmes, dans leur individualité, il faut s'attacher à leur situation. Les envisage-t-on dans leur ensemble, comme partie intégrante du patrimoine, il faut s'attacher, d'après les uns, au domicile, d'après les autres, à la nationalité du propriétaire ; par conséquent, lorsqu'on dit que la loi française règle seule les voies d'exécution sur les meubles, on suppose qu'il s'agit de poursuites n'atteignant que des biens isolés. Dès lors, puisque la faillite, à la différence des autres modes d'exécution, s'attaque à l'universalité du patrimoine, il faut en conclure qu'il n'y a pas lieu d'appliquer, à ce point de vue, aux meubles situés en France,

(77 *bis*) *Loc. cit.* nᵉ 21.

les dispositions de la loi française, et que par suite
ces meubles rentrent dans la masse de la faillite (78).
Telle est, nous le verrons, la jurisprudence anglaise.
Cette théorie aboutit à réduire à peu d'applications
pratiques la doctrine du statut réel ; l'actif d'une maison de commerce se compose, en effet, presqu'exclusivement de meubles. « Etendre la déclaration de faillite à tous les meubles, c'est en réalité l'étendre à tout
le patrimoine (79). »

Une autre distinction est proposée par M. Massé (80).
D'après lui, il faudrait distinguer dans le failli deux
sortes d'incapacité : une incapacité personnelle et
une incapacité réelle. Le commerçant déclaré en faillite dans un pays, ne pourra pas, à l'étranger, accomplir les actes dont la faillite le rend personnellement
incapable. L'entrée de la Bourse lui sera donc interdite chez nous, et il ne pourra être admis à l'escompte
de la Banque de France. Mais il lui sera parfaitement
loisible de faire des actes qui ne lui sont interdits que
par rapport à ses biens, pour la conservation du gage
de ses créanciers. La loi qui, dans ce cas encore, le
frappe d'une sorte d'incapacité, n'a pu atteindre par
là que les biens soumis à son empire. Les aliénations,
constitutions d'hypothèque consenties dans un pays,
par un individu déclaré en faillite à l'étranger, seront
donc parfaitement valables. Cette opinion revient à
bien peu de choses près à celle qui ne voit dans la
faillite qu'un statut réel ; l'incapacité où se trouve le

(78) Ripert, *loc. cit.* n° 27.
(79) Ripert, *loc. cit.* n° 28.
(80) *Droit comm.* T. I, n°s 546 et 557.

failli de disposer de ses biens, importe en effet beaucoup plus à la masse des créanciers. que l'impossibilité de se présenter à la Bourse, ou d'être admis à l'escompte de la Banque de France (81).

Aucune de ces théories ne nous paraît satisfaisante, et nous pensons que c'est en dehors de la doctrine des statuts qu'il faut chercher la solution de la question. Il est en effet des lois qui ne rentrent ni dans le statut personnel, ni dans le statut réel ; ce sont celles qui n'ont pour objet ni de déterminer l'état et la capacité des personnes, ni de régler la condition juridique des biens. Or, la loi des faillites nous paraît être assurément de ce nombre : elle n'a pour but, ni de déterminer l'état et la capacité des personnes ; le failli, ainsi que nous le verrons plus loin, n'est pas à proprement parler un incapable ; d'un autre côté, le législateur, en enlevant au failli la libre administration de ses biens, n'a pas eu en vue de régler leur condition juridique (82). Ce qui l'a inspiré, c'est le crédit et l'intérêt

(81) Carle, n° 25, page 52.

(82) Le législateur règle la condition juridique des biens quand il détermine les droits réels dont les immeubles sont susceptibles (C. civ. 885 et 2129), les modes de transmission de la propriété et des droits réels. Rien de semblable dans notre hypothèse ; le droit de gage des créanciers sur les biens de leur débiteur, droit que la faillite met en pratique, ne saurait être considéré comme un droit réel. Le droit réel implique en effet un droit de suite, qui n'existe pas dans le droit de gage général. En vain, objecte-t-on que, la faillite n'étant qu'une voie d'exécution sur les biens, les lois qui la règlent doivent être rangées dans le statut réel comme celles qui régissent l'expropriation forcée, nous répondons que le législateur, s'inspirant uniquement des intérêts du commerce, a précisément abandonné ici cette manière de réduire en numéraire le gage des créanciers, et que dès lors on ne saurait conclure de l'une à l'autre. Ce qui, du reste, écarte toute assimilation, c'est qu'à la différence des autres modes d'exécution, la faillite porte sur l'universalité des biens du débiteur.

général du commerce, il n'a voulu qu'une chose :
assurer l'égale répartition des biens du débiteur entre
ses créanciers. Or, il est clair que l'ancienne doctrine
des statuts n'atteindrait que d'une façon bien impar-
faite le but qu'il s'est proposé. Cette théorie doit donc,
dans notre matière, être entièrement laissée de côté.

b) *Unité et universalité de la faillite.*

Ce système est l'antipode de celui que nous venons
d'exposer et de rejeter. Tandis que la doctrine des statuts restreint les effets de la faillite au territoire sur
lequel elle a été déclarée, celle dont nous abordons
l'examen proclame hautement que les lois commerciales et en particulier celles qui ont pour objet de
régler l'état de faillite, ne connaissent pas de fron-
tières, et que les principes d'unité et de concentration
que nous avons vus ressortir des dispositions de notre
code, ne doivent recevoir aucune modification parce
qu'une partie de l'actif serait disséminé sur d'autres
territoires ; sauf, bien entendu, l'application dans
chaque Etat des lois intéressant l'ordre public. « Le
failli, qui du jour de la sentence, est privé de l'administration de ses biens, et déclaré incapable de faire
des actes et contrats valables quant à ces mêmes biens
dont l'administration est confiée à des syndics, doit
être considéré comme tel en quelque lieu que ce soit,
de sorte que les conséquences de la sentence, à cet
égard, doivent être valables à l'étranger comme dans
l'intérieur de l'état » (83).

---

(83) Fiore, *Dr. intern.* n° 366.

Cette théorie n'est pas absolument nouvelle; on la trouve exposée par deux anciens auteurs qui ont écrit sur le droit commercial, le cardinal de Luca et Ansalde. Le premier s'appuie sur ce qu'il est juridiquement impossible que le même individu soit failli à l'égard des uns, non failli à l'égard des autres. « *Item quia cum istæ causæ concursus creditorum sunt universales, super statu individuo personœ, hinc impossibile est dare hanc distinctionem* UT UNUS ET IDEM DEBITOR, EODEM TEMPORE, SIT DECOCTUS ET NON DECOCTUS, *quod que respectu clericorum sit habilis ad contrahendum citra fraudem, ista vero urgeat respectu laïcorum ; id enim continet implicantiam manifestam* » (84).

Ausalde fait valoir des considérations analogues. L'universalité du patrimoine, dit-il, est affectée au paiement des dettes en quelques lieux que soient situés les biens. La raison, l'intérêt des créanciers exigent qu'en cette matière on évite la contrariété des décisions; il ne doit y avoir qu'un juge et qu'un jugement. Il n'y a point à distinguer entre les créanciers suivant que les uns sont étrangers et que les autres appartiennent à la même nationalité que le débiteur; la loi les met tous sur la même ligne, sauf les causes légitimes de préférence qui peuvent exister entre eux.

Cette doctrine était repoussée par la majorité des anciens auteurs et par la jurisprudence, elle était trop opposée à la théorie des statuts pour qu'on pût l'ad-

(84) *De credito*, Disc. 10, n° 32.

mettre. C'est aux jurisconsultes modernes qu'il devait
appartenir de la développer. Parmi eux, citons tout
d'abord M. de Savigny : « La communauté de droit
entre-Etats indépendants, communauté qui tend sans
cesse à s'accroître, dit-il, veut qu'ils accordent une
protection réciproque aux décisions judiciaires rendues dans un autre pays. Cette protection doit, par
conséquent, s'étendre au curateur qui vend les biens
du failli pour en former la masse à partager ; si elle
lui était refusée, cela constituerait un véritable déni
de justice » (85).

Mais c'est surtout dans ces derniers temps et particulièrement en Italie que la doctrine de l'unité et de
l'universalité de la faillite a été précisée et appliquée
(86). En France, notre regretté professeur M. Ernest
Dubois, s'en est fait un des défenseurs les plus convaincus dans les savantes notes qu'il a ajoutées à sa
traduction de l'ouvrage de M. Carle (87).

On fait valoir en faveur de ce système d'abord des
considérations générales. « Le commerce, dit M. César
Norsa, a un caractère essentiellement cosmopolite ;
franchissant les limites étroites de la cité, de la pro-
vince, de l'Etat, il étend ses rapports à tous les pays
et répudie les lois et institutions purement locales.
Les lois et institutions auxquelles il se soumet doivent

(85) Traité de droit romain, VIII, § 374.

(86) Fiore, *Drt. intern. privé*, Chap. X; *Del fallimento secundo il diritto
privato internazionali* cap. III ; Carle, *La faillite en droit international
privé*; César Norsa, *Revue de jurispr. Italienne* n° 170 et s.

(87) Voy. notamment note 92. Voy. aussi des notes du même auteur, Sir.
74. 2, 33; Sir. 79. 2, 161 et 164; Clunet 79, p. 77.

être, elles aussi, universelles, leur diversité empêcherait son développement. L'histoire du droit commercial, créé dans tous les pays d'une manière presqu'uniforme, en dehors des droits particuliers et différents de chaque peuple, est la plus éloquente démonstration de cette vérité. L'utilité de commerce doit l'emporter sur la souveraineté territoriale. La faillite d'un commerçant peut étendre ses effets au delà même du cercle des relations commerciales du failli, puisqu'il n'est pas rare de voir la faillite d'une maison en entraîner d'autres à sa suite : il importe donc qu'elle soit aussi réglée, malgré la souveraineté territoriale, par des lois universelles et uniformes. La procédure de faillite tend essentiellement à mettre en pratique la maxime que tous les biens d'un débiteur sont le gage de ses créanciers. Cette maxime étant reconnue par toutes les législations, rien ne s'oppose à ce qu'elle soit partout appliquée. Or, le seul moyen de l'appliquer est de réunir en une masse, d'un côté tout l'actif du failli, de l'autre, toutes les créances qui forment son passif, puis de répartir le patrimoine du failli entre tous les créanciers ayant des droits égaux. Rien de plus contraire à l'emploi de ce moyen que de créer autant de faillites d'un même commerçant, par conséquent autant d'administrations de faillites qu'il y a de territoires où le failli possède des biens, et de s'exposer ainsi au danger de jugements contradictoires et à des lenteurs onéreuses. Aussi la science moderne est-elle unanime à repousser, sur ce point, la distinction entre les statuts personnels et réels, et à reconnaître l'unité et l'universalité de la faillite, nécessaire à toutes ses phases, depuis le jugement déclaratif jusqu'aux opérations finales. » (88) L'opinion contraire, ajoute-t-on, aboutit à méconnaître le caractère du jugement déclaratif et entraîne les conséquences les plus fâcheuses. Le caractère de ce jugement est de faire foi envers et contre tous par dérogation à la règle *res inter alios acta, aliis neque nocet neque prodest*. Ce caractère est méconnu si le jugement déclaratif ne doit frapper que les biens situés dans le pays, où il aura été rendu. Il faudra alors, si on veut en étendre l'effet aux biens situés à l'étranger, s'adresser à la justice étrangère qui pourra refuser l'*exequatur*, et alors on arrive à cette conséquence tout à fait contradictoire, qu'un individu failli dans un pays ne le sera pas dans un autre ; une nouvelle déclaration sera nécessaire, il y aura deux faillites s'appliquant a un même patrimoine. Cette scission n'est pas sans exemple dans notre droit ; nous la trouvons en matière de succession ; mais à ce point de vue elle peut s'expliquer, ainsi que nous le dirons plus loin, tandis que dans notre matière elle ne se comprend pas. Que devient dans ce système l'égalité des créanciers ? A la faillite française on appellera les créanciers français ; à la faillite étrangère, les créanciers étrangers ; les dividendes ne seront pas les mêmes, les masses seront différemment traitées et la fraude sera possible ; un créancier pourra produire aux deux. Et puis que de frais, que de lenteurs dans une procédure que les législateurs de tous les pays cherchent à rendre rapide et peu coûteuse !

Le principe de l'unité de la faillite est du reste com-

____

(88) César Norsa, *loc. cit.* nᵒ 173.

mandé par la nature même de la faillite. Elle a pour but de répartir, aussi également que possible, le patrimoine du débiteur entre ses créanciers. Or comme chaque débiteur n'a qu'un patrimoine, que ce patrimoine répond en même temps de l'ensemble des dettes et de chacune d'elles en particulier, il en résulte qu'un commerçant ayant plusieurs établissements ne peut être en faillite dans l'un, *in bonis* dans l'autre. Cesse-t-il ses paiements sur un point, l'insolvabilité n'est pas partielle, mais s'étend à tout le commerce, et si l'insolvabilité est générale et indivisible, la liquidation qui en est la conséquence doit être également indivisible.

Le grand argument invoqué à l'appui de la théorie que nous exposons, se tire du principe admis par ses partisans, qu'un jugement rendu dans un pays doit avoir à l'étranger l'autorité de la chose jugée ; principe qu'il faut, dit-on, appliquer au jugement déclaratif de faillite. Une décision judiciaire produit trois effets principaux : d'abord l'autorité de la chose jugée, présomption de vérité en faveur de ce qui y est contenu, tantôt irréfragable, tantôt susceptible d'être combattue par la preuve contraire devant certaines juridictions et suivant certaines formes, (appel, opposition). Cette présomption empêchera la partie condamnée de renouveler le débat.

Le jugement aboutit, en second lieu, à l'exécution forcée contre la partie condamnée. Cette exécution n'est pas pratiquée partout de la même façon. Dans certaines lois, il faut après la levée de l'expédition, obtenir un mandement afin de saisir ; dans d'autres,

chez nous par exemple, il suffit de la grosse du jugement pour exécuter.

Enfin le jugement confère, dans presque tous les
pays, certaines sûretés au créancier qui l'a obtenu,
afin que ses droits ne soient pas paralysés par la mauvaise volonté du débiteur. (Hypothèque judiciaire,
générale ou restreinte dans ses effets).

Des jugements on peut rapprocher d'autres actes
qui supposent eux aussi la participation de la puissance publique : ce sont les actes authentiques qui
font foi de leur contenu, et aboutissent à l'exécution
forcée lorsqu'ils contiennent des obligations.

Ces différents effets se produiront-ils dans un pays
autre que celui où le jugement aura été rendu, ou
l'acte passé ? Quant aux actes authentiques, ils ont partout la même force probante, par applicaiion de la
règle *locus regit actum* admise dans toutes les législations modernes. Si un créancier, se faisant donner un
acte authentique dans un pays, n'était pas assuré de
pouvoir l'invoquer partout, comme preuve de son
droit, il n'y aurait plus de sécurité dans les transac-
tions.

La force exécutoire doit, au contraire, être déniée,
dans un pays, aux actes notariés passés à l'étranger
(C. de pr., art. 546) ; un agent de la force publique
français ne saurait obéir à une réquisition faite par
un officier étranger ; il y aurait une atteinte portée à la
souveraineté française. Le créancier n'aura qu'à prendre jugement en vertu de son titre authentique, et
avec ce jugement il pourra saisir.

Cette distinction entre la force probante et la force

exécutoire doit-elle être faite à propos des jugements ?
Oui, dit-on, les jugements comme les autres actes
authentiques font foi de leur contenu, c'ést-à-dire
jouissent de l'autorité de la chose jugée ; partout cette
présomption empêchera le débat de se renouveler ;
mais dès qu'il s'agira de procéder à un acte d'exécution, de saisir, par exemple, un bien du débiteur, il
faudra s'adresser au tribunal étranger à l'effet d'obtenir l'*exequatur* : « Attendu, dit la cour de cassation,
que c'est seulement la force exécutoire des jugements
étrangers qui leur est déniée en France, ainsi que
cela résulte de la combinaison des art. 2123, 2128
C. civ., 546 C. de pr., que les dispositions de nos lois
qui consacrent le droit de souveraineté sur le territoire, n'ont pas été édictées en vue des intérêts privés,
et que les parties contractantes ou litigantes restent
liées par les actes de la juridiction volontaire ou contentieuse, à laquelle elles se sont soumises » (89). La
preuve que dans les articles visés par cet arrêt, le
législateur n'a voulu refuser aux jugements étrangers
que la force exécutoire, et leur laisser, par conséquent,
l'autorité de la chose jugée, semble bien résulter des
travaux préparatoires. Le droit de rendre exécutoire
les décisions rendues à l'étranger y est toujours présenté comme un attribut de la souveraineté ; la mission des tribunaux a pour objet de la sauvegarder, elle
ne concerne nullement l'intérêt individuel, d'où la
conséquence que la révision du fond du droit n'est
pas possible. Le fait de juger relève si peu de la sou-

(89) 15 nov. 1827, Sir. 1828. 1. 124.

veraineté, que des particuliers choisis par des plaideurs peuvent exercer la juridiction et rendre des sentences ; la qualité d'étranger dans un juge, n'est donc pas une raison suffisante pour contester l'autorité de son jugement.

Il y a du reste une grande différence entre l'exécution d'un jugement consistant dans la mise en activité de ses dispositions, et l'autorité de la chose jugée qui constitue un état passif diamétralement opposé à l'exécution qui constitue un état actif au plus haut degré. Pourquoi d'ailleurs établir une différence entre les jugements et les autres actes authentiques? Si les uns ont, avant d'être rendus exécutoires, l'efficacité nécessaire pour rendre sans effet les actes par lesquels on chercherait à en éluder les conséquences, pourquoi en serait-il autrement des jugements? N'émanent-ils pas les uns comme les autres des représentants de la puissance publique? On objecte le principe de l'indépendance des Etats ; mais au-dessus de ce principe s'en trouve un autre, à savoir, que les Etats doivent se faire toutes les concessions nécessaires à la bonne administration de la justice. « Ces idées étroites d'indépendance absolue et de souveraineté territoriale, inspirées par l'égoïsme et la jalousie, qui ont prévalu trop longtemps dans les relations internationales, doivent être abandonnées parce qu'elles ne sont plus en rapport avec les intérêts, les besoins, les aspirations des peuples modernes, qui les portent sans cesse à se rapprocher les uns des autres, à resserrer les liens qui les unissent, et à faire tomber les barrières qui peuvent encore les séparer » (90).

(90) Thomas, *études sur la faillite*, p. 79.

Appliquant ces données au jugement déclaratif, on arrive à reconnaître qu'il aura partout l'autorité de la chose jugée, et que la force exécutoire seule lui sera déniée à l'étranger. Mais quels sont les effets rentrant dans la chose jugée, quels sont ceux rentrant dans la force exécutoire ? Il est clair tout d'abord qu'il ne faut pas, dans cette matière, prendre le mot exécution dans son sens large et vulgaire, où il désigne tout effet du jugement, car alors il ne resterait plus rien de la chose jugée. Pour résoudre la question, il faut se rappeler que l'*exequatur* est exigé par respect pour la souveraineté ; on ne veut pas que les agents de la force publique d'un Etat obéissent à un ordre donné par l'autorité étrangère. Tout se ramène donc à ceci : l'effet que l'on veut reconnaître au jugement étranger dans un pays, implique-t-il un ordre donné aux agents de ce pays ? Si oui, il s'agit d'une question d'exécution ; l'*exequatur* sera nécessaire ; sinon, il ne s'agit que d'un effet de la chose jugée, l'*exequatur* sera inutile. Tel est le principe, tirons-en les conséquences relatives au jugement déclaratif. Le fait de la faillite sera d'abord tenu pour constant à l'étranger, d'où il suit qu'il ne sera pas nécessaire de provoquer une nouvelle déclaration ; il y aura donc unité de juridiction. Le jugement aura partout l'efficacité nécessaire pour empêcher tout acte à l'aide duquel on chercherait à éluder l'égalité et à frauder les créanciers. Partout le jugement arrêtera les poursuites individuelles, partout il enlèvera au failli la libre disposition de ses biens, partout il annulera certains actes passés à une époque où le failli avait connaissance de son insolvabilité. Le jugement fera en second lieu partout preuve de la qualité des syndics ; l'*exequatur* ne sera nécessaire que s'ils veulent, en vertu du jugement, arriver à la vente des biens meubles ou immeubles situés à l'étranger ; car il s'agit là d'un acte d'exécution proprement dit, auquel il ne peut être procédé qu'avec l'agrément de l'autorité du lieu où cette exécution est poursuivie ; mais le rôle du juge en pareil cas consistera simplement à examiner si le jugement n'est contraire ni à l'ordre public ni aux règles de la compétence. Des principes identiques devront s'appliquer au jugement homologatif du concordat (91).

Cette théorie qui a pour elle une grande partie de la doctrine, est au contraire rejetée en jurisprudence. D'après ce second système, le tribunal français, saisi d'une demande d'exécution d'un jugement étranger, ne doit pas seulement délivrer un ordre d'exécution, un simple *pareatis*, mais procéder à une révision, après nouvel examen, et nouveau débat. Les arguments que l'on fait valoir sont tirés du principe de l'indépendance des Etats, de certains textes, enfin de l'esprit général de notre législation. La justice est un

(91) V. en ce qui touche les jugements en général. Massé, II. 800-802 ; Boitard et Colmet d'Aage, *Leçons de procédure civile*, 13e édit. I. 178 et s.; Pont, *Priv. et hyp.* I. 585 et 586 ; Labbé, *Dissertation* dans Sirey, 65-2-60 ; Bertauld, *Questions pratiques et doctrinales.* I. 123 et s.. En ce qui touche les jugements déclaratifs de faillite : Carle, chap. III et notes 50 et 92 de M. Dubois ; Fiore, *del Fallimento.* p. 33 ; *Droit intern.* chap. X, n° 366. Dubois, *Note* sous l'arrêt de Milan, du 15 déc. 1870, Clunet, 79, p. 77. *Note* sous le même arrêt, Sir. 79-2-161. *Note* sous l'arrêt de Paris, du 7 mars 1878, Sir. 79-2-264. Trib. de com. de Marseille, 20 déc. 1876 ,Clunet, 77, p. 422 ; Paris, 28 mars 1873, Clunet, 1875, p. 118 ; Paris, 28 fév. 1881, Clunet, 81, p. 263.

attribut de la souveraineté; la *jurisdictio* et *l'imperium*
procèdent du même pouvoir souverain ; reconnaître à
un tribunal étranger le pouvoir de créer la chose
jugée, serait en quelque sorte lui déléguer l'*imperium*.
L'article 2123 confirme cette idée ; il exige que le jugement ait été rendu exécutoire pour qu'il puisse emporter hypothèque judiciaire ; or, l'hypothèque judiciaire ne tient pas à l'exécution, c'est un effet de l'autorité de la chose jugée, c'est donc que cette autorité
est déniée aux jugements étrangers. L'esprit de la loi
n'est pas moins douteux. L'article 14 du code civil
permet au demandeur français de citer devant les tribunaux français le défendeur étranger ; il implique
pour le jugement étranger, la négation de l'autorité
de la chose jugée. Du reste, n'est-ce pas en vue d'une
révision devant porter sur le fond même de l'affaire,
que la mission de déclarer exécutoires les jugemenls
étrangers a été confiée au tribunal entier, et non pas
seulement à un juge unique comme lorsqu'il s'agit
de rendre une simple demande d'*exequatur ?*

Enfin, et c'est là un argument particulier au jugement déclaratif de faillite, reconnaître à une décision
de cette nature, l'autorité de la chose jugée pourrait
aboutir à un conflit insoluble entre les tribunaux de
deux pays, dans le cas, par exemple où chacun plaçant le domicile du failli dans son ressort, affirmerait
sa compétence exclusive, conflit insoluble, puisqu'il
n'y a pas de haute cour internationale (92).

(92) *Conclusions* de M. l'avocat général Hémar, Sir. 79. 2. 168;
Douai, 22 déc. 1863, Sir. 63. 2. 61 ; Colmar, 10 fév. 1864, Sir. 64. 2.
122 ; Paris, 22 avril 1864, Sir. 65. 2. 62 ; Nancy, 11 janv. 74, Sir. 74. 2. 318;
6 juillet 1877, Sir. 78. 2. 129, etc. Voir les autorités citées par MM. Aubry et

Ce système, la jurisprudence ne l'applique pas dans toutes ses conséquences au jugement déclaratif ; elle lui fait, indépendamment de tout *exequatur*, produire certains effets, ainsi que nous le verrons plus loin, mais pour des raisons spéciales. Il faut cependant en repousser le principe, car les arguments invoqués sont plus spécieux que fondés.

Au-dessus de l'indépendance des Etats, il y a ce principe que tous les Etats doivent se faire les concessions nécessaires à la bonne administration de la justice ; or, cette bonne administration exige nécessairement que toute sentence régulièrement et définitivement prononcée soit tenue pour juste en tout lieu, et que la présomption de vérité qui s'attache à la chose jugée, ne soit pas enfermée dans les limites d'un territoire. Quant à l'article 2123, il n'est pas décisif ; car si le législateur a considéré l'existence de l'hypothèque comme une mesure d'exécution, tout le monde reconnaît que c'est par suite d'une erreur législative. Il faudra donc, puisque la loi est formelle, que l'*exequatur* soit obtenu pour que l'hypothèque existe, mais il n'y a rien à conclure de là aux autres effets de la chose jugée ; c'est ainsi qu'il ne viendrait à l'idée de personne de dire que puisque l'article 2128 refuse aux actes passés à l'étranger l'effet d'emporter hypothèque sur les biens de France, ces actes ne doivent produire aucun effet en France ; or, les art. 2123 et 2128 repo-

---

Rau, VIII, § 769 ter, note 64. V. aussi Trib. civ. de la Seine, 1er avril 1879, Clunet, 1881, p. 156 ; Trib. civ. de Pondichéry du 21 oct. 1872, Clunet 1879, p. 556. En ce qui touche le jugement déclaratif : Colmar, 11 mars 1826. Aff. Kolb.

sent sur la même idée, la même confusion, ils doivent donc recevoir la même interprétation, ce qui n'est pas vrai de l'un, ne doit pas l'être de l'autre. Si maintenant, la mission de déclarer exécutoires les décisions étrangères a été confiée au tribunal entier, et non à un juge unique, c'est parce qu'il pourra souvent s'élever, en dehors des intérêts privés qui divisent les parties, des questions fort graves dont la solution ne pouvait être abandonnée à un magistrat unique. Il faut s'assurer que la décision dont il s'agit est un véritable jugement, que les juges étrangers ont été compétents pour le rendre, et qu'elle ne renferme rien de contraire à l'ordre public, tel qu'on l'entend au lieu de l'exécution. A l'argument tiré de la possibilité d'un conflit de juridiction, nous répondrons avec M. Dubois : 1° Que si l'adoption d'un principe ne fait pas disparaître les difficultés dans tous les cas, ce n'est pas une raison pour le rejeter absolument ; 2° que si un droit peut donner lieu à un conflit de juridiction insoluble parce qu'il n'y a pas de juridiction supérieure pour le trancher, on ne saurait en conclure que ce droit n'existe pas. « Ce système conduirait à nier l'existence de tout droit international tant qu'il n'aura pas été institué de haute cour internationale » (93).

Ajoutons, enfin, qu'en adoptant le système de la revision, la jurisprudence se met, pour le cas où il n'y a que des étrangers en cause, en contradiction avec elle-même. Elle pose en principe que les contestations

_____

(93) Dubois, note précitée s. l'arrêt de Milan du 15 déc. 1876. Clunet, 79, p. 77.

entre étrangers échappent à la compétence des tribunaux français; si cependant ces tribunaux ont, sur
l'instance en *exequatur*, à examiner à nouveau la sentence des premiers juges, c'est qu'ils sont autorisés à
connaître de contestations entre étrangers.

Nous pensons donc qu'en principe l'autorité de la
chose jugée doit appartenir au jugement étranger, déclaratif de faillite ou autre, nous admettons donc la
théorie de l'universalité de la faillite, mais en y apportant une dérogation pour le cas où le jugement étranger aura été rendu contre un Français; cas, il est vrai,
qui pourra se présenter bien souvent. En d'autres
termes, nous nous rallions au système de l'ordonnance de 1629 (art. 121) que nous croyons encore en
vigueur ainsi que nous allons essayer de le démontrer.

L'article 121 de l'ordonnance de 1629 est ainsi conçu :
« *Les jugements rendus, contrats ou obligations reçus
ès royaumes et souverainetés étrangères n'auront aucune hypothèque ni exécution en notre dit royaume,
mais tiendront lieu les contrats de simple promesse,
et nonobstant les jugements, nos sujets contre lesquels
ils auront été rendus pourront de nouveau débattre
leurs droits comme entiers devant nos officiers.* » Pour
comprendre cette disposition, rappelons que dès avant
l'ordonnance il fallait, pour qu'une sentence étrangère fût exécutoire en France, un *pareatis* du juge
français, et ce *pareatis* était accordé sans examen du
bien ou du mal jugé de la sentence, sans qu'il y eût
en d'autres termes révision du fond. C'est à cet usage
que fait allusion la première partie de l'article. La se-

conde partie va plus loin, elle autorise à se pourvoir par voie d'action nouvelle contre la chose jugée. A qui cette action est-elle accordée ? à « nos sujets » : elle est par conséquent refusée à l'étranger, *qui dicit de uno, negat de altero*. Cette interprétation de l'ordonnance de 1629 n'avait pas trouvé un seul contradicteur dans l'ancien droit ; tous les auteurs admettaient la distinction que nous venons de voir ressortir du texte précité. Il en fut de même pendant la période intermédiaire, et on peut dire que lors de la promulgation de nos codes, l'art. 121 de l'ordonnance de 1629 était encore, dans toutes ses parties, regardé comme loi de l'Etat (94). D'une part donc les condamnations prononcées à l'étranger contre des étrangers avaient en France l'autorité de la chose jugée, le *pareatis* du juge français n'était requis que pour procéder à des mesures d'exécution, et l'examen de la sentence ne devait avoir lieu qu'au point de vue de la souveraineté et de l'ordre public ; d'autre part, le jugement rendu par des magistrats étrangers contre un Français demandeur ou défendeur n'avait point à son égard l'autorité de la chose jugée.

Nos lois actuelles ont-elles voulu innover ? C'est ce qui paraît tout d'abord assez invraisemblable. Comme le dit M. Valette, « quand des maximes de droit ont pour elles l'assentiment et le respect des siècles, et que, sans s'altérer, elles ont traversé des temps de crises et de réformes violentes, ne serait-il pas bien extraordinaire qu'elles eussent péri à une époque de

(94) Merlin, *rép.* Vᵒ Jugement § 8 ; *quest. de droit, eod.* Vᵒ § 14.

rénovation, lorsque l'on remettait.en honneur tous les principes anciens qui n'étaient pas incompatibles avec le nouveau régime ? « (95) Lorsque le code civil et le code de procédure déterminent comment les jugements étrangers acquièrent en France la force exécutoire, ils ne peuvent avoir en vue que des jugements valables et non ceux auxquels les règles de notre droit public refusent l'autorité de la chose jugée. On objecte il est vrai, que cette règle de droit public n'existe plus, qu'elle a été abrogée par les articles 2123 C. civ., 546 C. de pr.; sans doute la distinction de l'ordonnance n'est pas faite en termes formels dans ces textes ; s'ensuit-il qu'elle soit abrogée ? Il y est question d'un *exequatur* à accorder aux jugements étrangers, mais dans quels cas cet *exequatur* doit-il être accordé ? Nos articles ne le disent pas, ils s'en réfèrent donc à la tradition ancienne, et à la distinction alors unanimement admise. *Posteriores leges ad priores pertinent, nisi contrariæ sint.*

On objecte l'art. 7 de la loi du 30 ventôse an XI ; ce texte est loin d'être décisif ; il n'abroge en effet que les lois ayant pour objet des matières régies par le code civil ; or, tel ne nous paraît pas être l'objet de l'art. 121 de l'ord. de 1629, dont les dispositions relèvent bien moins du droit civil que du droit international. Mais, dit-on encore, l'ordonnance n'avait pas été enregistrée partout, mais seulement dans les parlements de Paris, Dijon, Bordeaux, Toulouse ; si dans les autres ressorts

(95) Valette, *Revue de droit français et étranger*, VI. 1849, p. 597 et s.; *Mélanges* publiés par MM. Herold et Lyon-Caen. I p. 342.

— 108 —

on l'observait également, c'était une jurisprudence
que l'on suivait et non une loi à laquelle on obéissait;
dès lors, étant donné le principe de l'unité de législation qui domine toutes nos lois, l'ordonnance de 1629
se trouverait avoir acquis aujourd'hui une force législative plus considérable qu'autrefois. Nous répondons
que l'ordonnance étant, lors de la promulgation de nos
codes, d'une application universelle, on peut dire que
le législateur a, par son silence sur ce point, législa-
tivement consacré ce qui autrefois pouvait n'être considéré que comme un usage et une jurisprudence (96).

(96) Même en laissant de côté l'ordonnance de 1629, on arrive dans une
certaine opinion à la distinction qu'elle consacre. La jurisprudence, on le
sait, n'accorde aux étrangers en France que l'exercice des droits naturels
par opposition aux droits civils réservés aux seuls Français; or, le droit de
demander la révision des jugements rendus par les tribunaux étrangers,
bien qu'admis dans beaucoup de pays, n'est pas unanimement consacré par la
législation de tous les peuples civilisés, on peut dès lors, tout en admettant le principe de ce droit, en refuser l'exercice aux étrangers. Ripert, *loc.
cit.* n° 6.

V. dans le sens de l'ordonnance: Valette, *loc. cit.* Aubry et Rau, § 769 ter,
texte n° 2 et note 4 ; Demangeat, *Condition des étrangers en France*, n° 88.
Fœlix et Demangeat, II, p. 83 et suiv. Colmet d'Aage, *sur Boitard*, II, p.
802, note. D. A. V° *droit civil*, 418-425 ; Montpellier, 17 déc. 1869, Sir. 70,
2, 75 ; Toulouse 29 janv. 1872, Sir. 73, 2, 18. V. aussi les arrêts cités par
MM. Aubry et Rau. — En ce qui touche le jugement déclaratif de faillite,
le système de l'ordonnance est adopté par M. Demangeat ; cet auteur toute
fois ne développe pas son opinion d'une manière générale, il ne l'indique
qu'à propos de certaines conséquences du jugement déclaratif ainsi que nous
le verrons dans la suite. Telle est également l'opinion de notre estimé professeur M. Chavegrin, à son cours de droit international privé. Il n'existe
pas, à notre connaissance du moins, d'arrêt qui ait tranché la question dans
ce sens ; mais la protection de l'intérêt français, qui a évidemment inspiré
l'ordonnance de 1629, est invoquée dans plusieurs des arrêts que nous aurons occasion de citer.

Ce sytème que nous venons de développer relativement à l'autorité des jugements étrangers en France, nous l'appliquons au jugement déclaratif qui est, ainsi que nous le verrons, un véritable jugement rendu en matière contentieuse. Nous allons maintenant entrer dans les détails de cette application, après avoir posé quelques règles sur la compétence en matière d'*exequatur*, et avoir indiqué brièvement quelles sont, sur le point qui nous occupe, la doctrine et la jurisprudence des nations étrangères.

B) **Du tribunal compétent pour accorder l'exequatur, et de la manière d'introduire la demande.**

Lorsqu'on admet le principe de la révision du fond, il semble qu'on soit amené à attribuer au tribunal de commerce le droit d'accorder l'*exequatur* : en effet, peut-on dire, on s'adresse à la justice bien moins pour obtenir l'exécution du jugement étranger, que pour débattre à nouveau la question ; or, celle-ci étant commerciale, la compétence doit appartenir au tribunal de commerce.

Le système contraire nous paraît cependant préférable, et nous pensons que la demande d'*exequatur* devra, quelle que soit l'opinion que l'on adopte sur l'autorité des jugements étrangers, être portée devant les tribunaux civils. Le point principal soumis au juge français sera, bien qu'on lui reconnaisse le droit d'examen au fond, de savoir si le jugement doit ou non être déclaré executoire. C'est là l'objet, le but même de l'action. La question de révision ne se pré-

sentera que sous forme d'exception, or, c'est d'après
la nature de la demande et non d'après celle de l'exception que se détermine la compétence. Sans doute,
dans le système de la révision absolue, et dans celui
de l'ordonnance, pour l'hypothèse où le jugement a
été rendu contre un Français, les droits des parties
peuvent être débattus comme entiers, et la décision
du juge français une fois rendue, annule la sentence
étrangère dont elle prend la place ; mais tant que le
juge français n'a pas prononcé, le jugement étranger
existe ; la preuve en est que les témoignages, déclarations et aveux intervenus à ..'étranger, font foi devant
le tribunal français. On ne saurait mieux faire que de
comparer, comme le fait M. Valette, cette situation
avec celle qui se présente lorsqu'un jugement est
frappé d'appel. Ce jugement n'est pas mis à néant par
le seul fait de l'appel, jusqu'à preuve du contraire, il
est présumé bien rendu ; cette preuve, c'est à l'appe-
lant à la faire ; aussi joue-t-il devant les nouveaux
juges le rôle de demandeur ; il attaque le jugement de
première instance, il s'efforce d'en indiquer les vices,
il fait voir pour quels motifs on doit le réformer. De
même, le jugement étranger, quoique soumis à la révision du tribunal français, conserve provisoirement une
valeur réelle, c'est à celui qui refuse de l'exécuter à
prouver qu'il est mal rendu (97). C'est aux tribunaux
civils qu'appartient la plénitude de juridiction, la
compétence exceptionnelle des juges consulaires ne

(97) Valette, *Rev. de droit français et étranger*, 1849, T. VI, p. 607 et
608 ; *Mélanges*, 1. 347 et 348.

doit pas être étendue au delà des termes des art. 631 et s. du code de commerce. Ce principe est appliqué dans l'art 442 du code de procédure qui attribue aux tribunaux civils la connaissance des contestations relatives à l'exécution des jugements des tribunaux de commerce. Si donc ces tribunaux ne peuvent connaître de l'exécution de leurs propres décisions, *à fortiori* ne peuvent-ils connaître de l'exécution de jugements émanés d'autres juridictions. Dès que l'on admet, comme nous le faisons, que même dans les cas où il y a lieu à révision, la question principale est toujours de savoir si le jugement étranger doit ou non être déclaré exécutoire, il faut reconnaître qu'elle ne peut être portée que devant la juridiction civile (98).

En ce qui touche la question de savoir comment l'action sera introduite, si elle devra l'être par voie d'assignation ou de simple requête, la jurisprudence se prononce pour le premier mode. Cela se comprend parfaitement quand on méconnaît l'autorité des jugements étrangers ; le procès devant, dans cette opinion, être plaidé à nouveau, il est tout naturel que l'adversaire soit mis en cause, comme s'il s'agissait d'une contestation portée pour la première fois devant les juges français. La même solution doit être admise dans l'opinion qui n'admet pas la révision, et dans celle qui considère l'ordonnance de 1629 comme

---

(98) Aubry et Rau, VIII, § 769 *ter*, texte n° 4 et note 16. Valette, *loc. cit.* Demolombe, I. 263, *in fine*. Douai, 9 déc. 1843, Sir. 44, 2, 568. Bordeaux, 6 août 1847, Sir. 48, 2, 153. Paris, 16 avril 1855, Sir. 55, 2, 336. Colmar, 10 fév. 1864, Sir. 64, 2, 122. Bordeaux, 16 déc. 1867, Sir. 68, 2, 147. Chambéry, 12 fév. 1869, Sir. 70, 2, 9.

encore en vigueur, pour le cas où le jugement a été rendu contre un étranger (99). L'introduction d'une demande par voie de simple requête, a un caractère exorbitant en ce qu'elle ne met pas les intéressés à même de se défendre. Mais il est clair que si la cause de sa nature, avait pu être introduite par cette voie, si elle avait été portée pour la première fois devant les juges français, ce qui est le cas de la demande en déclaration de faillite, on ne pourra exiger des formes plus compliquées pour former une simple demande en *exequatur*. L'introduction par voie de requête sera alors admise (100).

Certains jugements parmi lesquels le jugement déclaratif, sont soumis à certaines formalités de publicité ; faudra-t-il qu'elles soient accomplies en France, lorsque la décision étrangère y sera invoquée, ou suffira-t-il qu'elles aient été remplies dans le pays où le jugement a été rendu ? Si l'on n'invoque ce jugement en France que pour y trouver la constatation d'un fait, si en d'autres termes on ne veut lui faire produire que l'effet de la chose jugée, on ne pourra se prévaloir du défaut de publication à l'étranger, qu'autant que la loi étrangère exige cette publication. Mais lorsqu'on

(99) Nancy, 7 déc. 1872, Sir. 73, 2, 23 et la note. Dans l'espèce jugée par cet arrêt, il s'agissait de rendre exécutoire un arrêt de la cour de Colmar. Or, d'après le traité Franco-Badois du 14 juin 1846, applicable à l'Alsace-Lorraine, le droit de révision des tribunaux français est restreint à certains points ne touchant pas au fond du droit.

(100) Douai, 14 août 1845, Sir. 46, 2, 303 ; Colmar, 10 fév. 1864, Sir. 64, 2, 122.. Les autres arrêts cités précédemment (note 98) ne le disent pas, mais la solution s'impose.

veut exécuter en France le jugement étranger, comme il faudra au préalable le faire rendre exécutoire, le jugement qui donnera l'*exequatur* devra être accompagné des formalités de publicité, sans lesquelles les tiers ne seraient pas présumés en avoir une connaissance suffisante.

L'*exequatur* une fois accordé par l'autorité compétente, on peut se demander si c'est la sentence étrangère qui sera considérée comme réglant le droit des parties, ou si, au contraire, elle disparaîtra complètement en faisant place au jugement d'*exequatur*. Poser la question, c'est la résoudre. Lorsqu'on se trouve dans un cas où l'*exequatur* doit être accordé sans examen du fond, il y aura toujours un jugement étranger produisant ses effets à compter de sa date ; l'autorité de la chose jugée lui est alors reconnue, or, les droits des parties tiennent à la chose jugée. La solution contraire devrait être admise, s'il y avait lieu de réviser le fond du droit. Dans ce cas, le jugement d'*exequatur* serait seul à prendre en considération.

C. Doctrine et jurisprudence étrangères.

I. *Angleterre et Amérique.* — La théorie de l'unité et de l'universalité de la faillite est loin d'être admise en Angleterre. On s'inspire surtout de la doctrine du statut réel, en distinguant toutefois entre les meubles et les immeubles. Le jugement étranger a effet quant aux biens meubles situés en Angleterre, et à l'inverse, le jugement déclaratif anglais emporte pour les syndics anglais, transmission de la propriété mobilière que

N.   8*

le failli peut avoir à l'étranger. Il en est différemment des immeubles, la faillite étrangère ne les atteindra pas, et d'un autre côté la faillite anglaise ne comprendra pas ceux qui sont situés hors du territoire britannique. Les biens meubles, dit-on, pour justifier cette théorie, sont considérés, par une fiction juridique, comme situés au domicile de leur propriétaire, et quel que soit le lieu de leur situation effective, la propriété peut en être valablement transférée conformément à la loi de ce domicile ; cette loi autorisant la cession *in invitum*, cette cession doit produire ses effets sur tous les meubles en quelque lieu qu'ils soient réellement situés ; elle doit, a dit le juge Parsons dans l'affaire *Goodvin*, être considérée comme faite par le failli, puisqu'elle est l'effet d'une loi à laquelle il s'est volontairement soumis. Le grand principe de la loi des faillites, ajoute-t-on, c'est l'égalité, l'entière propriété mobilière du failli doit être soumise au contrôle immédiat des syndics, sans que l'on ait à s'occuper de la situation réelle de chaque bien, autrement on donnerait lieu à des préférences indues, le failli pouvant, en prévision d'une faillite prochaine, déplacer ses biens et les transporter à l'étranger.

Ces raisons n'existent pas pour les immeubles ; le droit anglais est essentiellement réaliste ; c'est d'après la *lex rei sitæ* qu'il faut décider toutes les questions relatives aux immeubles. « Aucun souverain, dit Warthon, ne saurait permettre l'intrusion *sur son sol* d'une loi étrangère ; l'indépendance de l'état et son existence même exigent que les lois territoriales gouvernent exclusivement tout ce qui se trouve sur son territoire. » « La condition de la propriété immobilière, ajoute-t-il un peu plus loin, est en rapport avec la nature du sol, avec les institutions politiques, avec le caractère de la population, avec la vie historique de la nation » La *lex loci* qui régit les contrats reçoit elle-même une dérogation quand l'objet du contrat est un immeuble.

De tout cela on conclut que, si une faillite est déclarée en Angleterre, les créanciers étrangers pourront exercer leurs droits sur les immeubles situés à l'étranger, sans avoir à tenir compte aux autres de ce qu'ils ont pu retirer de leurs actions, et qu'ils seront admis aux répartitions de la masse mobilière, jusqu'à concurrence de ce qu'ils n'auront pu obtenir sur la masse immobilière étrangère. A l'inverse, les immeubles anglais seront exclusivement destinés aux paiements des créanciers anglais.

Résumons sous forme de propositions la doctrine anglaise :

1° Le jugement déclaratif transfère à la masse la propriété des biens meubles quelle que soit leur situation.

2° Une saisie des biens meubles faite par un créancier anglais depuis le jugement déclaratif, n'est pas valable qu'il ait eu ou non connaissance de l'état de faillite.

3° La saisie pratiquée par des créanciers étrangers sur les meubles ou les créances du failli situés à l'étranger ne peut être efficace et ne saurait leur attribuer aucune préférence à l'encontre des syndics anglais.

4° Lorsqu'un créancier anglais a saisi des biens meubles depuis la déclaration de faillite et que ces meubles lui ont été adjugés par sentence étrangère, la propriété ne lui en sera pas garantie en Angleterre.

5° Les biens immeubles situés à l'étranger ne devront pas faire partie de la masse (101).

En Amérique prévaut une théorie différente de celle qui vient d'être exposée. Les effets d'une déclaration de faillite doivent être limités aux biens situés dans le pays où la faillite a été prononcée *sans qu'il y ait de distinction à faire entre les meubles et les immeubles.* « Il serait très périlleux, disent les cours américaines, pour les droits et actions de nos nationaux, de permettre que des transmissions opérées en vertu d'une loi étrangère, pussent prévaloir sur leur empressement à porter leurs actions devant nos cours. La règle la plus utile et la plus pratique, c'est que cette transmission de la fortune du failli, opérée par la loi, vaille seulement dans les limites du territoire. Si nos nationaux agissent, conformément à nos lois, sur la propriété de leur débiteur qui est soumise à notre juridiction, il n'est ni juste ni raisonnable qu'ils perdent le fruit de leurs diligences et qu'ils soient renvoyés dans un pays étranger pour toucher le dividende que leur accordera la loi étrangère. Si chaque gouvernement, en cas d'insolvabilité, saisissait et distribuait les valeurs soumises à sa juridiction, le résultat général serait favorable à l'intérêt des créanciers et à

---

(101) Voir les décisions dans Story, *confiict of laws* §§ 406 et s. Ces détails sur la doctrine anglaise ont été empruntés à l'excellent livre de M. Fiore, *del fallimento... etc.* p. 34 et s. V. aussi Carle, n° 4). Clunet 1882, p. 5.

l'harmonie entre les nations. » (102) Il y a une différence notable entre la cession volontaire faite par le propriétaire, et la cession *in invitum* faite en vertu d'une disposition de la loi. Tandis que la première est efficace partout, la deuxième doit être limitée au territoire soumis à l'empire de la loi.

La conclusion de la doctrine américaine est que si en général les biens meubles sont régis par la loi du domicile du propriétaire, il ne doit en résulter cependant aucun préjudice pour les citoyens de l'Etat. *Quatenus sine prejudicio civium fieri potest.* On refuse ainsi au jugement déclaratif une efficacité extra-territoriale, et, sur les choses mobilières, on préférera les créanciers locaux qui auront pratiqué une saisie, aux syndics qui les réclameront pour une faillite étrangère.

Cette doctrine est combattue avec raison par des jurisconsultes de grande valeur tels que Kent et Story. Pourquoi, disent-ils, ne pas admettre, en cas de faillite, la même règle qu'en matière de succession *ab intestat ?* Pourquoi ne pas faire, dans un cas comme dans l'autre, dépendre les meubles de la loi du domicile du propriétaire ? On dit en vain que celui qui meurt sans faire de testament a consenti à ce que la transmission de ses biens meubles s'opérât conformément à la loi de son domicile ; lorsqu'un commerçant a son principal établissement dans un pays, les créanciers qui traitent avec lui ont aussi eu en vue la loi de ce domicile. Même dans la matière de la faillite,

(I02) Story, *loc. cit.* § 414

la doctrine américaine est contradictoire. On admet que la déclaration de faillite par un tribunal étranger suffit pour enlever au failli la libre disposition de ses biens, et on décide cependant que ce jugement n'a pas une efficacité suffisante pour en attribuer l'administration aux syndics qui représentent la masse (103).

II. *Belgique* (104). — En Belgique, la jurisprudence a constamment consacré les principes les plus larges relativement à la compétence du tribunal du domicile, et à l'autorité des jugements déclaratifs rendus à l'étranger. Citons notamment des arrêts de Bruxelles du 21 juin 1820, 19 juillet 1823, 25 mars et 27 décembre 1828 (105). Mais toutes ces décisions se fondent sur le motif, inexact selon nous, que la faillite appartient au statut personnel, que la qualité de failli le suit partout avec toutes les conséquences qui en découlent. « S'il est vrai, lisons-nous dans l'arrêt du 27 décembre 1828, qu'on ne peut exécuter en Belgique des jugements rendus à l'étranger et qui porteraient des condamnations susceptibles d'exécution contre les habitants, il ne s'ensuit pas qu'on ne puisse puiser dans de semblables jugements la qualité de failli qui y aurait été donnée à un étranger *tout aussi bien que celle d'époux divorcé* ». L'arrêté-loi du 9 septembre 1814 (106), dit

(103) Fiore, *loc. cit.*

(104) Voir sur la jurisprudence belge un article de M. Humblet. Clunet, 1880, p. 87.

(105) A leur date dans la *Pasicrisie* belge.

(106) Cet arrêté rendu par le prince souverain des Pays-Bas sous l'Empire de la réaction antifrançaise portait que « les jugements rendus en France n'auront aucune autorité en Belgique et que nonobstant ces jugements les habitants de la Belgique pourront de nouveau débattre leurs droits devant les tribunaux qui y sont établis, soit en demandant, soit en défendant ». Clunet, 1875, p. 221.

un autre arrêt, a pour but d'empêcher qu'on n'exécute dans le royaume, au nom d'un souverain étranger, et *viâ executoriâ* des jugements obtenus dans l'Etat de ce souverain, mais il ne résulte ni de son texte, ni de son esprit, que ces jugements doivent être considérés comme n'ayant pas pour effet de prouver *l'état des personnes* réglé par ces mêmes jugements. La même idée se trouve dans un arrêt de Bruxelles du 9 novembre 1846. « L'état de faillite établit une *incapacité personnelle* de disposer, *incapacité qui suit le failli partout* ».

Plus récemment, le tribunal civil d'Arlon a décidé que les dispositions de la loi des faillites « *sont de statut personnel* et dès lors suivent le failli même à l'étranger, et que les articles 2123, C. civ., et 546 C. de pr. ne s'appliquent pas aux décisions judiciaires qui règlent la *capacité personnelle* d'un étranger... ». Enfin, le tribunal de Mons a rendu un jugement dans le même sens. Nous en extrayons le considérant suivant : « Attendu qu'il est de doctrine et de jurisprudence qu'un jugement par lequel un étranger est déclaré en faillite dans son pays est une décision qui règle *l'état de la personne et la suit partout* (107).

A côté de ces décisions où prédomine l'idée du statut personnel, citons un arrêt de la cour de Bruxelles du 13 août 1836. « C'est le tribunal du domicile, dit la cour, qui a compétence pour déclarer la faillite, cette déclaration doit être tenue pour vraie en Belgique, il

---

(107) **Trib. de Mons**, 14 février 1874. Clunet, 1875, p. 447. Voir dans le même sens les arrêts cités dans l'article de M. Humblet; Clunet, 1880, p. 91.

n'y a donc pas lieu d'ouvrir une nouvelle faillite, ni de rompre par là *l'unité de la faillite.* » La même raison est affirmée plus énergiquement encore dans un autre arrêt de la même cour, en date du 13 août 1851. Il s'agissait d'un Belge dont la faillite avait été déclarée par le tribunal de commerce de la Seine. Le tribunal d'Anvers avait ensuite de nouveau déclaré la faillite sur la requête des créanciers belges. L'opposition des créanciers français fut rejetée, mais la cour réforma le jugement : « Attendu, porte l'arrêt, que le juge compétent pour statuer sur la mise en faillite d'un négociant est celui du domicile de ce dernier.

« Attendu qu'il est également de principe que l'état de commerçant failli étend son effet *partout où ce commerçant possède des biens*, que l'administration de la faillite est *une, indivisible* et *universelle*, étendant son action sur tout l'avoir du failli *en quelque lieu qu'il se trouve.*

« Attendu que ce principe est fondé........ sur la *nature même des choses* qui s'oppose à ce qu'une faillite ait autant d'administrations qu'il y a de pays où le failli possède des biens » (108).

Voilà pour l'autorité des jugements étrangers (109).

---

(108) Cette décision fut déférée à la cour de cassation qui rejeta le pourvoi le 6 août 1852. Les motifs de l'arrêt sont inspirés par l'idée de statut personnel.

(109) On ne peut citer en sens contraire que de bien rares décisions. Dans un arrêt du 23 mars 1820, la cour de Bruxelles a décidé que le commerçant déclaré en faillite en France, avait pu valablement vendre des marchandises à Bruxelles. — Le 17 juin 1839, la cour de Liège a validé une saisie à charge de syndics étrangers, et dispensé les créanciers belges de faire leur production devant les tribunaux étrangers.

En ce qui touche la force exécutoire, les décisions que nous avons citées disposent que le *pareatis* sera nécessaire lorsqu'on voudra procéder à de véritables actes d'exécution, mettre en mouvement les dépositaires de l'autorité nationale (110).

III. *Allemagne.* Avant la loi du 10 février 1877 *(Concurs ordnung)* la jurisprudence était presque unanime à repousser la théorie de l'unité et de l'universalité de la faillite. Le tribunal supérieur de commerce de Leipzig *(Reichsoberhandelsgericht)* (111) décida à la date du 17 juin 1871, que les Etats ne devaient pas soumettre les biens situés sur leur territoire à la main-mise prononcée par le juge étranger de la faillite, et qu'il fallait *repousser la force attractive d'une faillite qui n'était pas reconnue*; qu'il fallait ouvrir sur ces biens un *concours distinct et indépendant des règles et des lois de l'étranger*; que tous ces résultats étaient commandés par le *principe de l'indépendance des Etats »* (112). A la date du 22 juillet 1870, là cour de Cologne avait adopté les mêmes principes (113).

(110) En résumé, on rencontre dans la jurisprudence belge beaucoup d'hésitation dans les motifs ; mais sa tendance vers la théorie de l'unité et l'universalité de la faillite n'est pas douteuse. Autrefois déjà, cette doctrine pouvait être critiquée, en présence de l'arrêté-loi de 1814 précité, lorsque c'était un belge qui avait été déclaré en faillite à l'étranger. Aujourd'hui encore, elle nous paraîtrait devoir être rejetée ; le nouveau code de procédure ne limite en effet le droit de révision des tribunaux belges que dans le cas de traité, et un semblable traité n'existe pas avec la France.

(111) Ce tribunal n'existe plus, il a été remplacé par la cour suprême de l'Empire, séante à Leipzig.

(112) Clunet 1874, p. 129; *Rev. de droit intern.* de Gand, T. VI, p. 410 et s.

(113) Clunet 1876, p. 460.

La doctrine s'était au contraire prononcée pour le système de l'unité de la faillite. Voici comment s'exprimait M. de Savigny : « Cette communauté de droit entre Etats indépendants qui tend constamment à s'accroître, veut qu'ils accordent une protection réciproque aux décisions judiciaires rendues dans un autre pays. Cette protection doit s'étendre au curateur qui vend les biens du failli pour en former la masse partageable. Si elle lui était refusée, cela constituerait un véritable déni de justice. » Puis M. de Savigny montre ce système mis en pratique dans les traités avec la Prusse, et il continue en ces termes : « Ce qui est établi par des traités n'est pas une invention nouvelle et arbitraire, mais l'expression de cette communauté de droit, qui de nos jours tend toujours à s'accroître. Aussi, ne doit-on pas hésiter à poser ce principe dans d'autres traités ; même indépendamment de traités, les tribunaux des différents Etats peuvent le consacrer par leur jurisprudence, de l'aveu exprès ou tacite de leur gouvernement. » (114).

La nouvelle législation positive allemande a consacré ces desideratas du grand jurisconsulte de Berlin. La loi du 10 février 1877, dispose en effet dans son article 207 que « *si un débiteur sur le patrimoine duquel une faillite a été déclarée à l'étranger. possède des biens dans l'empire, l'exécution forcée sur ces biens peut avoir lieu* (115) », et dans son article 208 4°

---

(114) Savigny, *Traité de Droit romain*, traduct. Guenoux, § 374, E.

(115) Après *pareatis* délivré conformément aux articles 660 et 661 du code de Procédure du 30 Janvier 1877, c'est-à-dire *sans révision préalable du fond*.

que « *quand une faillite sera déclarée à l'étranger il ne sera pas nécessaire de prouver l'insolvabilité pour l'ouverture de la faillite en Allemagne* ». Le jugement déclaratif a donc l'autorité de la chose jugée.

IV. *Italie.* — Autrefois, la jurisprudence admettait que la faillite a plutôt pour objet les biens que la personne et doit être régie par les principes du statut réel (116). La cour de cassation de Turin a considéré l'incapacité du failli comme purement relative « limitée aux biens situés dans le pays où la faillite a été déclarée, et inefficace au regard des immeubles situés dans le royaume » (117). Mais on peut dire qu'aujourd'hui les tribunaux italiens se sont ralliés définitivement au système de l'unité et de l'universalité de la faillite. Des cours d'appel et de cassation ont jugé que ses effets s'étendent à tous les biens du failli, et que le jugement rendu par un tribunal étranger doit par conséquent recevoir son exécution même sur les biens situés dans le royaume (118). C'est surtout dans un arrêt de Milan déjà cité que cette théorie a été proclamée avec une fermeté et une précision rares. On nous saura gré d'extraire un considérant de cet arrêt sur lequel nous aurons à revenir dans le cours de cette étude : « L'unité de la faillite répond au but même de cette institution qui est de rendre possible

(116) Naples, 4 Mai 1868, cité par M. Fiore, *op. cit.*, p. 55.

(117) Turin, Cass. 13 Avril 1867, 29 Avril 1871. Cour d'appel de Turin, 5 Mars 1866 et 7 Juillet 1866. Chambery, 14 avril 1849.

Quant aux meubles, on reconnaissait le failli incapable d'en disposer en quelque lieu que ce fut.

(118) Voir les autorités citées par Norsa, *Rev. de jur. italienne*, n° 173.

une répartition proportionnelle des biens du failli entre tous ses créanciers, pour le plus grand avantage du commerce... *La nécessité d'une sentence d'exequatur maintenue pour rendre hommage au principe de la souveraineté territoriale est restreinte aux seuls cas dans lesquels il s'agit vraiment de donner exécution aux jugements et aux actes passés à l'étranger ; mais dans les autres cas, ces titres sont admis comme simples documents et rien n'est accordé de ce qui serait contraire à leur contenu* » (119).

V. *Autriche.* — L'unité et l'universalité de la faillite ne sont pas admises, du moins en ce qui concerne les immeubles ; quant aux meubles situés à l'étranger, on admet qu'ils doivent être compris dans la masse (120).

§ II. — Effets du jugement déclaratif dans l'avenir

A. Impossibilité de déclarer une nouvelle faillite

La première conséquence qui découle du principe de l'unité et de l'universalité de la faillite, et que les partisans de ce système en tirent en effet, c'est que la faillite ayant été déclarée à l'étranger, et ce fait étant tenu pour constant en France, il ne sera pas nécessaire d'y déclarer une nouvelle faillite ; les biens appartenant au failli y seront soumis de plein droit, et

(119) Clunet, 1879, p. 77, et note *importante* de M. Dubois. Sir., 1879, 2, 161, également avec une note de M. Dubois.

(120) Cour Suprême de Vienne du 20 Mars 1877. Clunet, 1881, p. 168.

l'*exequatur*, ne sera nécessaire que lorsqu'il s'agira de procéder à des mesures d'exécution sur ces biens. A l'inverse ceux qui dénient aux jugements étrangers l'autorité de la chose jugée, sont amenés tout naturellement à admettre qu'une nouvelle faillite pourra être provoquée en France, sans qu'on ait à se préoccuper de celle qui aurait été déclarée à l'étranger. La même doctrine est admise par ceux qui voient dans la faillite un statut réel, lorsqu'il s'agit de soumettre au régime de la faillite les biens situés à l'étranger.

D'après nous, une nouvelle déclaration de faillite pourra être provoquée en France par des créanciers français, mais le jugement étranger sera opposable en France à des créanciers étrangers.

La cour de Paris a eu récemment l'occasion de se prononcer sur ce point à propos de l'affaire Hoffmann et Cie. Hoffmann faisait le commerce à Londres et avait des succursales à Paris, Milan et Hambourg. Il fut déclaré en faillite par la cour des faillites de Londres qui nomma White administrateur de ses biens. La maison de Paris ayant fait de mauvaises affaires fut déclarée en faillite d'office, par le tribunal de commerce de la Seine qui nomma un syndic. White forma opposition à ce jugement, mais le tribunal l'en débouta par le motif que l'arrêt de Londres n'avait pas été rendu exécutoire. Ce motif est-il bien exact? Pouvait-on voir un acte d'exécution dans l'action du syndic représentant la masse? C'est ce que nous verrons plus loin; toujours est-il que le syndic reconnaissant le bien jugé, s'adressa au tribunal civil de la Seine pour lui demander l'*exequatur* du jugement anglais.

Mais sa demande fut rejetée par jugement du 26 juillet 1877 confirmé par la cour de Paris le 7 mars 1878. Cette décision nous semble bien rendue. En effet, le jugement étranger n'avait pas l'autorité de la chose jugée contre des créanciers français. C'est ce que fait remarquer le tribunal lorsqu'il dit que « la demande d'*exequatur* ne pourrait être accueillie qu'autant qu'elle ne porterait pas atteinte au droit que les créanciers français tiennent de la loi de faire prononcer eux-mêmes la faillite par la juridiction nationale » (121). Le tribunal invoque encore d'autres raisons mais qui ne nous semblent nullement concluantes. Il y est dit que les dispositions légales en matière de faillite touchent à l'ordre public et constituent sous ce rapport des lois de police et de sûreté obligeant, aux termes de l'art. 6 du code civil, tous ceux qui habitent le territoire. Cette proposition est-elle bien exacte ? Pour qu'une loi puisse être ainsi qualifiée, il ne suffit pas qu'elle ait été édictée par des raisons d'intérêt général, car alors toutes les lois pourraient rentrer dans cette catégorie ; il faut que l'objet, le but de la loi soit la sûreté des personnes et le maintien du bon ordre (122), or, tel n'est pas le but de la loi des faillites. Elle est destinée à donner plus de sécurité aux relations commerciales, et favorise par conséquent le crédit, mais elle ne touche à aucun degré à la conservation de la société. La loi des faillites contient, il est vrai, des dispositions pénales, mais ce ne sont pas quelques dispositions accessoires qui

(121) Sir. 1879, 2, 164, et la *note* de M. Dubois.
(122) Aubry et Rau I, § 31 p. 81.

peuvent déterminer le caractère d'une loi. De ce que par exemple, la loi sur la capacité en matière de mariage ait apporté à ses prescriptions une sanction pénale, nul n'a jamais conclu que ce soit là une loi de police et de sûreté (123).

On a critiqué la décision du tribunal de la Seine en se plaçant sur le terrain de l'ordonnance de 1629. Le jugement anglais devait, a t-on dit (124), être déclaré exécutoire comme ayant été rendu contre un étranger. Mais peut-on bien dire que le jugement déclaratif soit rendu contre le failli ? Non, puisque bien souvent il le sera sur sa requête. Le jugement déclaratif est un jugement d'une nature spéciale, il produit ses effets même vis-à-vis de ceux qui n'y ont pas été parties, il n'est pas plus rendu contre le failli que contre ses créanciers. L'esprit de l'ordonnance est celui-ci : le législateur n'a pas voulu que les intérêts d'un Français fussent lésés par une décision étrangère, on est un peu parti de l'idée que l'impartialité des tribunaux dépend de la nationalité des plaideurs ; eh bien ! dans notre hypothèse, il en serait ainsi si les créanciers étaient privés du droit qu'ils tiennent de la loi, de provoquer la mise en faillite de leur débiteur. D'autres auteurs, tout en reconnaissant l'autorité du jugement déclaratif étranger, pensent néanmoins que ses effets ne doivent pas s'étendre aux biens situés en France, il faudrait, pour les soumettre au régime de la faillite, une nouvelle déclaration. On part dans cette opinion de l'idée du statut réel. Nous avons exposé et réfuté

(123) Ripert, *loc. cit.*, n° 14.
(124) Ibid., n° 6.

cette théorie, nous ne pouvons que nous référer à ce que nous avons dit précédemment. Notre opinion aboutira aux mêmes conséquences, du moins en ce qui touche les biens, lorsque le jugement sera opposé à des créanciers français, il en sera différemment, lorsqu'il sera opposé à des créanciers étrangers ; il aura alors l'autorité de la chose jugée, l'*exequatur* ne sera nécessaire que pour procéder à des mesures d'exécution.

B. Cessation des poursuites individuelles.

La cessation des poursuites individuelles est commandée par le but même de la faillite ; les créanciers qui en exerceraient, seraient obligés de verser à la masse les sommes ainsi recouvrées, mieux vaut donc accorder l'action au syndic qui l'exercera directement au nom de cette masse. On réalisera de la sorte une économie de frais, et on évitera des complications dans l'administration des syndics. Cet effet du jugement déclaratif se produira-t-il en tous lieux ? Pour ceux qui refusent dans tous les cas aux jugements étrangers l'autorité de la chose jugée, la question ne saurait être douteuse, le jugement déclaratif n'existe pas pour les créanciers étrangers, ils pourront exercer contre leur débiteur des poursuites individuelles. C'est le système de la jurisprudence française. « Attendu, dit la cour de Bordeaux, que si un jugement rendu à l'étranger et déclarant une faillite, fait preuve suffisante de la qualité des syndics qu'il a nommés, et leur permet d'exercer en France les droits de la masse, il ne saurait en être de même lorsque le failli invoque lui-même l'autorité de la chose jugée pour se soustraire aux poursuites exercées contre lui par ses créanciers ; que, même lorsque le défendeur ne fait que l'opposer par voie d'exception pour s'affranchir des réclamations dont il est, en France, l'objet de la part de ses créanciers français, il est manifeste qu'il en réclame l'exécution et veut lui faire produire tout l'effet qu'il en obtiendrait dans le pays où il a été rendu » (125). C'est par application de cette théorie que le droit de faire pratiquer des saisies-arrêts au préjudice de leur débiteur failli (126), a été reconnu aux créan.ciers étrangers par un certain nombre de décisions.

Dans son arrêt du 13 août 1875, la Cour de Paris a apporté à cette doctrine un tempérament équitable, mais contraire au principe qui a inspiré l'arrêt. Il s'agissait dans l'espèce d'une société mise en état de liquidation judiciaire, en Angleterre. Des créanciers de la société assignèrent le syndic en validité de saisie-arrêt et demandèrent l'attribution à leur profit d'une somme due à la compagnie anglaise par un Français. Le tribunal de commerce de la Seine valida la saisie-arrêt, par le motif que l'arrêt de la cour de Chancellerie de Londres n'avait pas contre des Fran-

(125) Bordeaux, 2 juin 1874, Sir. 75, 2, 37. D. P. 75, 2, 209. V. dans le même sens, Colmar, II mars 1820, D. A. Vº Droit civil, 467, 2º. Req. rej. 29 août 1826, *eod. loc.* 467 3º. Req. rej. 12 nov. 1872, Sir. 73, I, 17 ; Trib. com. de la Seine, 29 juin 1881, Clunet 1883, p. 50.

(126) Bordeaux, 5 fév. 1813, D. A. Vº Droit civil, 467. 4º. Liège, 17 juin 1839, D. A. Vº Faillite, 575. Trib. comm. Seine 28 mars 1854, Journal des Trib. de Comm. III, p. 158 ; Aix, 15 mars 1870. Sir. 70, 2, 297. D. P. 70, 2, 204 ; Paris, 13 août 1875. Clunet, 1877, p. 40.

çais l'autorité de la chose jugée, et autorisa les créanciers français à toucher dès à présent le montant de
leurs créances entre les mains du tiers saisi. La cour
de Paris admit bien avec le tribunal, que le jugement
déclaratif étranger ne suffisait pas pour arrêter les
poursuites individuelles des créanciers, et que, par
conséquent, la saisie-arrêt devait être validée, mais
elle réforma la décision des premiers juges, en ce
qu'elle avait ordonné le paiement immédiat des créanciers français, et elle prescrivit le dépôt de la somme
saisie à la caisse des dépôts et consignations, pour
être employée au paiement des saisissants, jusqu'à concurrence de ce qu'ils auraient à recevoir d'après les
résultats de la liquidation. L'effet de la saisie a été ainsi
limité à une mesure purement conservatoire. C'est
équitable à coup sûr, mais est-ce logique ? D'après la
plupart des législations, le jugement déclaratif arrête
les poursuites individuelles, afin de sauvegarder l'égalité qui doit régner entre les créanciers ; cette égalité
serait rompue, si un créancier pouvait en agissant
s'approprier des valeurs faisant partie de l'actif de la
masse. Tout cela indique bien que par poursuites individuelles, le législateur n'entend pas des mesures
simplement conservatoires ; or, d'après la cour, le jugement déclaratif rendu à l'étranger, n'a pas pour
effet de suspendre les poursuites individuelles des
créanciers : « attendu que l'exercice de ces droits et
actions est indépendant des dispositions de la loi
étrangère et des décisions des tribunaux étrangers qui
tendraient à le restreindre ou même à le paralyser
entre les mains du demandeur français » ; les créanciers français pourront donc agir et exercer contre

leur débiteur, toutes les voies d'exécution que la loi met à leur disposition, frapper de saisie-arrêt les sommes à lui dues, et s'en voir attribuer le montant.

La théorie de la jurisprudence s'appuie sur l'article 14 du code civil qui permet au Français demandeur de citer l'étranger défendeur devant le tribunal de son domicile. L'article 59, § 7, du code de procédure qui pose le principe de la compétence en matière de faillite n'a été fait que pour les Français, quant aux contestations où figurent des étrangers, la règle fondamentale se trouve dans l'article 14 qui devra recevoir son application. Mais le créancier français pourra renoncer au bénéfice que le législateur a consacré en sa faveur, et cette renonciation pourra s'induire d'une citation devant un tribunal étranger, d'une production à la faillite étrangère. Toutefois, cette citation ou cette production ne pourront lui être reprochées et il ne sera pas non recevable à se prévaloir de l'article 14 quand il aura agi sous l'empire d'une contrainte qui lui ôtait toute liberté, par exemple, quand il aura été obligé sous peine de voir périr son droit de poursuivre son adversaire devant ses juges naturels ; cette nécessité existera aussi lorsque l'étranger défendeur ne possèdera en France aucune valeur saisissable (127).

(127) Paris, 22 novembre 1851, Sir., 1851, 2, 783. Req. rej., 23 mars 1859, Sir., 59, I, 289 ; Lyon, 1er juin 1872, Clunet, 74, p. 121 ; Trib. civ. Seine, 21 avril 1875, Clunet, 1876, p. 181 ; Cass., 30 novembre 1868, Sir., 69, I, 267. Ces deux derniers arrêts tiennent compte de la faillite déclarée à l'étranger, mais c'est en se fondant surtout sur l'effet du contrat judiciaire ; l'état de faillite ayant été dans l'espèce reconnu par les deux parties.

Pour les auteurs qui reconnaissent au jugement étranger l'autorité de la chose jugée, la question ne présente aucune difficulté, les poursuites individuelles seront suspendues *erga omnes* quelle que soit la nationalité des créanciers, et sans qu'on ait à se préoccuper du lieu de la situation des biens. Il ne s'agit pas en effet d'un acte d'exécution, le jugement n'est pas invoqué pour mettre la force publique en mouvement; on ne s'en prévaut que pour lui faire produire en quelque sorte un *effet négatif*, pour établir l'état de faillite, or c'est là une conséquence de la chose jugée. Cette doctrine a été consacrée dans un jugement du tribunal de commerce de Bordeaux du 22 février 1869 (128). On y lit que s'il est vrai que les jugements étrangers ne peuvent recevoir leur exécution en France, qu'après avoir été déclarés exécutoires par un tribunal français, ce principe ne doit plus s'appliquer quand on se borne à les opposer par voie d'exception. La même doctrine se trouve reproduite dans deux jugements du tribunal de commerce de Marseille, en date l'un du 7 décembre et l'autre du 20 décembre 1876 (129).

Le premier se borne à affirmer que les faillites déclarées à l'étranger doivent produire leurs effets en France (130), le second est plus fortement motivé, c'est

(128) Sir., 1875, 2, 37.

(129) Clunet, 1877, p. 423 et 424.

(130) Il apporte toutefois une restriction au principe qu'il pose : « le juge français ne doit, suivant lui, se dessaisir de la protection des intérêts français, qu'autant que la faillite étrangère aboutit au terme qu'elle doit avoir par un concordat ou par une liquidation des biens du failli. Il lui appartient donc de fixer un délai dans lequel le failli en pays étranger devra terminer les procédures d'une faillite ouverte ». Cette restriction nous paraît en contradiction avec le principe d'où part le tribunal.

par des raisons tirées du but et de la nature de la faillite, qu'il admet l'effet en France du jugement déclaratif étranger. C'est surtout dans un arrêt de Milan
du 15 décembre 1876 (131) rendu dans l'affaire Hoffmann
dont il a été question plus haut, que cette théorie se
trouve exposée d'une façon nette et précise. Une saisie-
arrêt avait été pratiquée par un créancier du failli ; le
tribunal de commerce de Milan, par jugement du 27
juin 1876, valida les saisies, mais cette décision fut
réformée par la cour « qui n'hésite pas à adopter le
principe de l'universalité de la faillite ». La nécessité
d'une instance en *exequatur*, maintenue pour rendre
hommage au principe de la souveraineté territoriale,
doit être restreinte aux seuls cas dans lesquels il s'agit
vraiment de donner *exécution* aux jugements et aux
actes, passés à l'étranger ; mais dans les autres cas il
faut admettre ces titres comme simples documents ;
dans l'espèce, les appelants cherchant uniquement à
conserver la position que leur assurait la faillite déclarée à Londres, et à empêcher que le patrimoine du
failli ne fût en partie soustrait à l'action légitime du
syndic, on devait reconnaître au jugement étranger une efficacité suffisante pour que ce but fût
atteint (132).

M. Rocco, pour concilier l'universalité de la faillite
avec la réalité du statut, admet que le jugement déclaratif arrête les actions des créanciers tant nationaux

(131) Clunet, 1879, p. 77. Sir., '79, 2, 161.
(132) Carle, n° 26, p. 53. *Notes* de M. Dubois, Clunet, 1879, p. 77. Sir.,
1879, 2, 161.

qu'étrangers, mais seulement en ce qui concerne les biens du failli situés dans l'Etat où le jugement déclaratif a été rendu. Telle est également l'opinion de M. Massé (133). Nous rejetons tout d'abord ce dernier système ; la distinction des statuts personnels et réels est, nous l'avons vu, étrangère à la matière qui nous occupe, nous n'avons qu'à nous référer à ce que nous avons dit précédemment sur ce point.

Le système de la cour de Milan nous paraît également inexact car il part du principe, faux suivant nous, que les jugements rendus dans un pays ont, d'une façon absolue, l'autorité de la chose jugée à l'étranger.

Nous appliquerons ici la distinction que nous avons déjà faite : le jugement déclaratif étranger n'empêchera pas les créanciers français de poursuivre leur débiteur sans tenir compte de la faillite ; il s'opposera au contraire aux actions que des créanciers étrangers voudraient exercer contre lui. Notre système revient en somme à celui de la jurisprudence, mais les motifs qui nous déterminent sont différents : les arrêts se fondent sur l'art. 14 qui, disent-ils, doit s'appliquer dans l'espèce ; c'est faire une pétition de principe, car il s'agit précisément de savoir s'il en est ainsi : nous croyons que oui parce que nous refusons au jugement étranger l'autorité de la chose jugée ; le droit commun

---

(133) Massé II, 809. « La faillite..... en attribuant à la masse des créanciers les droits individuels de chacun, constitue un statut réel qui ne peut affecter que les biens situés dans le territoire du juge qui a déclaré la faillite ». C'est aussi à cette conséquence que l'on arrive dans la théorie anglaise.

c'est-à-dire l'art. 14 devra alors recevoir son application (134).

Lorsqu'il s'agit d'un créancier étranger, la jurisprudence arrive encore au même résultat que nous, puisqu'il est admis que l'art. 14 constitue une disposition de faveur dont les Français seuls sont admis à profiter. Il est cependant un cas où notre système différera de celui des arrêts, c'est celui où le failli ayant une résidence en France pourra y être assigné par des créanciers étrangers en vertu des règles générales de compétence (C. de pr. art. 59). Dans ce cas, la jurisprudence ne tenant aucun compte du jugement déclaratif autorisera la poursuite, d'après nous au contraire qui reconnaissons à ce jugement l'autorité de la chose jugée, l'action du créancier devra être écartée.

C. Dessaisissement

La première mesure que commande l'intérêt des créanciers, c'est d'enlever au failli l'administration et la disposition de ses biens, afin qu'il ne puisse augmenter son passif, ni diminuer son actif, ni avantager certains créanciers au détriment des autres. C'est

(134) Nous sommes ainsi amené à une solution que nous avons repoussée en principe à savoir que des créanciers français ne peuvent en vertu de l'art. 14 attirer leur débiteur en France pour l'y faire déclarer en faillite. Du moment que le jugement étranger n'a pas en France l'autorité de la chose jugée, le tribunal devant lequel on l'opposera aura à apprécier à nouveau l'état de fait constaté par ce jugement, il aura en d'autres termes à déclarer une nouvelle faillite. Mais il faut remarquer que ce résultat ne se produira que par voie de conséquence, à la suite de poursuites auxquelles s'applique *sans aucun doute* l'art. 14. Le principe est ainsi sauvegardé.

ce qu'ont fait toutes législations : partout nous avons vu le failli dépouillé de l'exercice de ses droits au profit de la masse, représentée par les syndics. Ce dessaisissement résulte de plein droit du jugement déclaratif ; quelle est, sur ce point, la portée de ce jugement ? C'est ce que nous avons maintenant à examiner. Nous nous placerons d'abord au point de vue du failli dont nous examinerons la capacité ; nous parlerons ensuite des personnes qui lui sont substituées dans l'administration de ses biens, ce qui comprend la nomination et les pouvoirs des syndics.

I. — *Incapacité du failli* (135)

Le jugemeut déclaratif rend comme nous venons de le dire le failli incapable de faire aucun acte ou contrat relatif aux biens qu'il possède ou à ceux qui pourraient lui advenir au cours de la faillite. On se demande si cette incapacité doit être admise dans un pays autre

---

(135) Il est d'usage d'appeler *incapacité* la défense faite au failli d'administrer et de disposer de ses biens. Le terme est inexact ; le failli n'est pas un *incapable* dans le sens juridique du mot, il ne saurait être assimilé au mineur, à l'interdit, à la femme mariée ; seulement les actes par lui passés ne sauraient être opposés à la masse, c'est elle seule qui pourra en demander la nullité. Si l'on veut parler d'incapacité, on doit dire qu'il y a là une incapacité tout à fait *relative*. C'est l'intérêt des créanciers qui en est la mesure. « Tout ce qui dépasse cette mesure, dit M. Massé, devient une peine dont on ne peut sans injustice frapper le malheureux en l'assimilant au coupable. Dans le malheur commun qui frappe le débiteur et ses créanciers, ceux-ci sont, sans contredit, le plus à plaindre ; ce sont eux qui méritent plus particulièrement la sollicitude de la loi. Mais cette sollicitude a des bornes et, lorsqu'elle a pris toutes les précautions pour empêcher le failli

que celui où la faillite a été déclarée, et quelle est, en
pareil cas, la loi à appliquer. Un individu a été déclaré
en faillite en Allemagne ou en Autriche ; il passe un
acte en France, quel sera le sort de cet acte ? devra-t-il
être annulé comme passé par un incapable, et en admettant l'affirmative quelle loi faudra-t-il appliquer ?
Supposons que la loi du lieu où la faillite a été déclarée
prononce la simple annulabilité de l'acte, tandis que
la loi du lieu de cet acte prononce la nullité de plein
droit ; laquelle de ces deux lois faudra-t-il appliquer ?

Sur la première question les opinions sont très par-
tagées. Un arrêt, déjà cité, de la cour de Colmar a considéré le jugement déclaratif rendu à l'étranger comme
non avenu en France et admis, en conséquence, que
l'incapacité dérivant de ce jugement n'existait pas pour
la loi française : « L'étranger *interdit* dans son pays
pour fait de faillite, n'est pas réputé interdit en France. »
C'est la conséquence logique du système quidénie aux
jugements étrangers l'autorité de la chose jugée (136).

---

d'aggraver par sa conduite ou une mauvaise administration le préjudice
qu'il cause à ses créanciers, elle ne peut aller au delà sans courir le risque
de ressembler à une vengeance inutile ou à une punition imméritée. L'incapacité qui résulte de la faillite n'est donc pas absolue, elle n'est que *relative* »
V. en ce sens, Carle et Dubois, note 51. Fiore *del fallimento*, p. 58 ; civ. cass.,
8 mars 1854. Sir. 54, I, 238 ; civ. cass. 21 févr. 1859, Sir. 59 I, 555. civ. rej.
25 juin 1860 ; civ. cass., 12 janv. 1864. Sir, 64. I, 17. Il est formellement dit
dans ce dernier arrêt que « la capacité du failli reste entière pour s'obliger
de même que pour agir et défendre en justice ». C'est en ce sens qu'est fixée
la jurisprudence italienne, voy. les arrèts cités par M. Dubois, *sur Carle*,
note 51. Si donc nous appliquons au failli la qualification d'incapable c'est
uniquement faute d'un autre mot.

(136) Colmar, 11 mars 1820. (aff. Kolb). La Cour de Bruxelles s'est prononcée dans le même sens (arrêt du 23 mars 1820, aff. Petitain), et a décla-

A l'inverse, ceux qui reconnaissent l'autorité de la chose jugée à l'étranger, admettent que le failli doit être considéré comme tel, et par conséquent comme incapable en tous lieux. La même solution est admise par ceux qui, suivant la doctrine des statuts, ne voient dans la faillite qu'une loi personnelle. Le jugement déclaratif modifie la capacité du failli, absolument comme celui qui prononcerait une interdiction ou nommerait un conseil judiciaire ; or, ces jugements se confondent en quelque sorte avec le statut personnel des individus qu'ils concernent, et les suivent en tous lieux. Il doit en être de même du jugement déclaratif (137). Ceux qui font prévaloir la réalité dans la loi des faillites arrivent à une solution opposée ; le débiteur failli, incapable dans un pays, sera capable dans un autre, pourra, par conséquent y aliéner ses biens, constituer des droits réels sans qu'on puisse lui opposer le jugement déclaratif.

Il est enfin, nous l'avons vu, des auteurs qui distinguent entre les différentes incapacités : les unes qui s'attachent plutôt à la personne suivent le failli en tous lieux, les autres qui ont plutôt les biens pour objet sont restreintes au territoire où la faillite a été

ré qu'un négociant français déclaré en faillite par un tribunal français, pouvait valablement contracter et s'obliger en Belgique, sans que les syndics pussent opposer le jugement déclaratif au cocontractant belge. C'est aussi en ce sens que se sont prononcés certains arrêts italiens cités par M. Norsa, *loc. cit.*, n° 180. V. aussi Fiore, *del fallimento*, p. 57.

(137) Carle et Dubois, 25. Aubry et Rau, § 31, notes 35 et s.; Demolombe, I. 103. *Contrà* Laurent, *Droit civ. intern.* T. VI, n° 90. Cet auteur combat d'une manière générale la théorie qui assimile les jugements constitutifs d'état aux lois de statut personnel.

déclarée. Nous avons étudié et réfuté ces systèmes dans la partie générale de cette étude, nous n'y reviendrons donc pas ici.

Suivant Merlin, la question devrait être résolue d'après les principes d'équité et de bonne foi. Si l'acheteur, par exemple, connaissait l'état de faillite, et avait ainsi sciemment acheté au préjudice des créanciers, la vente devrait être annulée ; dans le cas contraire, on devrait toujours la maintenir, alors même que les créanciers feraient rendre exécutoire le jugement déclaratif, ce jugement ne pouvant retroagir au préjudice de l'acheteur (138).

Cette opinion est très équitable ; elle nous paraît cependant devoir être rejetée. Il est certain, en effet, que, d'après notre loi et presque toutes les législations étrangères, la sentence qui déclare la faillite prive du jour de sa date et de plein droit, le failli de l'administration de ses biens. Tous les actes postérieurs sont nuls sans qu'on ait à se préoccuper de la question de savoir si les tiers qui ont contracté avec le failli étaient ou non de bonne foi (139).

MM. Aubry et Rau admettent une théorie analogue. D'après les savants auteurs, l'incapacité dont est frappé le failli, le suit en tous lieux ; mais le juge français saisi d'une contestation relative à la validité d'une convention passée en France par un commerçant déclaré en faillite à l'étranger, pourrait et devrait faire abstraction du jugement étranger, si le Français co-

---

(138) Merlin, *répert.* V° Faillite, Sect. 11, § 2, art 10.

(139) C'est en ce sens qu'on a pu dire qu'il s'agissait, dans l'hypothèse, d'une question de capacité et non de bonne foi. (Massé, I, n° 546).

contractant avait agi de bonne foi et dans l'ignorance de cette décision : « Si le Français, disent-ils, doit s'enquérir de la capacité de son cocontractant, telle qu'elle est réglée par la loi du pays de ce dernier, on ne peut raisonnablement exiger de lui qu'il s'assure qu'aucun jugement rendu à l'étranger n'est venu modifier cette capacité. Imposer une pareille obligation aux Français serait leur interdire tout commerce avec les étrangers » (140). Nous ferons à ce système la même objection qu'à celui de Merlin ; il n'est, du reste, que l'application d'une théorie plus générale, d'après laquelle le principe que le statut personnel suit l'individu partout, comporte des restrictions dans l'intérêt français (141). Le jugement déclaratif rentrant, suivant MM. Aubry et Rau, dans le statut personnel, les incapacités qui en découlent, suivront l'étranger partout, mais à la condition qu'elles ne lèsent aucun intérêt français. Nous repoussons cette théorie, et, sans entrer dans les détails d'une controverse qui pourrait nous mener trop loin de notre sujet, nous ferons remarquer que l'art. 3 du code civil est absolu, qu'il pose d'une manière tout à fait générale le principe du statut personnel, sans y apporter aucune modification en faveur des Français. « Le juge, dit M. Laurent auquel nous renvoyons pour de plus grands développements, a pour mission de décider d'après le droit, et non d'après l'intérêt. Dire qu'il lui appartient d'appliquer le statut personnel, ou de le rejeter selon l'intérêt du Français qui est en cause, c'est anéantir la

(140) Aubry et Rau, § 3I, texte n° 2, lettre d et note 38.
(141) Valette, *sur Proudhon*, I, 85. Demolombe I. I02.

notion même du droit » (*Dr. civ. international*, II, n°
48, p. 84).

M. Demangeat arrive à la même solution que MM.
Aubry et Rau en appliquant la distinction de l'ordonnance de 1629 : « Toutes les fois, dit-il, que c'est un
Francais qui a été déclaré en faillite par un tribunal
étranger, je pose en principe que le jugement n'a pas
en France l'autorité de la chose jugée, et que la question de savoir s'il y a faillite, pourra être débattue à
nouveau devant un tribunal français » (142). Lors, au
contraire, qu'il s'agira d'un étranger déclaré en faillite à l'étranger, le jugement aura l'autorité de la chose
jugée ; le failli sera considéré comme tel, et, par conséquent, incapable, mais seulement, et ici le savant
auteur se rattache à la distinction de M. Massé, quant
aux droits se référant directement à sa personne,
comme celui d'être admis à la Bourse ; il aura l'exercice des droits relatifs à ses biens, et la vente qu'il
ferait d'un immeuble dont il serait propriétaire en
France ne pourrait être annulée dans l'intérêt de la
faillite. Aux termes de l'art. 490 du code de commerce,
les syndics doivent prendre inscription sur les immeubles du failli, dans le but, dit-on, de prévenir les
tiers qu'il n'a plus la libre disposition de ses biens.
Une pareille inscription ne peut être prise en vertu
d'un jugement étranger ; les art. 2120, C. civ. et 546,
C. de pr. s'y opposent, et, d'un autre côté, il serait
bien rigoureux d'annihiler les droits du propriétaire

---

(142) *Sur Bravard*, V. p. 12, en note.

sans cette inscription (143). Cet argument est très sérieux, nous croyons cependant qu'il est possible d'y répondre. Qu'en fait l'inscription dont il est question dans l'art. 490 du code de commerce puisse prévenir les tiers, c'est possible, mais il nous paraît certain que tel n'a pas été le but du législateur. Il a voulu dans ce texte conférer à la masse une véritable hypothèque, car il parle d'un bordereau pour l'inscription, et l'art. 517 est encore plus formel en disant que le jugement d'homologation du concordat conservera l'hypothèque inscrite en conformité du §3 de l'art. 490, (144). Il sera, du reste, très facile à celui qui voudra acheter des biens possédés en France par un étranger, de savoir si son cocontractant n'a pas été déclaré en faillite, le jugement déclaratif a toujours une publicité bien plus grande qu'un jugement d'interdiction, et ce, à raison même de la nature de la faillite, dont les contre-coups se font, bien souvent, sentir hors du territoire où elle s'est produite.

Nous admettons le principe de M. Demangeat ; nous pensons comme lui que l'ordonnance de 1629 est encore en vigueur aujourd'hui ; nous déciderons donc que lorsqu'un Français aura été déclaré en faillite à l'étranger, le jugement n'aura pas en France l'autorité de la chose jugée, et que la capacité du failli restera pleine et entière; mais dans l'hypothèse contraire, lorsqu'il s'agira d'un étranger déclaré en faillite à l'étranger, l'état de faillite devra être tenu pour

(143) Demangeat, *loc. cit.*

(144) Boistel, *Droit commercial*, n° 914. Paris, 22 juin 1850 ; D. P. 52. 2. 213.

constant en France, et dès lors les ventes et autres actes passés par le failli tomberont sous le coup de la loi, sans qu'il y ait aucune distinction à établir entre les différentes incapacités. Une pareille distinction se rattache à la doctrine du statut réel dont nous croyons avoir démontré l'inexactitude.

Quelle sera maintenant, dans ce dernier cas, la législation à appliquer ? Sera-ce la loi du lieu de l'acte, sera-ce celle du pays où a été rendue la sentence déclarative ? Une première opinion applique la *lex loci actus*. L'action en nullité dont nous parlons a en effet sa racine dans le contrat lui-même. Sur quoi repose cette nullité ? Sur une présomption de fraude ; la loi pense que les actes passés postérieurement au jugement déclaratif, l'ont été en fraude des droits des créanciers ; il y a là une application pure et simple de l'art. 1167 avec cette différence seulement que la fraude est présumée.

Un second système distingue : Le contrat a-t-il pour objet des meubles, on appliquera la loi du domicile, c'est-à-dire celle du lieu où la faillite a été déclarée, bien que l'acte ait été passé, et que les meubles soient effectivement situés dans un pays dont la loi n'admet pas de semblable nullité ; la raison en est que les meubles sont, par une fiction légale, situés au domicile de leur propriétaire et suivent, par conséquent, la loi personnelle de ce dernier. Cette raison n'existant pas quant aux immeubles, on ne prendra en considération que la loi de la situation.

Nous repoussons cette distinction ; la nullité ne frappe pas l'objet de l'obligation, mais l'obligation elle-même ; elle repose sur une présomption de fraude, ce qui suppose que la chose était aliénable, et que par conséquent les lois relatives aux biens n'avaient pas été violées. Il faudra, suivant nous, appliquer dans tous les cas la loi du lieu où la faillite aura été déclarée, car c'est la faillite qui est le principe de la nullité, peu importe qu'il s'agisse de meubles ou d'immeubles : le principe de l'unité et de l'universalité de la faillite qui est le nôtre dans l'hypothèse, commande d'ailleurs qu'il en soit ainsi (145).

Nous ne nous sommes occupés jusqu'à présent que des actes passés par le failli lui-même ; les principes que nous avons posés à ce sujet, nous en ferons l'application au cas où c'est un tiers qui agit au nom du failli par suite d'un mandat à lui donné avant la déclaration de faillite (146). Il a, par exemple, donné ordre à son commissionnaire d'acheter pour lui une certaine quantité de marchandises, l'exécution de ce mandat sera-t-elle possible ? Lorsque c'est un étranger qui aura été déclaré en faillite à l'étranger, le jugement déclaratif aura en France l'autorité de la chose jugée ; nous distinguerons alors suivant que le mandataire connaissait ou non, au moment de l'exécution, l'état de faillite de son mandant, dans le premier cas l'opération tombera, le mandat étant révoqué par la faillite du mandant ; dans le second au contraire, elle

---

(145) Certains auteurs ont voulu appliquer la loi française dans le cas où la loi étrangère serait plus rigoureuse, et la loi étrangère dans l'hypothèse contraire. Nous avouons ne pas saisir le principe de ce système.

(146) La question ne peut pas se poser à propos d'une gestion d'affaires, l'acte ne devenant alors parfait que par la ratification ; il en résulte que cette ratification n'est plus possible après le jugement déclaratif.

sera parfaitement valable (147). S'il s'agit d'un Français, l'état de faillite n'étant pas reconnu en France,
le mandat pourra être valablement exécuté, sans
qu'on ait à se préoccuper de la bonne ou de la mauvaise foi du mandataire.

Pour pouvoir être annulés en vertu du dessaisissement dont est frappé le failli, les actes de ce dernier
devront, cela va de soi, avoir été passés postérieurement à la déclaration de faillite. Mais ici des conflits
peuvent s'élever à raison de la diversité de législation ; un acte peut être parfait selon une loi, imparfait
suivant une autre. C'est ainsi qu'en Allemagne et
d'après le droit commun anglais, la tradition est
requise pour la translation de la propriété, tandis
qu'en France prévaut le principe que le consentement
des parties suffit pour transférer la propriété de la
chose (C. civ., art. 1138). Ainsi encore, la signification

(147) Cette distinction n'est pas faite *in terminis* dans la loi, mais elle
ressort bien de son esprit (V. art. 2008, C. civ.). — Pour apprécier la
bonne foi du mandataire, il faudra se placer au moment de l'exécution du
mandat, et ce moment sera celui où la marchandise aura été consignée au
commissionnaire représentant du mandant. Il peut arriver que le commissionnaire ait lui-même la marchandise et qu'au lieu de l'acheter d'un tiers,
il expédie la sienne et soit ainsi en même temps commissionnaire et vendeur. Quand alors le mandat sera-t-il réputé exécuté ? Sera-ce au moment
de l'expédition, ou bien la marchandise devra-t-elle être parvenue au com-
mettant ou lui être consignée ? Nous pensons que c'est l'expédition qui
constituera l'exécution du mandat. Comme nous le disions il n'y a qu'un
instant, le commissionnaire joue un double rôle, celui de vendeur pour son
propre compte et celui d'acheteur pour le compte d'autrui ; il reçoit de
lui-même la tradition des marchandises, dès que celles-ci seront indivi-
dualisées le mandat sera réputé exécuté. Or, cette individualisation ne peut
résulter que de l'expédition.

N.   10*

au débiteur cédé n'est pas exigée en Angleterre pour rendre le transport des créances opposable aux tiers ; elle l'est au contraire d'après le code civil (1689-1691 ; C. civ. italien 1539 et s.) Supposons alors une vente passée en France entre un Français et un Anglais, le vendeur tombe en faillite avant la livraison, les syndics français pourront-ils comprendre les marchandises dans l'actif de la masse sous prétexte que, la tradition n'ayant pas été opérée, la propriété n'a pas cessé d'appartenir au failli ? Non, parce que le contrat a été passé en France où la tradition n'est pas requise pour le transfert de la propriété à l'égard des tiers, et qu'à défaut de convention spéciale des parties, c'est d'après la *lex loci contractus* qu'il faut apprécier leurs stipulations.

A l'inverse, si les choses ont été vendues dans un pays où la tradition est nécessaire pour la translation de la propriété, et si elle n'a pas été opérée, le vendeur en faillite restera propriétaire, et l'acheteur n'aura que le droit de concourir avec les autres créanciers pour les dommages-intérêts à lui dus à raison de l'inexécution du contrat. Nous donnerons de cette décision le même motif que tout à l'heure ; en contractant dans un pays, les parties se sont soumises tacitement à la loi qui le régit.

Les mêmes principes nous permettront de résoudre la question de savoir si l'endossement en blanc fait par le failli devra être considéré comme suffisant pour transférer la propriété d'une lettre de change, ou au contraire, s'il ne vaudra que comme simple procuration et si les syndics pourront réclamer l'effet, la procuration étant révoquée par le fait de la faillite. Il faudra s'attacher à la loi du lieu où l'endossement aura été opéré.

Supposons maintenant qu'une créance appartenant au failli ait été cédée par lui avant la déclaration de faillite, mais que la notification au débiteur cédé n'ait pas été faite, la loi de ce débiteur ne l'exigeant pas. Un Français a cédé une créance sur un Anglais, il est déclaré en faillite avant la signification. Les syndics français pourront-ils recouvrer le montant de la créance pour le compte de la masse, ou au contraire la préférence devra-t-elle être donnée au cessionnaire? La première de ces deux alternatives est soutenue par M. Fiore. La cession de créances, dit-il, n'emporte pas le transport du droit qui est personnel, mais seulement la faculté d'agir contre le débiteur comme pouvait le faire le cédant; or, la créance est exigible au domicile du débiteur, c'est la loi de ce domicile qui doit être appliquée (147).

Il faut repousser cette théorie : le débiteur n'est pas en cause, le débat s'élève entre le cédant, le cessionnaire et les tiers, on ne voit pas dès lors pourquoi on appliquerait la loi du débiteur.

On a voulu à l'inverse appliquer la loi du créancier ; la créance *jus incorporale* n'ayant pas de position locale doit être considérée, a-t-on dit, comme étant en la possession du créancier. Nous répondons que la fiction qui répute les meubles situés au domicile de leur propriétaire suppose qu'il s'agit de meubles envisagés *ut universi*, ce qui n'est pas dans l'hypothèse.

(147) *Droit international* n° 341, *del fallimento*, p. 85.

Pour nous, la signification à faire au débiteur est une mesure de publicité ; elle touche, par suite, à l'ordre public ; or, nous savons que les lois de cette nature sont territoriales. L'autonomie des parties contractantes cesse alors pour faire place à la volonté générale dont la loi est l'expression. On ne peut pas dire que les parties aient entendu se soumettre à leur loi nationale ; elles ne le peuvent pas si cette loi se trouve en opposition avec celle du pays où elles contractent. On ne peut pas dire non plus qu'elles aient entendu se soumettre à la *lex loci contractus*, si cette loi est contraire à l'ordre public du pays où elles plaident. La loi du *for* dominera, dans l'hypothèse, la loi française, les syndics seront donc préférés au cessionnaire (148).

II. — *Des syndics et de leurs attributions.*

La nomination de syndics devant représenter la masse était le corollaire inévitable du dessaisissement. Elle est faite par le tribunal qui a déclaré la faillite, mais on se demande s'ils devront être reconnus à l'étranger, et quelle est, en ce qui les concerne, l'autorité du jugement déclaratif. Il est tout d'abord un point certain, c'est que, lorsque les syndics voudront procéder à des mesures d'exécution sur des biens situés dans un autre pays, l'*exequatur* sera nécessaire ; comme nous l'avons dit, la *force exécutoire* manque

(148) Laurent, VII, 231 et s. ; VIII, 131 et s.

aux jugements étrangers ; le principe de la souveraineté exige qu'il en soit ainsi. Mais si le jugement déclaratif est simplement invoqué comme preuve de
leur qualité, pour leur permettre de prendre certaines
mesures conservatoires, d'agir en justice contre les
débiteurs récalcitrants, ou de répondre aux actions
dirigées contre eux, devra-t-on lui reconnaître une
certaine efficacité, ou sera-t-il nécessaire de le faire
déclarer exécutoire ?

Si l'on reconnaît aux jugements étrangers en général, et au jugement déclaratif en particulier, l'autorité
de la chose jugée, la question n'est pas douteuse, les
syndics nommés à l'étranger seront partout considérés comme tels : il ne s'agit pas en effet d'un ordre
émanant de la souveraineté étrangère, il s'agit simplement de tenir pour constants des faits constatés à
l'étranger par une décision judiciaire, il s'agit, en
d'autres termes, d'un effet de la chose jugée, la force
exécutoire est hors de cause (149).

(149) Carle et Dubois 30 ; Albert Simon, *de la faillite en droit international*, Paris 1878, p. 151 ; Fiore, *del fallimento*, p. 63 et 64. La même
doctrine semble ressortir des motifs d'un jugement du tribunal de la Seine,
(19 janv. 1876, Clunet 1877, p. 144) : « Attendu que les jugements étrangers
déclarant l'état de faillite d'un commerçant, font foi pleine et entière
de ce qui y est énoncé, sans qu'il soit nécessaire de les soumettre au préalable, à la formalité de l'*exequatur*, laquelle n'est exigée que pour les décisions prononçant une condamnation proprement dite, et non pour celles
qui se bornent à constater un fait matériel, à savoir que le commerçant
dont il s'agit se trouve en état de cessation de paiements » — La cour de
cassation, (req. rej. 19 mars 1872, Clunet, 1874, p. 32) s'est inspirée de la
même idée en déclarant qu'un syndic étranger pouvait, en vertu de son mandat, exercer devant les tribunaux français les actions qui auraient appartenu
au failli lui-même. « L'*exequatur* n'est exigé que pour les jugements et

Dans le système qui dénie aux jugements étrangers l'autorité de la chose jugée, on arrive à des consé-quences inverses. On ne tient pas plus compte du jugement en ce qu'il nomme les syndics, qu'on n'en tient compte quand on le considère comme dessaisis-sant le failli de l'administration de ses biens, et sus-pendant les poursuites individuelles. « Un Français, dit M. Pardessus, est déclaré en faillite par le tribunal de son domicile, et il possède des biens en pays étran-ger. Les syndics pourront-ils les administrer, comme s'ils étaient situés en France, mais dans un arrondis-sement autre que celui où la faillite a été déclarée ? Nous ne le pensons pas, à moins qu'il n'existe un traité qui accorde force exécutoire aux jugements de ce pays. » *(Droit commercial, n° 1488 bis.)* C'est aussi l'opinion qui a été consacrée dans l'arrêt déjà cité de la cour de

actes étrangers pouvant entraîner en France des mesures d'exécution et de contrainte affectant la personne et les biens, et commandant obéissance aux agents et fonctionnaires. Or, le jugement déclaratif ne comporte *en lui-même* aucune mesure d'exécution en France contre la personne et les biens, puisqu'il n'a d'autre effet que de dessaisir le failli de l'administration de ses biens et de lui substituer un mandataire chargé de le représenter dans toutes les actions actives et passives qui peuvent l'intéresser ». A côté de ce motif très juridique, la cour invoque une autre raison : elle assi-mile le jugement déclaratif à un acte par lequel on aurait constitué un mandataire à l'étranger. C'est une idée inexacte, comme nous le verrons plus loin. — Voir dans le même sens : Cour d'appel de Gênes, arrêt du 27 février 1863, cité par Carle, note 66. Dans les motifs de sa décision, la cour part du principe que la nécessité du *pareatis* se restreint aux jugements servant de base à une exécution proprement dite, et ne doit pas s'étendre aux actes qui ne sont produits en justice que pour la justification d'une qualité ou la preuve d'un fait quelconque. V. aussi : Macérata, 31 oct. 1866. Les motifs de cet arrêt sont identiques à ceux de l'arrêt de Gênes.

Colmar du 11 mars 1820. Plus récemment, le 31 janvier 1873 (Sir. 74, 2, 33) la Cour de Paris s'est rangée à cette doctrine en déniant au syndic étranger le droit de former une saisie-arrêt en France. Elle pouvait arriver à cette solution par ce motif que le jugement déclaratif ne constitue pas un titre suffisant pour pratiquer une saisie-arrêt ; nous verrons tout à l'heure si cela est exact. Mais ce qui a déterminé la cour, c'est cette idée que le jugement déclaratif étranger n'a en France aucune autorité ; le syndic nommé par ce jugement ne peut dès lors, avant l'*exequatur*, exercer aucun de ses pouvoirs, ni même procéder à des mesures purement conservatoires. Ces solutions sont logiques étant donné le principe d'où part la jurisprudence ; elles n'ont cependant pas prévalu, et les deux arrêts que nous venons de citer peuvent être considérés comme isolés. La plupart des décisions judiciaires admettent que le jugement déclaratif étranger fait preuve de la qualité des syndics, les constitue représentants de la masse des créanciers, leur permet ainsi d'agir en France, indépendamment de tout *exequatur* ; il y a dans ce jugement un acte de juridiction volontaire qui confère aux syndics une qualité pour faire valoir les droits d'une tierce personne ; le mandat qui en résulte doit être valable à l'étranger, tout comme celui qui résulterait d'un acte public ou privé, dans un pays autre que celui où on s'en prévaut (150).

(150) Foëlix et Demangeat, 468. Demangeat, *sur Bravard*, V. p. 12, en note ; Fiore, *droit intern..* 368, l'auteur est revenu sur cette opinion dans son mémoire sur *la faillite en droit international* ; Merlin *Rep.* v° *Faillite*, Sect. 2, art. 2, § 2 ; Aix, 8 juill. 1840; D. A. V°. *droit civil*, n° 474 1°. Bor-

Dans les premières éditions de son ouvrage, M. Massé distinguait entre le cas où le failli s'était opposé à la déclaration de faillite et celui où il y avait adhéré. Dans cette dernière hypothèse seulement les syndics devaient être considérés comme les mandataires du failli ; au cas d'opposition de ce dernier, le jugement ayant vis-à-vis de lui les caractères d'une véritable condamnation ne pouvait être regardé comme une procuration de sa part. Dans sa dernière édition, le savant auteur a abandonné cette distinction, il reconnaît qualité aux syndics nommés à l'étranger, alors même que la faillite aurait été déclarée malgré l'opposition du failli. Cette déclaration, dit-il, constitue moins une condamnation proprement dite qu'un mandat donné aux syndics par le juge étranger, mandat que ceux-ci peuvent mettre à exécution en France, soit en contraignant les débiteurs du failli à payer entre leurs mains, soit en agissant en son nom. Du

deaux 22 déc. 1847, Sir, 48, 2, 228. Colmar, 10 févr. 1864, Sir., 64, 2, 122 ; Req. rej. 30 nov. 1868, Sir, 69, I, 267 ; Paris 23 Mars 1868 ; civ. rej. 21 juin 1870, D. P. 75, 1, 295, Sir. 71, 1, 49 ; Paris 22 févr. 1872. Sir., 72, 2, 90, D. P. 72, 2, 107. Req. rej. 19 mars 1872, Clunet 1874 p. 32, cité plus haut. Paris 28 mars 1873, Clunet, 75, p. 19 ; Bordeaux, 2 juin 1874, D. P. 75, 2, 209 ; Paris 14 déc. 1875, Sir, 76, 2, 70, Clunet 77, p. 144. Trib. civ. Seine 19 janv. 1876, Clunet 77, p. 144. Paris 7 mars 1878, Sir, 79, 2, 164, Clunet, 1878, p. 600 ; Rennes, 19 févr. 1879, D. P. 79, 2, 65, Clunet, 1880, p. 476, V°. aussi, Paris, 20 janv. 1877, Clunet 1878 p. 41. Dans ce dernier arrêt il semble que la Cour de Paris n'ait reconnu à des syndics étrangers le droit de requérir l'apposition des scellés sur les titres et papiers concernant le débiteur, que parce que cette mesure était sollicitée, non point en vertu du jugement déclaratif, mais en vertu de l'art. 909, § 2, du C. de pr. et du droit que ce texte accorde à tout créancier de se faire autoriser à cet effet, par le président du tribunal de commerce.

reste, si le failli a adhéré à la déclaration de faillite, s'il n'y a pas formé opposition, il avait le droit de le faire, il se trouve dans la situation de tout débiteur qui se laisse condamner sans se défendre (151).

Ce système, qui considère le jugement déclaratif comme un simple mandat, paraît très séduisant au premier abord, il faut cependant le rejeter, car il méconnaît le caractère véritable du jugement déclaratif. Ce jugement, en effet, ne doit être considéré ni comme un simple acte de juridiction volontaire, ni spécialement comme la forme authentique d'un mandat conféré aux syndics. Que ce jugement intervienne sur la requête du failli, ou sur celle de ses créanciers, il doit être tenu pour un vrai jugement rendu en matière contentieuse. La déclaration d'une faillite soulève d'assez nombreuses difficultés, comme le prouvent les nombreuses décisions rendues à ce sujet. D'après l'art. 440 du code de commerce, le créancier qui veut faire prononcer la faillite doit assigner son débiteur et, par

---

(151) Massé, II, 809. Au tome 1 n° 547, il soutient que les syndics d'une faillite déclarée en France, n'ont aucune autorité sur les biens situés à l'étranger, parce qu'ils administrent ces biens moins dans l'intérêt du failli qui n'est atteint d'aucune incapacité personnelle à cet égard, que dans l'intérêt des créanciers. Il y a là, dit-il, une manière d'être des biens, non de la personne, il y a un *statut réel*. Cette doctrine anihile presqu'entièrement celle du n° 809 ; car l'intérêt qu'il y a à reconnaître le mandat des syndics en dehors du territoire où la faillite a été déclarée consiste précisément à leur permettre d'administrer les biens situés à l'étranger, ce que M. Massé ne leur permet pas. Suivant lui, ils ne pourraient mettre leur mandat à exécution qu'en contraignant les débiteurs du failli, ou en agissant en son nom. Cette opinion doit être rejetée. Comme nous avons eu occasion de le répéter souvent, les lois sur les faillites doivent être tenues en dehors de la distinction du statut personnel et du statut réel.

conséquent, discuter avec lui sur l'existence des conditions requises pour la déclaration de faillite. Sans doute le jugement déclaratif confie aux syndics le mandat d'administrer les biens du débiteur et d'en tirer le plus grand parti possible au profit de la masse, mais ce n'est ni le seul, ni le principal effet de ce jugement ; il produit des conséquences importantes quant à la personne du failli, quant à ses biens, quant à certains actes passés par lui avant que la faillite n'ait été déclarée, enfin, quant aux actions de ses créanciers ; la nomination des syndics n'est que le corollaire de tous ces effets. Le principe admis par la jurisprudence ne conduit pas d'ailleurs au résultat que l'on pouvait en attendre. Il ne faut pas s'y méprendre, le mandat conféré aux syndics est tout à fait dérogatoire au droit commun. Le jugement est rendu à la requête du failli ou de l'un des créanciers, et cependant le mandataire représente tous les créanciers. Pour admettre l'existence d'un mandat aussi exceptionnel, il faut qu'il y ait véritable déclaration de faillite, or, d'après la jurisprudence, le jugement déclaratif étranger ne constate pas *erga omnes* l'état de faillite, tout intéressé peut en récuser l'autorité et faire ainsi tomber du même coup le mandat des syndics qui seront ainsi sans qualité pour agir (152). On arrive dans cette théorie à tenir pour nommés les syndics d'une faillite qui n'est pas considérée comme déclarée.

L'idée du mandat nous paraît donc inexacte en droit, et insuffisant en fait, pour permettre aux syn-

(152) Trib. civ. Seine, 21 déc. 1877, Clunet, '78, p. 376.

dics d'exercer leurs pouvoirs dans un lieu autre que celui où la faillite a été déclarée (153). Pour qu'il en fût ainsi, il faudrait tenir pour constant le fait de la faillite, il faudrait reconnaître aux jugements étrangers l'autorité de la chose jugée. Mais nous avons vu que cette doctrine ne doit pas être admise d'une manière absolue ; nous avons reconnu l'autorité de la chose jugée à un jugement rendu contre un étranger, nous l'avons déniée à un jugement rendu au préjudice d'un Français, conformément aux dispositions encore en vigueur aujourd'hui, de l'ordonnance de 1629. Nous appliquerons ces principes au cas qui nous occupe. Lorsque les syndics opposeront le jugement étranger qui les nomme à un Français déclaré en faillite par ce jugement, et cela pour administrer les biens qu'il possède en France, ce Français pourra leur répondre que le jugement n'a vis à lui de lui aucune autorité, et que, par conséquent, ils n'ont aucune qualité. Si nous supposons au contraire un étranger déclaré en faillite, nous arriverons à une conséquence inverse, le jugement aura autorité de chose jugée, les syndics pourront exercer leurs fonctions, et l'*exequatur* ne sera nécessaire que lorsqu'il s'agira de procéder à des mesures d'exécution proprement dites, à la vente des biens par exemple. Nous approuvons donc le dispositif de l'arrêt de la cour de Paris du 31 janv. 1873, en ce qu'il n'a pas reconnu l'autorité de la chose jugée au jugement du tribunal de commerce de Strasbourg qui avait déclaré en état de faillite un Alsa-

(153) Carle et Dubois, n° 29 ; Ripert, *loc. cit.* n° 11.

cien ayant conservé par l'option sa qualité de Français ; mais les motifs donnés par la cour sont absolus et laissent supposer que la décision aurait été la même, s'il s'était agi d'un étranger.

L'*exequatur* sera nécessaire, avons-nous dit, lorsqu'il s'agira de procéder à un acte d'exécution. Quand en sera-t-il ainsi ? *Lato-sensu* l'exécution d'un jugement s'entend de tout acte d'obéissance volontaire ou forcée aux prescriptions qu'il édicte ; mais quand la loi, dans les articles 2123 du code civil, 546 du code de procédure, veut qu'un jugement étranger ne soit exécuté qu'après avoir obtenu le *pareatis* du juge français, elle prend le mot *exécution* dans un sens plus restreint ; elle suppose une contrainte exercée sur la personne ou les biens du débiteur avec l'aide de la force publique ; alors, dans l'intérêt de la souveraineté nationale, elle ne veut pas que les agents français obéissent aux ordres donnés par une puissance étrangère. Il suit de là que si les syndics agissent simplement comme représentant la masse des créanciers, l'*exequatur* ne sera pas nécessaire. C'est ainsi qu'ils pourront faire rentrer dans la masse les sommes dues au failli et demander des comptes aux succursales étrangères (154). Pour la même raison, nous leur permettrons des actes conservatoires, tels que l'apposition des scellés : on a toujours, en effet, opposé les actes conservatoires aux actes d'exécution.

On s'est demandé si la saisie-arrêt pouvait être considérée comme un acte conservatoire, ou devait être

(154) Req. rej. 7 juin 1880, Clunet, 1881, p. 262.

rangée dans les actes d'exécution. Dans l'arrêt précité du 31 janvier 1873, la cour de Paris a adopté cette dernière opinion (155) ; ce point importait peu, étant donné que, d'après elle, le jugement n'avait aucune autorité en France. Elle s'est cependant expressément prononcée sur ce point : « Attendu, porte l'arrêt, qu'un jugement étranger ne peut fonder en France une *voie d'exécution* qu'après avoir été déclaré exécutoire par un tribunal français. » Nous pensons au contraire que la saisie-arrêt doit être considérée comme un acte conservatoire (156). Ce qui le prouve, c'est l'art. 557 du code de procédure qui permet de la pratiquer en vertu d'un acte sous seing privé. Les actes d'exécution ne pouvant avoir lieu que sur l'ordre du pouvoir exécutif, et cet ordre ne se trouvant pas dans les écrits sousseing privé, il en résulte qu'un acte qui peut être pratiqué en vertu d'un titre privé, n'est pas un acte d'exécution : or, un jugement étranger déclaratif de faillite doit être considéré comme équivalent à un titre privé.

Dans ses résultats, la saisie-arrêt participe de la nature des actes d'exécution ; aussitôt que ce caractère apparaîtra, le syndic devra se pourvoir de l'*exequatur* du juge français. Quand en sera t-il ainsi ? On a prétendu que la saisie-arrêt devenait mesure d'exécution

---

(155) Dans le même sens : Bordeaux, 28 août 1827, C. N. 8, 2, 411.

(156) Paris, 19 janvier 1850, Sir. 1850, 2, 462. Demangeat, *Revue pratique* 1856, I, p. 392 ; Trib. Seine, 10 avr. 1880, Clunet, 1880, p. 301. Dubois, *note* s. l'arrêt du 31 janvier 1873 ; *sur Carle*, note 92, III. V. aussi les autorités citées dans la *Table générale* de Dévillencuve et Gilbert, V⁰ *Saisie-arrêt*, nᵒˢ 1 et 37.

au moment de l'assignation en validité de saisie;
cette assignation est le premier acte par lequel le saisissant va prendre l'initiative, va conclure non seulement à ce qu'on ne paie pas son débiteur, mais à ce
qu'on le paie lui-même. « C'est à ce moment que la
saisie-arrêt commence à changer de caractère et
devient réellement une voie d'exécution proprement
dite » (157).

Cette opinion aboutit, comme le fait remarquer M.
Dubois (158), à restreindre notablement le droit du
syndic de former opposition. D'une part, en effet, le
délai de huitaine, dans lequel doit être faite l'assignation en validité, ne suffirait pas pour obtenir l'*exequatur*, et d'autre part à défaut d'assignation dans ce
délai, la saisie-arrêt est nulle.

Pour résoudre la question, nous partirons du principe que le jugement déclaratif a au moins autant
d'efficacité qu'un titre privé; or, celui qui a formé
saisie-arrêt en vertu d'un titre privé peut faire sa demande en validité sans donner à son titre la force
exécutoire, il doit donc en être de même de celui qui
a saisi en vertu du jugement étranger. L'*exequatur*
ne sera nécessaire que pour les actes auxquels ne
pourrait procéder sans titre exécutoire, celui qui a
saisi en vertu d'un titre privé.

Plaçons-nous un instant dans l'hypothèse où c'est
un Français qui a été déclaré en faillite. Le jugement
étranger n'a pas l'autorité de la chose jugée; les syn-

---

(157) Boitard et Colmet d'Aage, *Leçons de procédure civile*, II, n° 825.
(158) *Note s.* l'arrêt du 31 janv. 1873.

dics n'auront aucun pouvoir. Ne faudra-t-il pas cependant leur permettre de prendre des mesures conservatoires et, par conséquent, de saisir-arrêter? Logiquement, il faudrait répondre négativement; ce serait là une solution bien rigoureuse, et la jurisprudence, qui méconnaît l'autorité des jugements étrangers, tend de plus en plus à autoriser l'emploi, en vertu de ces décisions, de mesures conservatoires ; nous sommes assez disposé à nous ranger à son avis : sans doute, les syndics ne sont pas considérés comme tels en vertu du jugement qui les a nommés ; mais, en fait, leur qualité est établie d'une façon certaine; cela doit suffire pour qu'ils puissent sauvegarder la situation de ceux qu'ils représentent légalement à l'étranger. Ils pourront donc saisir-arrêter, mais le tribunal saisi de la demande en validité, devra, avant de prononcer cette validité, rendre exécutoire le jugement étranger et comme ce jugement n'a pas dans l'espèce l'autorité de la chose jugée, il pourra examiner l'affaire à nouveau.

La faculté de prendre des mesures conservatoires doit cependant être restreinte dans certaines limites. Divers articles du code de procédure (909,930) exigent en effet pour quelques actes de cette nature l'existence d'un titre exécutoire. Le syndic étranger ne pourra donc pas, avant d'avoir obtenu l'*exequatur*, requérir l'apposition ou la levée des scellés, ni faire procéder à la confection d'un inventaire.

Les pouvoirs des syndics ne sont pas les mêmes dans toutes les législations. C'est ainsi qu'en Angleterre les *trustees* sont investis de la *propriété* même des biens du failli ; en France ils ne sont qu'*adminis-*

trateurs. Supposons un individu déclaré en faillite en Angleterre et possédant des biens en France ; quels seront les pouvoirs des syndics sur ces biens ? Si c'est un étranger, Anglais ou autre qui a été déclaré en faillite, le jugement ayant autorité de chose jugée en France, on appliquera la loi anglaise. Dans le cas contraire, le tribunal français aura à examiner l'affaire à nouveau, les syndics nommés par lui le seront conformément à la loi française, la faillite sera française, c'est donc la loi française qu'il faudra prendre en considération.

Telle n'est pas la doctrine suivie en Angleterre : on distingue entre les meubles et les immeubles ; les premiers sont attribués *en propriété* aux syndics en quelque lieu qu'ils se trouvent, les immeubles situés à l'étranger ne font au contraire pas partie de la masse. Cette distinction est repoussée en Amérique, la territorialité prévaut quant aux meubles comme quant aux immeubles.

Au dessaisissement on peut rattacher la disposition de l'art. 490 du code de commerce qui est destinée à en consacrer plus énergiquement les effets. Ce texte confère à la masse une hypothèque sur les biens du failli et charge les syndics de l'inscrire. Des dispositions analogues se trouvent dans les lois italienne et belge. Supposons une faillite déclarée en Belgique, les syndics pourront-ils prendre inscription sur les biens de France ? Non, l'article 2123 du code civil est formel, l'hypothèque ne peut résulter des jugements déclarés à l'étranger, qu'autant que ces jugements ont été rendus exécutoires en France. Il y a là une confusion regrettable entre l'existence même de l'hypothèque et l'exécution qui doit en résulter, confusion reproduite dans l'art.

2128. Que dans l'intérêt de la souveraineté, on ne puisse procéder à des mesures d'exécution en vertu d'un jugement étranger, cela est de toute évidence ; mais pourquoi, dans le cas où l'autorité de la chose jugée est reconnue au jugement, lui refuser l'efficacité suffi- sante à établir l'existence de l'hypothèque ? C'est ce qui ne peut s'expliquer.

L'hypothèque ne résultant pas du jugement étranger, il s'en suit que les syndics ne pourront prendre aucune inscription même à titre purement conservatoire : on n'inscrit que les hypothèques qui existent ; or, dans l'espèce, elle n'existe pas aux yeux de la loi française. Nous avons, il est vrai, reconnu aux syndics le droit de prendre des mesures conservatoires, alors même que le jugement déclaratif serait dépourvu de toute autorité, mais nous ne l'avons fait que sous la réserve des dispositions formelles qui pourraient l'interdire ; or, l'art. 2123 nous paraît être de ce nombre, car il re- fuse tout effet à l'hypothèque acquise en pays étranger.

A l'inverse il a été soutenu (159) que, sous l'empire des législations admettant l'autorité des jugements étrangers et ne contenant pas de dispositions ana- logues à notre art. 2123, le jugement déclaratif avait bien la puissance de créer une hypothèque, mais que l'inscription n'en était possible qu'après l'obtention de l'*exequatur* ; on s'est fondé sur ce que l'inscription de cette hypothèque peut, par son propre effet, conduire à l'expropriation et à la vente des immeubles et donner ainsi matière à une exécution propement dite. Mais

(159) Carle, n° 46.

on a fait remarquer avec raison (160), que l'inscription seule ne conduit pas à l'expropriation ; elle est plutôt une mesure prise pour la conservation de l'hypothèque qu'un acte d'exécution proprement dit.

§ III. — Effets du jugement déclaratif dans le passé

Nous avons vu que dans un assez grand nombre de législations, les effets du jugement déclaratif ne se bornent pas à dessaisir le failli de l'administration de ses biens, à le priver pour l'avenir du droit d'en disposer, mais que dans le passé même, certains actes sont annulés comme accomplis à un moment où le fait de la faillite existait déjà, ou à une époque où le failli avait nécessairement connaissance de l'état embarrassé de ses affaires. En sera-t-il de même lorsque ces actes seront passés à l'étranger, ou lorsqu'ils seront relatifs à des biens meubles ou immeubles situés à l'étranger ? Quelle sera, dans ces cas, la loi à appliquer? Nous supposons, bien entendu, des actes dont la nullité a son principe dans le fait de la faillite ; lorsque cette nullité tiendra aux conditions intrinsèques de l'acte lui même, on appliquera le droit commun c'est-à-dire la loi qui régit le contrat (161).

La question s'est posée devant le tribunal de Lyon et la cour de Milan. La maison Sottocasa, société commerciale française, fut déclarée en faillite par le tribunal de commerce de Lyon, le 25 sept. 1865 ; le 5 juil-

---

(160) Dubois, *sur Carle*, n° 99.
(161) Laurent, VII, 471 et les auteurs qu'il cite.

let 1867 intervint un jugement du même tribunal faisant remonter la faillite au 20 sept. 1865. Le 30 avril 1868, le tribunal de Lyon annula l'expédition faite le 15 sept. 1865, de Lyon à Milan, d'une certaine quantité de marchandises abandonnées par la maison Sottocasa à la maison Noseda et Buroeco de Milan. Par arrêt du 14 août 1868, la cour de Milan décida que l'art. 446 du code de commerce français était applicable à l'espèce, et qu'en conséquence, le jugement de Lyon qui avait annulé l'expédition des marchandises faite dans les dix jours précédant l'époque fixée par le tribunal comme étant celle de la cessation des paiements, devait recevoir son exécution, bien que la loi alors en vigueur à Milan (la loi autrichienne), n'admît pas de nullité semblable à celle de la loi française. La cour se fondait sur ce que le failli, ayant son domicile à Lyon, le tribunal de cette ville était seul compétent pour déclarer la faillite, et que le jugement, ayant l'autorité de la chose jugée, les effets de ce jugement devaient se produire à l'étranger (162). C'est là le véritable motif de la décision. Nous écarterons donc la raison suivante que l'on a quelquefois invoquée. C'est par suite d'un défaut de capacité personnelle, a-t-on dit, que la loi annule certains actes accomplis par le failli, or, c'est par la loi du lieu de l'ouverture de la faillite, que sa capacité personnelle est réglée, c'est donc d'après cette loi que l'annulation doit être prononcée. Ce raisonnement est inexact, car le failli ne doit pas être assimilé, nous l'avons dit, à un inca-

---

(162) Dubois, *sur Carle*, note 95.

pable proprement dit ; il a la jouissance et l'exercice de tous ses droits, seulement ses actes ne sont pas opposables à la masse des créanciers. Une fois reconnu que le jugement étranger a l'autorité de la chose jugée, il faut en tirer toutes les conséquences qui y sont attachées par la législation sous l'empire de laquelle il a été rendu. Il n'y a alors qu'une seule faillite, la seule loi à prendre en considération est celle du lieu où elle a été déclarée : les tiers ne peuvent pas se plaindre, en traitant avec le failli ils ont dû s'attendre à voir appliquer la loi de son domicile. Il importe peu que l'acte ait été passé en France ou à l'étranger. Le contraire a cependant été décidé par arrêt de la cour de Brescia du 20 nov. 1873 confirmé par arrêt de la cour de cassation de Turin le 6 oct. 1876. Ces arrêts décident que la loi applicable était celle du lieu de l'acte, dans l'espèce la loi autrichienne qui ne contient pas de dispositions analogues à notre article 446, et que, par conséquent, l'acte devait être maintenu. Cette solution est contraire aux principes particuliers de la matière ; comme nous le disions il n'y a qu'un instant, si c'est la faillite française qui est reconnue à l'étranger, on doit appliquer la loi française.

Les raisons que nous venons de faire valoir, montrent bien que notre opinion serait autre, si le jugement n'avait pas l'autorité de la chose jugée. Il ne pouvait en être ainsi dans l'espèce, étant donnés le traité franco-sarde du 24 mars 1760 et la déclaration interprétative du 11 septembre 1860 qui reconnaissent aux décisions judiciaires rendues dans chacun des deux pays l'autorité de la chose jugée. Mais le cas pourrait se présenter si le jugement avait été rendu dans un pays avec lequel nous n'avons pas de traité, en Belgique par exemple, et s'il l'avait été contre un français. Dans cette hypothèse le jugement n'aurait pas en France l'autorité de la chose jugée, on n'appliquerait pas la loi étrangère.

Quelle sera la juridiction compétente pour prononcer la nullité ? Ce sera le tribunal qui aura déclaré la faillite. Il s'agit en effet d'une contestation ayant son principe dans la faillite et nous avons vu que les art. 59, § 7, C. de pr. et 635 C. co. qui règlent la compétence pour ce cas, doivent s'appliquer aussi bien aux faillites où se trouve un élément étranger, qu'aux faillites exclusivement françaises.

Si la nullité est invoquée par voie d'exception, le tribunal compétent sera celui devant lequel l'action principale aura été intentée ; le principe que *le juge de l'action est juge de l'exception* exige qu'il en soit ainsi. Mais la loi applicable sera toujours celle du lieu où la faillite aura été prononcée.

La jurisprudence belge a jugé dans le même sens que la cour de Milan (163).

Sauf le jugement de Lyon qui ne se trouve pas dans les recueils français, la jurisprudence française n'a pas eu, que nous sachions, l'occasion de se prononcer sur la question.

______

(163) Trib. de Neufchâteau, 9 févr. 1871, Pasicrisie belge 1873, 3 245. Ce jugement a annulé une hypothèque donnée en Belgique pendant la période suspecte, en garantie d'une créance préexistante. Le débiteur était belge, et avait été déclaré en faillite par le tribunal de com. français de Sedan.

CHAPITRE IV

Du Conflit des lois pendant les opérations de la faillite.
§ I. — Vérification des Créances.

La faillite une fois déclarée, chaque créance est soumise à un contrôle, à une vérification, faits par les syndics. L'examen a lieu contradictoirement devant le juge-commissaire et c'est le tribunal qui aura à statuer en cas de contestation, si l'affaire est de nature à être portée devant un tribunal de commerce (C. co., art. 494 et suiv.) Aucune difficulté ne s'élève lorsque les créanciers appartiennent tous au pays où la faillite a été déclarée ; mais que décider s'ils sont de nationalité différente ? Une faillite a été déclarée en Belgique, et il y a des créanciers français, quel sera le tribunal compétent pour vérifier les créances ? Ce sera le tribunal belge, si le jugement a, en France l'autorité de la chose jugée (164), dans le cas contraire ce sera le tribunal français qui aura, à nouveau, déclaré la faillite.

(164) Qu'on ne nous objecte pas que nous permettons ainsi d'opposer un ugement étranger à des *créanciers français* contrairement à ce que nous avons décidé plus haut. Nous répondons que les intérêts de ces créanciers ne seront pas lésés. Ils n'avaient, en somme, qu'à user du bénéfice de l'art. 14, à traduire leur débiteur étranger devant les tribunaux français ; on n'aurait pas pu alors leur opposer le jugement déclaratif. S'ils ne l'ont pas fait ils ont consenti à ce que leur créance fût appréciée par la juridiction étrangère.

La compétence appartenant au tribunal qui a ouvert la procédure de faillite, faut-il en conclure que la loi applicable sera celle de ce lieu ? Pour résoudre la question, il convient de distinguer ce qui touche à la procédure et ce qui a trait au fond même du droit, *l'ordinatoire et le décisoire (litis ordinatoria et litis decisoria)*. « On appelle règles *ordinatoires* celles qui regardent l'instruction du procès, et la manière de procéder des parties et des juges, c'est-à-dire les formes, les solennités du procès. On donne le nom de *décisoires* aux règles qui servent de base à la décision du litige. Les formes de procéder sont étrangères aux motifs de décider, elles varient d'un pays à l'autre, elles peuvent être entièrement distinctes sans que cela influe en rien sur le fond du litige. La procédure du droit canonique se faisait entièrement par écrit, il en était encore ainsi, il n'y a pas longtemps, dans la législation allemande. Cependant les deux systèmes conduiront d'ordinaire dans des procès identiques à la même décision. Pourquoi ? Parce que la décision est indépendante de la procédure. La décision, dit Boullenois, se tire en matière de conventions de la volonté expresse ou tacite des parties, en cas de silence de leur part, de leur volonté présumée par le législateur, ou de la loi du lieu du contrat, ce qui est encore une présomption de volonté. Or, ces motifs de décider sont partout les mêmes, « *Diversitas fori non debet meritum causæ variare* » (165). Cette distinction entre

---

(165) Laurent. VIII, 21 et suiv. ; Boullenois, *traité de la personnalité et de la réalité des lois,* I, 535 et 536.

les formes de procédure et les règles de fond est très importante. Les premières dépendent de l'organisation judiciaire, elles ont un lien intime avec le droit public, or tout ce qui tient au droit public est de statut réel. On ne pourra donc, devant un tribunal, employer d'autres formes de procéder, que celles qui sont prescrites par la loi locale. Les intérêts des parties ne seront pas lésés, puisque la différence de procédure n'influe pas directement sur le bien fondé de la demande dont le mérite sera apprécié conformément à l'intention des parties. Appliquons à notre matière ces principes qui ne sont contestés par personne. Nous dirons que pour le mode et les délais de convocation, la forme dans laquelle les créances doivent être vérifiées, la nécessité d'une affirmation avec ou sans serment, la loi du pays où s'instruit la faillite sera exclusivement applicable. On pourra vérifier d'abord les créances des nationaux, en mettant en réserve pour les étrangers, une part correspondante à la somme pour laquelle ils sont portés au bilan (C. co. fr., art. 567. C. co. Ital., art. 680 et 681.) A l'expiration du délai le plus long, accordé pour la production des créances de ceux qui habitent à l'étranger, on procèdera à la répartition, entre les créanciers vérifiés, des sommes mises en réserve.

Les créanciers étrangers sont-ils déchus de tout droit sur le patrimoine du failli lorsque les répartitions définitives ont été faites? Ne doit-on pas, en cas de force majeure, apporter une dérogation aux règles générales, dans le cas, par exemple, où la guerre interromprait les communications? L'affirmative est enseignée par M. Carle, et nous nous rallions volontiers à son opinion. Comme le dit le savant professeur de Turin, la loi peut bien punir la négligence et présumer même la renonciation tacite du créancier, mais elle ne doit pas faire perdre son droit à celui qui est empêché de l'exercer. On pourrait, ajoute-t-il, revenir aujourd'hui aux promesses, *de restituendo vel contribuendo cum æqualia vel potiora jura habentibus* , qui intervenaient autrefois à l'occasion de pareilles répartitions et dont parlent tous les anciens auteurs (166).

Voilà pour la forme, pour la procédure de la vérification ; mais supposons qu'une créance soit contestée, quelle loi faudra-t-il appliquer? On appliquera les principes généraux du droit international en matière d'obligations. Si la faillite entraîne dérogation aux règles de procédure, elle ne déroge en rien aux lois qui régissent la forme et le fond des contrats (167). Nous ne pouvons entrer ici dans de grands détails, nous nous bornerons à poser brièvement les principes à suivre.

Il est tout d'abord certain que la capacité des contractants sera appréciée d'après leur loi nationale, d'un autre côté les formes extrinsèques dépendront de la loi locale en vertu de la règle *locus regit actum*. Mais quelle est la loi qui régira les conditions intrin-

(166) Carle, n° 48 ; Stracca. *De decoctoribus, pars ultima,* n° 35. En matière de lettre de change, on se demande quelle est l'influence de la force majeure ayant empêché la levée du protêt en temps utile. Voir sur ce point Chrétien, *de la lettre de change en droit international privé,* n° 75.

(167) Il existe une exception à ce principe : la loi prononce en effet la nullité de certains actes antérieurs au jugement déclaratif.

sèques d'existence et de validité de l'obligation ? Ici, le grand principe du droit international c'est l'*autonomie* des parties contractantes. La volonté des parties est souveraine : « Les conventions tiennent lieu de loi à ceux qui les ont faites » (art. 1134). Les dispositions qui gouvernent les contrats sont interprétatives de la volonté présumée des parties ; le législateur prévoit par la nature du contrat ce que les parties veulent, et leur facilite ainsi le règlement de leurs droits en les dispensant de tout prévoir. Lors donc que plusieurs lois sont en conflit, les parties pourront choisir la loi qu'elles préfèrent ; mais il arrivera rarement qu'on trouve une clause expresse à cet égard ; on appliquera alors la loi à laquelle elles se sont vraisemblablement référées, c'est-à-dire la *lex loci actus* (168).

Supposons donc qu'il s'agisse d'apprécier les créances de la femme contre son mari, on se réfèrera aux conventions matrimoniales, ou à leur défaut à la loi qui en tient lieu. Cette règle ne s'appliquera pas à toutes les créances de la femme : l'art. 564 du code de commerce refuse en effet, sous certaines conditions, toute action à la femme dans la faillite du mari « *à raison des avantages portés au contrat de mariage* ». Le législateur a craint des fraudes, c'est donc là une disposition d'ordre public, contre laquelle ne saurait prévaloir aucune convention, aucune loi étrangère. On a soutenu cependant que ce texte ne devait recevoir son application qu'autant que le contrat de ma-

(168) Voir sur toutes ces questions, Laurent, II, 209 et s. VII, 427 et s.; Fiore, *Droit intern. privé*, 257 et s. ; Fælix, nº 72 ; Aubry et Rau, I, § 31, p. 106 et 107 ; Demolombe, I, 105.

riage aurait été passé en France. Le législateur, dit-on, n'a voulu faire tomber les donations faites à la femme que lorsqu'au moment du contrat, elle a pu prévoir l'éventualité de la faillite. L'art. 564 exige, en effet, que le mari *soit commerçant lors de la célébration du mariage, ou le soit devenu dans l'année*. La femme étrangère qui a fait à l'étranger ses conventions matrimoniales, qui s'y est mariée, et a suivi ainsi les lois du pays où elle se trouvait, a prévu toutes les éventualités, elle n'a pu savoir au moment de son mariage, que son mari irait un jour s'établir en pays étranger, et l'on voudrait que ces conventions, sur lesquelles elle pouvait valablement compter, fussent restreintes par une circonstance qu'elle n'a pu empêcher (169) !

Ces considérations peuvent avoir de la valeur, mais elles ne résistent pas au principe que l'on ne peut, par des conventions particulières, déroger à des lois d'ordre public (art. 6), que ces conventions aient été passées en France ou à l'étranger. Du moment qu'on applique notre loi sur la faillite, et c'est le cas puisque la faillite a été déclarée en France, l'art. 564 devra recevoir son application (169 *bis*).

La preuve à faire par le créancier tient-elle à la procédure ? Devra-t-elle, en conséquence, être faite conformément à la loi du lieu où la faillite a été déclarée ? Devra-t-on, au contraire, la considérer comme règle de fond et appliquer par conséquent la loi qui régit la

(169) E. Marx, *Etude sur les droits de la femme dans la faillite du mari*, Paris, 1880, p. 103 et 104.

(169 *bis*) Voir en ce sens un article de M. Brissaud dans la *Revue géné rale du droit*, 1881, p. 18 et 159.

convention elle-même? Il faut tout d'abord écarter l'autonomie des parties contractantes. Le législateur établit les modes de preuves en prenant en considération l'état intellectuel et moral de la nation ; or, ce n'est pas aux parties qu'il appartient de juger si l'état intellectuel et moral d'un peuple exige que *témoins passent lettres*, ou que *lettres passent témoins*. Mais faudra-t-il appliquer la loi du lieu de l'acte ou celle du lieu où le proéès se poursuit? L'opinion générale écarte la loi du for compétent ; les preuves tiennent au fond même du droit, ce sont les motifs de décider. Or, ces motifs de décider n'ont rien de commun avec les formes de procéder. C'est, du reste, au moment où les parties contractent qu'elles doivent avoir une certitude complète sur la manière dont elles prouveront leurs conventions ou le fait juridique qu'elles ont intérêt à constater. Quelle est la loi qui leur donnera cette assurance? C'est évidemment celle du lieu où elles contractent, le lieu où un procès se déroulera peut-être, leur est inconnu ; la compétence peut vàrier, et il n'est pas toujours possible de la déterminer par une élection de domicile. Mais si la manière de faire la preuve doit être déterminée par la loi du lieu du contrat, l'acte qui la constitue pourra quelquefois être apprécié suivant une loi différente ; cela arrivera lorsque les parties contractant dans un pays donné auront pu, grâce au caractère facultatif de la règle *locus regit actum*, et dans le cas où ce caractère existe (170), *constater* leurs stipulations d'après

---

(170) C'est-à-dire lorsqu'elles seront de même nationalité, et qu'il ne s'agira pas d'ailleurs d'actes exigeant l'intervention d'officiers publics étran-

une législation différente. Le tribunal devant lequel
la contestation sera portée devra, pour l'appréciation
de la force probante de l'acte, se conformer aux prescriptions de cette législation.

Des contestations peuvent s'élever sur la quotité de
la créance. Le créancier a droit, en effet, non seulement à la somme par lui stipulée, mais aux intérêts
qu'elle produit soit en vertu de la loi, soit en vertu
d'une convention ; et cela jusqu'au jour du jugement
déclaratif. Mais le taux des intérêts varie suivant les
différentes législations ; quelle sera la loi à appliquer?
Ici encore, nous ne pourrons entrer dans les détails
de la question, mais il nous paraît indispensable d'en
dire quelques mots. D'abord, quant aux intérêts con-
ventionnels, s'ils sont dus à raison du délai accordé
pour le paiement d'une somme, le taux se déterminera d'après la loi du pays où la somme devra être
payée ; si l'intérêt est dû à raison d'un prêt, le taux
sera celui du lieu où la somme a été avancée. Les intérêts représentent l'usage que le débiteur fait du
capital et la perte qu'éprouve le créancier en étant
privé de la jouissance de ce capital. C'est donc d'après
la loi du lieu où se produit ce fait que le taux de l'in-

gers. Le caractère facultatif qge nous reconnaissons à la règle *locus regit
actum* est vivement contesté. Il nous paraît cependant résulter du motif
qui a fait admettre la règle. Ce motif, c'est l'impossibilité où pourrait se
trouver le Français de passer à l'étranger certains actes si on lui imposait
l'emploi des formes nationales. Cette impossibilité n'existant pas, on ne
voit pas pourquoi on refuserait au Français de se prévaloir de sa loi nationale. La règle *locus regit actum* qui a pour but d'aider les étrangers qui
contractent dans un pays, ne doit apporter aucune restriction à leurs
droits.

térêt devra être déterminé, alors même que dans le lieu où le procès se déroule ce taux serait illicite Sans doute, les lois qui régissent le taux de l'intérêt sont des lois de police et de sûreté obligeant tous ceux qui habitent le territoire ; il en résulte qu'elles régiront les prêts faits en France. En sera-t-il de même des prêts faits à l'étranger ? Nous ne le croyons pas. Quelle est, en effet, la raison de la limitation du taux de l'intérêt ? Le législateur a pensé, étant données l'étendue et les nécessités du commerce français, que le taux légal serait suffisant. Mais ces considérations sont spéciales à la France ; aussi la liberté des conventions est-elle à cet égard plus grande en Algérie et dans les colonies ; pourquoi dès lors ne pas respecter les stipulations d'intérêts faites ou devant recevoir leur exécution dans des pays où le législateur, par des considérations économiques, a également laissé aux parties une liberté plus ou moins complète ?

Quant aux intérêts que la loi elle-même fait courir à raison de certains faits juridiques, on appliquera la loi qui régit le fait juridique dont il s'agit. Les motifs pour lesquels la loi fait courir les intérêts de plein droit se lient intimement à ce fait. La dot stipulée dans un contrat de mariage régi par la loi française, produira 5 0/0, conformément à l'art. 1440 du code civil, alors même que la loi du lieu où le contrat est invoquée serait différente (171).

---

(171) Voir sur ces questions fort intéressantes : Laurent, VIII, n° 188 et suiv. ; Fiore, *de intern.* 261 ; *del fallimento*, p. 76, *in fine*. Massé, I, 616, et les renvois faits par les auteurs.

Des conflits analogues peuvent s'élever relativement au taux du change.

Le jugement déclaratif arrêtant le cours des intérêts il ne pourra être question de réclamer ceux qui seront échus postérieurement. Cela est certain dans le pays où la faillite a été déclarée, et il en sera de même à l'étranger si l'état de faillite y est reconnu. Il s'agit, en effet, d'une conséquence particulière au jugement déclaratif, qui ne devra se produire à l'étranger qu'autant que ce jugement y aura l'autorité de la chose jugée.

En ce qui touche les dommages-intérêts qui pourraient être dus, le principe est qu'il faudra appliquer la loi du lieu de l'exécution ; le *vinculum juris* est hors de cause, et les parties, en songeant à l'exécution de l'engagement, ont dû nécessairement prévoir le cas où cet engagement resterait inexécuté. Mais si le droit aux dommages-intérêts est restreint dans ce lieu par une disposition particulière de la loi des faillites, cette restriction n'aura d'effet à l'étranger qu'autant que la faillite y sera reconnue.

La question s'est posée devant le tribunal régional d'Altona.

Les administrateurs d'une faillite anglaise réclamaient du négociant P. à Altona un solde qui devait, suivant contrat être payé en Angleterre. P. répondit

Supposons que deux négociants, ayant leur résidence dans deux places différentes, fassent des affaires l'un pour l'autre et que le taux du change ne soit pas le même dans les deux places. Si les opérations se sont accomplies sur la même place, par exemple, si le négociant résidant à Hambourg vend des marchandises pour le failli qui habite Paris, la balance du compte se fera au taux en vigueur à Hambourg. Si le failli fait des opérations pour son correspondant, on fera deux balances dans chacun des deux pays où des opérations ont été faites par l'un pour le compte de l'autre.

qu'il avait, avant l'ouverture de la faillite, formé avec
le failli un contrat de consignation, que celui-ci n'a-
vait pas exécuté *à cause de la faillite* survenue dans
l'intervalle ; que par suite de cette non exécution, il
avait subi une perte importante, dont il prétendait
compenser le montant avec l'objet de la demande. Les
administrateurs anglais répondirent que, d'après le
droit anglais, les dommages-intérêts pour rupture de
contrat ne peuvent être réclamées de la masse faillie
qu'autant que la rupture a eu lieu avant l'ouverture
de la faillite mais non pas lorsqu'elle est *le résultat de la
faillite*. Le tribunal d'Altona, appliquant le principe
que les dommages-intérêts doivent s'apprécier d'après
la loi du lieu de l'exécution, la loi anglaise dans l'espèce rejeta l'exception de compensation et condamna
P. au paiement de la somme demandée.

Ce jugement fut reformé par le tribunal supérieur
de commerce de Leipzig (171 *bis*). Le tribunal allègue
que la restriction particulière apportée par le droit anglais à la faculté de faire valoir dans la procédure de
faillite une demande en dommages-intérêts pour rupture de contrat n'est *pas équivalente à la suppression de l'obligation, l'existence matérielle de
cette obligation ne se trouvant altérée en aucune
façon.* Cette restriction ne doit donc pas être rangée
parmi les règles de droit essentielles qui *peuvent prétendre à être reconnues dans d'autres pays comme
droit du lieu de l'obligation.* Il y a là une prescription particulière d'une loi sur les faillites, prescrip-

---

(171 *bis*) Trib. de comm., 25 janvier 1873, *Revue de Gand*, VI, p. 414.

tion dont il faut repousser l'application à l'étranger puisque l'état de faillite n'y est pas reconnu. Ces motifs nous paraissent exacts étant donné le principe de la jurisprudence allemande qui repoussait à cette époque le principe de l'unité et de l'universalité de la faillite. La loi du lieu de l'obligation est hors de cause puisque, comme le fait remarquer le jugement, le *vinculum juris* n'est pas atteint. Quant à la loi du lieu de l'exécution, on admet généralement qu'elle doit être appliquée aux dommages-intérêts, mais ce principe doit être combiné avec celui qui refuse tout effet à une faillite déclarée à l'étranger. La restriction aux droits du négociant créancier de la masse résultait dans l'espèce du fait même de la faillite. Ce fait n'étant pas reconnu en Allemagne on ne devait pas tenir compte de la conséquence,

§ II. — Prélèvements à opérer sur la masse

Stracca (*de decoctoribus, pars ultima*) dépeint en ces termes le conflit d'intérêts, et les prétentions respectives des créanciers : « Le commerçant qui a manqué à ses engagements tombe en faillite et s'enfuit ; se présentent alors les déposants qui réclament leurs dépôts, les vendeurs qui demandent la marchandise ou le prix, les créanciers gagistes ou hypothécaires qui font valoir leur droit de préférence, la femme et la bru qui élèvent les mêmes prétentions, enfin les créanciers privilégiés qui veulent être préférés à tous. » Nous parlerons d'abord des revendiquants ; nous nous occuperons ensuite des créanciers privilégiés et hypothécaires.

N.   12*

A. Revendications

La revendication peut se présenter sous deux aspects bien différents : ou bien il s'agit de la revendication de choses dont le failli n'a que la détention matérielle, ou bien, il s'agit d'une revendication qui constitue plutôt une résolution de la vente, et permet au vendeur de reprendre la chose vendue dans la faillite de l'acheteur moyennant l'accomplissement de certaines conditions. Occupons-nous d'abord de la revendication de la propriété ; c'est le cas du déposant, du mandant, du commodant, de la femme du failli. Le fondement en étant la qualité de propriétaire qui appartient au revendiquant, on appliquera, pour voir si cette qualité existe réellement, la loi qui régit le dépôt, le mandat, le contrat de mariage ou toute autre convention. En ce qui touche particulièrement la femme, nous avons vu que presque toutes les législations admettent des restrictions à ses droits en cas de faillite du mari, à l'effet d'éviter des fraudes concertées pour frustrer les créanciers et détourner une partie de leur gage. C'est ainsi que les biens acquis par la femme du failli pendant le mariage sont présumés appartenir à son mari et avoir été payés des deniers de celui-ci, sauf la preuve contraire (C. co. art. 559). C'est ainsi encore que les immeubles acquis par la femme des deniers provenant des successions à elle échues, ne peuvent être repris que si la déclaration d'emploi est stipulée au contrat d'acquisition, et que si l'origine des deniers est constatée par un inventaire ou tout autre acte authentique (C. co. art. 558). Enfin l'art. 560 exige pour la reprise du mobilier resté propre à la femme que l'identité en soit prouvée par un inventaire ou tout autre acte authentique.

Supposons que les parties se soient référées pour leurs conventions matrimoniales à une loi étrangère dont les dispositions diffèrent des textes que nous venons de citer, et que la faillite du mari ait été déclarée à l'étranger. La femme qui aura des reprises à exercer en France subira-t-elle les restrictions que nous venons de voir établies par la loi française, faudra-t-il au contraire appliquer la loi qui régit le contrat de mariage? La question doit se résoudre par une distinction. Si le mari déclaré en faillite est Français, le jugement déclaratif étranger n'aura en France aucune autorité, la femme ne sera pas considérée comme femme de failli ; elle pourra donc exercer ses reprises, conformément à son contrat de mariage ou à la législation qui en tient lieu.

Si le mari est un étranger, le jugement aura autorité de chose jugée, la femme sera considérée en France comme femme de failli, ses droits seront restreints mais ils le seront *conformément à la loi française*. Les dispositions que nous rappelions tout à l'heure, sont d'ordre public, ainsi que le prouve le motif qui les a fait admettre par le législateur, elles sont applicables à tous les régimes, or, la loi étrangère qui régit, dans l'hypothèse, les conventions matrimoniales, ne le fait que parce que les parties l'ont voulu et s'en sont approprié les dispositions (172).

(172) Carle n° 68. Cet auteur ne s'exprime pas formellement sur ce dernier point, mais sa doctrine n'est pas douteuse. « On devra laisser à l'ap-

Passons à la revendication improprement appelée
de ce nom, à la revendication que l'art. 576 du code
de commerce, suivi par la plupart des lois étrangères,
accorde au vendeur de meubles dans la faillite de
l'acheteur. Avant d'étudier la question au point de
vue du droit international, nous devons nous demander quelle est la nature de cette revendication, car cette
nature influera sur le point de savoir quelle sera la
législation applicable. Il existe à ce sujet une controverse que nous exposerons aussi brièvement que possible.

Suivant certains auteurs, la revendication dont il
est question dans l'art. 576 du code de commerce, est,
comme celle dont parle l'art. 2102 du code civil, une
véritable revendication, mais de la possession seulement ; le vendeur n'était pas tenu de délivrer l'objet
vendu avant le paiement du prix (art. 1612), il a cependant effectué la livraison comptant être payé dans un
bref délai ; son espoir a été trompé, la loi vient à son
secours en lui permettant de ressaisir la chose, il y a
là une extension du droit de rétention, mais l'acheteur reste propriétaire, et les obligations réciproques
subsistent, à moins que la résolution judiciaire ne
soit demandée et obtenue (173).

préciation du juge, devant lequel la revendication sera portée en raison du
lieu où les biens se trouveront, de discerner et d'appliquer comme loi territoriale les dispositions législatives qui se rattachent aux intérêts économiques des divers Etats».

(173) En ce sens : sur la revendication de l'art. 576. Delamarre et Le Poit-
vin, VI, p. 402 ; sur celle de l'art. 2102 : Valette, *Traité des priv. et hyp.*.
n° 90 ; Mourlon, *Examen critique*, 120 et s. ; *Répétit. écrites*, sur l'art.
2102, 4° ; Pont, *Priv. et hyp.* sur l'art. 2102, XI ; Aubry et Rau, § 356,
in fine ; Demolombe, *Contrats*, II, 502 ; Garraud, *De la déconfiture*, page 102.

Dans une autre opinion, diamétralement opposée, on considère la revendication de l'art. 576 de même que celle de l'art. 2102 comme une résolution de la vente (174).

Nous disions qu'il faut être fixé sur la nature de la revendication pour résoudre la question de droit international; en effet, s'il y a dans l'art. 576 une revendication de la possession, une extension du droit de rétention, c'est-à-dire un droit découlant directement de la vente, les conditions auxquelles ce droit sera soumis dépendront de la loi régissant le contrat lui-même. (175)

Si, au contraire, on voit dans le droit consacré par l'art. 576 une véritable résolution, dérivant de la faillite de l'acheteur, c'est-à-dire d'une circonstance étrangère à la vente, la loi applicable sera celle du lieu où le fait se sera passé, dans l'hypothèse la loi du lieu où la faillite aura été déclarée (176).

A notre avis la revendication dont il est question dans l'art. 2102 et celle de l'art. 576 sont essentiellement différentes; la première a pour objet la possession, la seconde constitue au contraire une véritable résolution de la vente soumise à des conditions par-

(174) Bravard et Demangeat, v. p. 577 et 578 ; sur la revendication de l'art. 2102, Duranton, XVI, 204.

(175) Remarquons cependant que si la *lex rei sitæ* refusait au demandeur le droit de rétention on ne devrait pas le lui reconnaître, alors même que la législation régissant le contrat l'admettrait. Les privilèges touchent en effet à l'ordre public: on ne peut dans un Etat en admettre d'autres que ceux qui sont reconnus par la loi de cet état.

(176) Il y a, comme on le dit, une *suite accidentelle* du contrat de vente, or, d'après une théorie genéralement admise, on applique dans ce cas la loi du lieu où le fait s'est produit.

ticulières, et destinée à remplacer le privilège et le droit
de revendication qui, aux termes de l'art. 550 du code
de commerce, ne peuvent être exercés contre la faillite.
Cela nous paraît résulter de l'art. 576, al. 3, aux termes
duquel le revendiquant sera tenu de rembourser à la
masse, les *à-comptes* par lui reçus.....etc. S'il s'agis·
sait d'un véritable droit de rétention, le vendeur
pourrait conserver la chose et les avances qui lui ont
été faites.

Concluons donc que la loi applicable sera celle du
lieu où la faillite à été déclarée et non celle qui
régit le contrat de vente. Cette conclusion suppose
que le jugement déclaratif a l'autorité de la chose
jugée dans le lieu où doit s'exercer la revendication,
et ce lieu peût être distinct de celui de la faillite. Un
négociant déclaré en faillite en Belgique a une succursale en France; un Français lui vend des marchan·
dises et les expédie à sa maison de France; si le jugement belge n'a pas, en France, l'autorité de la chose
jugée, le vendeur aura le privilège et l'action en reven.
dication, conformément à l'art. 2102 du code civil qui
sera seul applicable jusqu'à ce qu'une nouvelle faillite
ait été déclarée en France.

Avant de terminer ce paragraphe, disons un mot du
droit de rétention. Un Français a vendu un objet mobilier à un étranger, la vente est, nous le supposons,
régie par la loi française, et le vendeur usant de la
faculté qui lui est accordée par l'art. 1612 du code civil,
a retenu la chose jusqu'au paiement du prix; l'acquéreur est ensuite déclarée en faillite à l'étranger. Quelle
sera la loi qui régira le droit du créancier français?
Pour résoudre la question il faut déterminer la nature

du droit de rétention. Une controverse existe sur ce point ; on se demande si le droit de rétention est un droit purement personnel, c'est-à-dire, opposable seulement au propriétaire de la chose qui en fait l'objet, ou bien s'il est également opposable aux tiers, et si, en ce sens, il constitue un droit réel. C'est en faveur de cette dernière alternative que nous nous prononçons.

En droit romain, le droit de rétention avait pour objet de remplacer par un moyen de défense, par l'exception de dol, un moyen d'attaque qui manquait au créancier. Un possesseur de bonne foi faisait des constructions sur le terrain d'autrui, il avait droit à une indemnité, mais se trouvait sans action pour la réclamer ; on lui donnait alors l'exception de dol par laquelle il écartait l'action en revendication, et retenait ainsi l'immeuble jusqu'au paiement des impenses. Ces principes sont abandonnés aujourd'hui ; tout droit donne naissance à une action, le droit de rétention ne peut donc avoir que le caractère d'une sûreté ; or, quelle sûreté naîtrait d'un droit qui ne serait opposable qu'au débiteur ? L'esprit de la loi nous paraît du reste bien ressortir de l'art. 1613. Aux termes de ce texte, le vendeur peut retenir l'objet vendu en cas de faillite ou de déconfiture de l'acquéreur, bien qu'il lui ait accordé un terme ? Pourquoi cela ? Parce que la nécessité du droit de rétention se fait surtout sentir en cas de faillite ou de déconfiture, et constitue pour celui qui en bénéficie, une situation privilégiée, ce qui implique qu'il peut l'opposer à la masse.

Ce caractère de réalité qui appartient au droit de rétention résout la question de droit international : il en résulte un privilège (*lato sensu*), or, ainsi que nous le verrons bientôt, les privilèges sont de statut réel, ils ne sauraient exister dans un Etat, qu'en vertu de la loi de cet Etat. Le droit de rétention ne pourra donc être opposé aux syndics, si la loi du lieu de la situation ne le reconnaît pas ; il le pourra dans le cas contraire.

B. Créanciers privilégiés.

Un privilège, un gage, ou tout autre droit de préférence peut-il être valablement acquis d'après une loi étrangère sur des biens situés dans l'Etat où la faillite a été déclarée, et *vice versâ*? Quelle loi faudra-t-il appliquer pour déterminer la priorité entre les différents créanciers? Sera-ce celle de la situation des biens, sera-ce celle du lieu où la faillite a été déclarée? Les exigences de la faillite entraîneront-elles des dérogations aux règles régissant l'action réelle des créanciers? Telles sont les questions qu'il nous faut maintenant examiner.

a) *Créanciers privilégiés sur les meubles.*

Il est généralement admis que la faillite déclarée dans un pays comprend tout le mobilier du failli, en quelque lieu qu'il se trouve ; et cela, à raison de la fiction qui répute les biens meubles situés au domicile de leur propriétaire. Cette fiction, n'ayant d'autre but que de remédier à la mobilité incessante des choses mobilières, ne doit plus recevoir son application, quand, par une circonstance quelconque, ces choses se trouvent fixées en un lieu déterminé. C'est ce qui a lieu, lorsqu'on veut exercer sur elles un droit de gage ou de privilège ; le créancier saisit alors l'objet de son droit, on n'appliquera plus la loi du domicile ; la loi territoriale sera seule prise en considération. Quelle est, en effet, la condition mise par la loi à l'exercice de ces droits ? C'est la possession ; le créancier doit être en possession de la chose grevée, ou posséder par l'intermédiaire de son débiteur : cela décide la question, tout ce qui a trait à la possession est de statut réel. Un créancier ne pourra donc prétendre à un droit de préférence sur un bien situé dans un Etat, si la loi de cet Etat ne le reconnaît pas. D'après le code de commerce, le privilège du vendeur n'existe pas en cas de faillite ; un étranger dont la loi ne contient pas de disposition semblable, ne pourra donc s'en prévaloir ; à supposer, bien entendu, que l'état de faillite soit reconnu en France.

Si le privilège dérive d'une convention, ce qui n'arrive qu'en cas de gage, l'acte constitutif pourra être passé à l'étranger, mais le créancier ne pourra le faire valoir dans le lieu où se trouve la chose, que si toutes les conditions requises d'après cette loi, pour l'efficacité d'un pareil contrat, se trouvent réunies. Ces conditions constituent l'essence même du privilège ; si elles ne sont pas remplies, le privilège n'existe pas ou ne peut pas être exercé ; il est donc de statut réel ; la loi territoriale doit prévaloir sur celle du lieu de l'acte.

Un contrat de gage passé dans un pays dont la législation n'exige pas un acte écrit, ne produira aucun effet en France. C'est encore la loi de la situation qui déterminera si la chose donnée en gage est susceptible d'un pareil droit ; pourquoi ? Parce que les dispositions législatives sur tous ces points, font partie de l'organisation économique de chaque Etat.

Les créances, les effets à ordre, les titres nominatifs peuvent être donnés en gage. Quelques législations, la loi française notamment, (c. civ. 2075) exigent pour que la mise en gage d'une créance soit valable, une signification au débiteur (code civil italien, art. 1881). Dans d'autres législations, aux Etats-Unis par exemple, (177), le droit du gagiste est parfait par la seule possession du titre. Le droit anglais exige la notification, mais seulement pour désigner au débiteur la personne qui a le droit de recevoir le paiement de la chose due. Supposons un Anglais ou un Américain donnant en gage une créance exigible contre un Italien ou un Français sans signifier au débiteur. Le gagiste pourra-t-il en cas de faillite se prévaloir de son droit devant un tribunal français ? Il ne s'agit plus ici de situation réelle puisque la créance est un *jus incorporale ;* un privilège est réclamé en France sur ce droit incorporel : toutes les conditions requises par la loi française devront donc être réunies. La notification est du reste ici, comme en matière de cession de créance, une mesure de publicité. On ne peut en France se prévaloir d'un droit acquis sous l'empire d'une loi étrangère, qu'autant que ce droit ne porte pas atteinte à l'ordre public français ; or, il en serait ainsi si l'on pouvait opposer aux tiers français un acte clandestin.

Un objet peut être grevé de plusieurs privilèges :

_____

(177) Etat de Massachusetts.

quelle sera la législation à suivre pour leur classement;
d'après quelle loi, en d'autres termes, faudra-t-il déterminer l'ordre dans lequel les créanciers viendront
sur l'objet grevé? Poser la question, c'est la résoudre.
Les lois qui dans chaque Etat établissent le rang des
créanciers ont trait à l'organisation de la propriété
territoriale, c'est-à-dire sont essentiellement réelles.
On appliquera donc la *lex rei sitœ*, et s'il s'agit d'une
chose incorporelle, la loi du lieu où l'on fera valoir le
privilège.

L'importance de ce principe apparaît en cas de saisie. D'après certaines législations, en Allemagne, par
exemple, la saisie attribue un droit de préférence au
premier saisissant. Il en est différemment dans d'autres législations, par exemple dans la législation française. Supposons une saisie pratiquée en Allemagne
sur des objets appartenant à un individu déclaré en
faillite en France; les syndics français pourront-ils
comprendre les biens saisis dans la masse chirographaire? Non; il s'agit d'un privilège acquis conformément à la loi territoriale, cette loi seule sera applicable (178).

Si nous supposons maintenant une saisie-arrêt,
nous appliquerons les principes que nous avons posés
pour le cas où une créance serait donnée en gage; les
raisons que nous avons fait valoir conservent ici toute
leur force.

Les choses mobilières grevées d'un privilège peuvent être déplacées, le privilège subsiste-t-il dans le

---

(178) Carle, n° 66; Fiore, *Dr. intern. privé*, 376; Massé I, 557.

pays où elles sont transportées? Casarégis se prononçait pour l'affirmative : « *Per ipsam translationem de loco ad alium, non amittitur hypotheca vel potioritas quæ jam contracta fuerit in priori loco, vigore alicujus consuetudinis vel legis particularis, licet in loco ad quem res transvectæ sint, nulla hypotheca vel potioritas pro illis creditori competeret, vel ab initio competiisset* (179) ». La même doctrine est encore aujourd'hui celle de Carle et de Fiore (180). Il est, en effet, impossible d'admettre que le débiteur puisse, en transportant la chose d'un pays dans un autre, détruire le droit de son créancier. M. Massé objecte la réalité du statut (181). « De même, dit-il, que c'était par l'effet d'un statut réel, qu'un droit de préférence avait été acquis sur les meubles qui se trouvaient à l'étranger, de même c'est par l'application d'un statut réel que ces droits sont perdus sur les meubles transportés. » Sans doute, tout est dans notre matière de statut réel, mais qu'en résulte-t-il? Qu'un meuble transporté d'un Etat dans un autre, cesse d'être gouverné par la loi du lieu où il se trouvait, pour subir celle du territoire où il se trouve actuelle-

(179) Discursus, 130, n° 29.

(180) Carle, n° 67 ; Fiore, *del fall.*, p. 108 et suiv. Ce dernier auteur justifie son opinion en disant qu'il faut appliquer la loi régissant la convention des parties. L'argument n'est pas topique ; le privilège ne dérive pas directement de la convention, la convention n'en est que la cause occasionnelle ; la loi seule a le pouvoir d'en créer, car tout ce qui touche au droit de préférence est d'ordre public et est réglé par chaque législateur d'après l'état économique du pays. Cela exclut l'autonomie des parties contractantes.

(181) I, n° 557.

ment. Pour l'exercice du privilège, toutes les conditions requises par la loi de la situation devront être réunies. Si donc cette loi n'admet pas le privilège, le créancier ne pourra s'en prévaloir, la masse chirographaire lui répondrait qu'elle ne reconnaît d'autres privilèges que ceux résultant de la loi de la situation. De même, un gage peut avoir été constitué dans un Etat où la remise et la rétention de sont pas requises pour sa validité à l'égard des tiers. Si l'objet grevé est transporté dans un pays qui considère cette remise et cette rétention comme indispensables, le créancier ne pourra se prévaloir de son droit qu'à la condition de se procurer la possession de la chose, à supposer bien entendu qu'elle puisse faire l'objet d'un gage. Telles sont les seules conséquences de la réalité du statut mobilier : on ne voit pas pourquoi le déplacement d'un meuble devrait entraîner d'une manière absolue, l'extinction des droits dont ce meuble se trouve grevé.

La question que nous examinons s'est posée il y a quelques années en jurisprudence. Un navire avait été construit en Angleterre par un armateur anglais, et une hypothèque ou *mort-gage* avait été constituée sur ce navire, conformément à la loi anglaise, au profit de ceux qui avaient prêté des fonds pour sa construction. Cette hypothèque avait été rendue publique par une mention sur le registre d'enregistrement des navires. L'armateur vint s'établir en France, et y fut déclaré en faillite. Les bailleurs de fonds invoquèrent leur droit de préférence sur le navire. Le tribunal de commerce de Honfleur admit leurs prétentions et décida que le mort-gage constitué en Angleterre pouvait valoir comme nantissement en France. La cour de

Caen infirma le jugement, et proclama, après un arrêt
de partage, l'inefficacité du mort-gage (182). Les droits
de gage ou d'hypothèque acquis à l'étranger, porte
l'arrêt, ne peuvent valoir en France qu'autant que les
prescriptions de la loi française ont été observées,
c'est-à-dire qu'autant, d'une part, que la chose est susceptible d'un pareil droit, et, d'autre part, que la possession exigée par la loi française a été réalisée. Or, il
n'en est pas ainsi dans l'espèce, le mort-gage ne peut
valoir comme hypothèque, la loi ne reconaissant pas
(à cette époque) l'hypothèque maritime, il ne peut valoir comme nantissement, les créanciers n'ayant pas
été mis en possession du navire.

La décision nous semble bien rendue en droit. Mais
en fait, n'y avait-il pas quelque chose d'équivalent à
la détention ? Nous ne discuterons pas la question,
nous renvoyons à la savante dissertation de M. Labbé,
sous l'arrêt précité de la Cour de Caen.

La question s'est posée depuis la loi du 10 décembre 1874 sur l'hypothèque maritime. On s'est demandé
s'il suffisait, pour que l'hypothèque constituée à l'étranger sur un navire fût valable en France, que les
formalités de la loi étrangère eussent été observées,
ou s'il était nécessaire que les prescriptions de la
loi française, spécialement les règles de publicité fussent remplies. La cour d'Aix, par arrêt du 22 mai 1876
(Sir. 1880, 1, 260), décida que l'hypothèque maritime
fait partie du statut réel et ne peut dès lors être exercée
en France et consacrée par un juge français que par

---

(182) Caen, 12 juillet 1870. Sir., 71, 2, 57

application et en conformité des lois qui régissent le territoire. La cour de cassation (arrêt du 25 nov. 1879 Sir. 1880, I, 257), décida au contraire qu'il suffisait que les prescriptions de la loi étrangère eussent été observées. L'arrêt affirme tout simplement que les règles de publicité dont il est question dans l'art. 6 de la loi de 1874 n'ont été faites que pour les navires français. C'est ce qu'il faudrait démontrer et ce que nous n'admettons pas ; nous nous référons sur ce point, aux raisons données dans l'arrêt de la cour d'Aix.

b.) *Créanciers privilégiés sur les immeubles.*

Nous poserons ici le même principe que pour les meubles : territorialité absolue de la loi. Un immeuble est situé en France, il ne pourra être grevé d'un privilège qu'en vertu de la loi française. Le contrat d'où résulte la créance à laquelle est attaché le privilège, pourra avoir été passé en pays étranger. On pourrait cependant objecter qu'aux termes de l'art. 2128 du code civil les contrats passés en pays étranger ne peuvent donner une hypothèque sur les immeubles situés en France, or le privilège est une hypothèque privilégiée, donc..... etc... Ce raisonnement est inadmissible ; l'art. 2128 suppose que le contrat lui-même donne l'hypothèque, or il n'en est pas ainsi dans l'hypothèse, car le privilège résulte de la loi, l'acte ne fait que constater l'existence de la créance ; pour que la créance soit privilégiée, il faut que la loi du lieu où l'immeuble est situé attache un privilège à cette créance. Le vendeur d'immeubles, le copartageant, les

créanciers énumérés en l'art. 2101 pourront donc s e
prévaloir de leur privilège dans une faillite française,
si les biens grevés se trouvent en France, alors même
que le fait juridique qui les a constitués créanciers
aurait été passé à l'étranger. Mais il va sans dire que
pour que le privilège existe, les conditions requises
par la loi de la situation devront être réunies. Ainsi
un copartageant français n'aura son privilège sur les
biens situés en Belgique que si l'acte de partage contient, conformément à la loi hypothécaire belge, stipulation d'une somme fixée pour le cas d'éviction (183).

Les principes que nous venons de poser recevront
leur application quel que soit le lieu où la faillite a été
déclarée : la faillite n'aura d'influence que sur la question de savoir s'il doit y avoir ou non dérogation aux
règles ordinaires concernant l'exercice de l'action
réelle compétant aux créanciers, à raison de leur privilège, question que nous aurons à examiner un peu
plus loin.

C. Créanciers hypothécaires

I. — *Hypothèque conventionnelle.*

Il serait inexact d'appliquer ici exclusivement la *lex
rei sitœ*. On peut en effet dans l'hypothèque, distinguer
deux choses : d'une part le droit réel, le *jus in re* qui
existe au profit du créancier, et d'autre part, les effets

---

(183) Fiore, *droit intern.*, n° 220, lett. *i* ; *del fallim.*, p. 107 ; Carle,
n° 59 ; Laurent, VII, 404.

qui en dérivent, c'est à dire l'action hypothécaire. Le droit réel est toujours un accessoire de l'obligation principale dont il garantit l'exécution, il devra donc être régi par la loi qui règle l'obligation principale, pourvu que le régime de la propriété territoriale n'en soit pas blessé. L'action hypothécaire au contraire, étant une action réelle devra toujours s'exercer, conformément à la loi de la situation, les régles de procédure, et surtout celles qui concernent l'exécution sont d'ordre public et excluent l'application des lois étrangères. Cela posé, supposons un immeuble grevé d'une hypothèque par acte et à raison d'obligations passés à l'étranger, le créancier pourra se prévaloir de son droit dans l'état où est situé l'immeuble, la constitution du droit sera donc apprécié d'après la loi étrangère ; mais l'étendue de ce droit, sa généralité ou sa spécialité, la nécessité de le rendre public, la manière de le réaliser, devront s'apprécier d'après la loi étrangère. La raison en est que l'acquisition d'une hypothèque, ne peut, *en elle-même*, porter aucune atteinte à l'organisation de la propriété mais qu'il en est différemment, de la publicité de l'hypothèque et des effets de l'action hypothécaire.

Ces règles que nous croyons conformes à tous les principes du droit international ont été méconnues par le code civil français, dont l'art. 2128 porte que « les contrats passés en pays étranger ne peuvent donner d'hypothèque sur des biens de France, s'il n'y a des dispositions contraires dans les lois politiques ou dans les traités. » Il y a là, comme l'ont fait remarquer tous les commentateurs, une confusion regrettable entre la force probante et la force exécutoire. Qu'un acte passé à l'étranger ne puisse pas emporter, en France, exécution parée, rien de plus juste, mais qu'il ne puisse même pas servir à constater les faits qui y sont relatés, c'est ce qui se conçoit difficilement. Un acte de célébration de mariage, un testament, une convention, passés à l'étranger auront effet en France. Pourquoi refuser la même autorité à une constitution d'hypothèque ? Quoi qu'il en soit, la loi est formelle (184).

II. — *Hypothèque légale.*

Supposons un individu déclaré en faillite en France et y possédant des immeubles, un étranger pourra-t-il réclamer sur ces biens une hypothèque légale ? A quelles conditions le pourra-t-il ? Les restrictions que la loi française apporte à certaines hypothèques légales pour le cas de faillite lui seront-elles applicables ? Telles sont les questions qui se présentent à notre examen. Nous supposerons pour plus de simplicité une femme étrangère voulant exercer son hypothèque,

---

(184) On explique généralement la disposition de l'art. 2128, par les errements de l'ancien droit, autrefois en effet, tous les actes notariés produisaient de plein droit, hypothèque sur tous les biens présents et futurs, indépendamment de toute inscription sur des registres publics. Il était alors facile de confondre le droit d'hypothèque *jus in re* et la mise en œuvre de ce droit. Cette confusion se trouvait déjà dans l'art. 121 de l'ordonnance de 1629 qui portait que : « *les contrats ou obligations reçus en royaumes et souverainetés étrangères n'auront aucune hypothèque ni exécution en France.* » Voy. sur l'art. 2128, discours de M. Valette à l'assemblée nationale de 1848, *Mélanges* II, p. 573 et s.

en cas de faillite du mari, sur des biens situés en France. Mais il est entendu que ce que nous aurons dit d'elle, sera vrai des autres incapables auxquels la loi a accordé la garantie de l'hypothèque légale.

Eh bien ! quelle sera la position de la femme étrangère ? Aura-t-elle les mêmes droits que la femme française ? Elle ne pourra les avoir qu'à une double condition : d'abord qu'il n'y ait rien d'incompatible entre ces droits et les lois relatives à son état et sa capacité, qui constituent son statut personnel, à l'application duquel on ne peut se soustraire ; en second lieu que la loi française ne lui interdise point l'acquisition de ces droits.

Tenons pour remplie la première condition qui ne présente aucune difficulté. Il n'en est pas de même de la seconde. La loi française refuse-t-elle à la femme étrangère l'hypothèque légale sur les biens de France ? Question célèbre qui a donné lieu à plusieurs systèmes que nous allons exposer aussi rapidement que possible.

Une première opinion reconnaît l'hypothèque légale a la femme étrangère, elle se fonde sur l'art. 3 du code civil, aux termes duquel les immeubles situés en France, même ceux possédés par des étrangers sont régis par la loi française. L'hypothèque légale est donc dans cette doctrine essentiellement de statut réel (185). Mais avant de rechercher la nature du statut qui régit l'hypothèque légale, il faut se demander si elle ne constitue pas un de ces droits civils dont il est ques-

(185) Alger. 22 mars 1860. Sir. 61, 2, 65.

tion dans l'article 11 du code civil. Si ce point est résolu affirmativement (186), celui de la nature du statut viendra à tomber dans tous les cas où l'étranger ne jouit pas des droits civils. La solution de la question dépendra alors de l'interprétation qu'on donne à l'article ci-dessus. Dans le système qui refuse aux étrangers les droits qui ne leur sont pas concédés par un texte spécial, ou dans celui qui distingue entre les facultés de droit des gens et celles de droit civil, il faudra refuser a la femme étrangère l'hypothèque légale sur les biens de France (187). Si au contraire on admet, avec MM. Demangeat et Valette, ce que nous serions assez disposé à faire, que les étrangers jouissent de tous les droits qui ne leur sont pas refusés par un texte formel, on arrivera à une solution opposée, l'hypothèque légale appartiendra en France à la femme étrangère. Toutefois, en ce qui touche l'hypothèque légale, ce système nous paraît trop absolu. La nature particulière de ce droit, commande l'accomplissement de certaines conditions. Cette garantie a, en effet, son principe dans l'état de la femme, c'est

(186) Il nous paraît bien difficile de ne pas faire rentrer l'hypothèque légale dans la catégorie des droits civils. Comme le disent MM. Aubry et Rau, « si l'hypothèque considérée en elle-même et sous le rapport des droits qu'elle confère au créancier, peut être rangée dans les institutious de droit des gens, l'hypothèque légale envisagée dans le mode de sa constitution est au contrair) de droit civil, parce qu'elle rentre évidemment dans la classe de ces institutions qui ne doivent leur origine qu'à la législation positive, et qui, admises par tel peuple d'une manière plus ou moins étendue, sont absolument rejetées par d'autres ».

(187) Aubry et Rau, *loc. cit.*; Demolombe, I, 88. Massé, II, 827. Cass. 20 mai 1862, cassant l'arrêt précité d'Alger. Sir. 62, 1, 673. D. P. 62, I, 204. et les renvois en note.

comme compensation de l'état d'incapacité où elle se
trouve que la loi la lui a accordée. Or, la loi qui détermine l'état de la femme mariée et les pouvoirs du
mari peut seule régler convenablement les garanties
dont cette femme a besoin. Ces garanties doivent être
mesurées sur l'état à raison duquel elles intervien-
nent. Si donc la loi personnelle de la femme ne lui
accorde pas d'hypothèque légale, nous ne lui recon·
naîtrons pas en France un droit de cette nature (188).
Al'inverse, si laloi personnelle admettant l'hypothèque,
la loi de la situation la refuse, faudra-t-il en accorder
le bénéfice à la femme? L'affirmative a été soutenue
(189), mais cette théorie doit être repoussée sans hésitation, il ne saurait y avoir de droit réel, de droit de
préférence qu'en vertu de la *lex rei sitæ;* le statut personnel serait sans cela en conflit avec le statut territorial; or, il est de principe que le statut réel quand il
concerne les intérêts de la société domine tout statut
étranger (190).

On a objecté à notre solution qu'un acte étranger
tel qu'un acte de mariage ne peut pas plus donner
en France d'hypothèque légale qu'il ne pourrait y
donner d'hypothèque conventionnelle (Massé, II,
n° 827). Nous répondons que si le mariage est la condition *sine quâ non* de l'hypothèque légale, il n'en
est cependant pas le principe. C'est la loi qui, par sa

(188) Demangeat, *sur Fœlix* I, p. 151, n° 67, note *a.* Laurent, VII, *Prin·
cipes* I, 116. Fiore, *Art intern.* 231; *Del. fallimento*, p. 118, Carle 58.

(189) Demangeat, *loc. cit.*

(190) Valette, *Privilèges et hypothèques* n° 139; — Brissaud, *Revue
générale du droit*, 1881, p. 159.

toute-puissance, l'attache à ce fait. Dès lors ce fait, le mariage, étant tenu pour [constant en France, et il l'est en vertu de l'art. 47 du code civil, devra y produire tous les effets que la loi française attache au mariage sur les biens situés en France (191).

Ce que nous venons de dire conduit à écarter une opinion qui s'attache au lieu où le mariage a été célébré, et admet l'hypothèque légale, lorsqu'il a été célébré en France. Il n'y a du reste aucune raison pour accorder à la femme étrangère mariée en France à un étranger, une garantie qu'on refuse à la femme étrangère mariée dans son pays.

Après avoir établi que l'hypothèque légale appartient à l'incapable étranger sur des biens situés en France si la loi personnelle de cet étranger la lui accorde, demandons-nous si les restrictions apportées par notre droit à l'hypothèque légale de la femme en cas de faillite du mari recevront leur application dans un pays autre que celui où la faillite a été déclarée. La question ne nous paraît pas douteuse si le jugement déclaratif de faillite a à l'étranger l'autorité de la chose jugée, la femme est alors partout considérée comme femme de failli, partout elle devra subir les restrictions que la loi attache à cette qualité. Mais la loi du lieu de la faillite et celle de la situation peuvent être différentes, laquelle appliquera-t-on ? On appliquera la loi du lieu de la situation. Les dispositions législatives dont il s'agit sont fondées sur une présomption de fraude ; c'est

---

(191) Ce qui prouve d'une manière non douteuse que l'hypothèque légale ne doit pas être assimilée à l'hypothèque conventionnelle, c'est qu'elle ne peut être totalement supprimée par un contrat de mariage.

dire qu'elles sont d'ordre public, la loi territoriale sera seule applicable. Si le jugement n'a pas en France autorité de chose jugée, l'état de faillite n'étant pas reconnue en France, la femme pourra y exercer ses droits comme si cet état n'existait pas.

A côté des hypothèques légales dont il vient d'être question, il en est une autre accordée à l'Etat et aux établissements publics sur les biens des receveurs et administrateurs comptables (c. civ., 2121, l. belge, art. 47). Cette hypothèque est de droit public, la société est intéressée à ce que le maniement des deniers affectés au service de l'Etat soit garanti; c'est dire qu'il y a là un droit essentiellement territorial; il n'appartiendra donc pas à un Etat ou un établissement public étranger sur les biens de ses administrateurs situés en France.

III. — *Hypothèque judiciaire.*

L'hypothèque judiciaire est celle que la loi attache aux jugements comme garantie des condamnations qu'ils prononcent. Résultera-t-elle des jugements étrangers ? L'art. 2123 répond à la question. Elle n'en résultera qu'autant que le jugement aura été rendu exécutoire par les tribunaux français. Nous avons vu quelle est, sur ce point, la mission du juge, nous n'avons pas à y revenir. Si le jugement a été rendu sans révision du fond, il faudra pour qu'il emporte hypothèque judiciaire que la loi sous l'empire de laquelle il a été rendu y attache cet effet. Un jugement belge auquel le *pareatis* aura été donné par un tribunal français ne produira pas en France hypothèque judiciaire.

L'*exequatur* ne donne pas au jugement étranger une autorité nouvelle, ce jugement reste ce qu'il était, un jugement ne conférant pas d'hypothèque, le créancier qui l'aura obtenu restera créancier chirographaire (192). Ce motif montre bien que notre solution serait autre si la mission du tribunal français avait été non pas de donner au jugement étranger un simple *pareatis*, mais de procéder à la révision même du procès, il y aurait alors un nouveau jugement français qui produirait hypothèque judiciaire conformément au droit commun.

On a repoussé la distinction que nous venons de faire, et on a prétendu que lorsqu'il s'agit de faire produire hypothèque à un jugement étranger, la révision du fond est toujours nécessaire alors même que ce jugement aurait été rendu contre un étranger. Sans cela, a-t-on dit, il ne serait plus vrai que les immeubles situés en France sont régis par la loi française (193). Nous nous demandons ce que deviendra dans ce système l'art. 2123 du code civil, il ne recevra plus aucune application car l'hypothèque résultera toujours du jugement français qui aura statué à nouveau sur la contestation. Notre opinion ne fait pas le moins du monde échec à l'art. 3, puisque, comme nous avons eu plus d'une fois occasion de le dire, on se référera

(192) C'est également d'après la loi du lieu où le jugement aura été rendu que sera appréciée l'étendue des droits des créanciers ; la *lex rei sitœ*, ne sera prise en considération que pour la détermination des biens grevés d'hypothèque, la mesure dans laquelle ils seront frappés, et la manière de mettre en action le droit hypothécaire.

(193) D. A. Vº *Priv. et hyp.*, nº 1168.

à la loi française pour la détermination des biens soumis à l'hypothèque, les règles de publicité,..... etc.

Connaissant maintenant les créanciers qui peuvent réclamer un droit de préférence dans la faillite de leur débiteur, nous devons nous demander si cet état entraîne dérogation aux règles concernant l'exercice de l'action réelle qui leur compète a raison de leurs privilèges ou hypothèques. C'est ce que nous ferons dans le paragraphe suivant.

D. La déclaration de faillite entraîne-t-elle dérogation aux règles générales concernant l'exercice de l'action réelle des créanciers privilégiés ou hypothécaires ?

Le créancier hypothécaire a, en cas de faillite, une situation tout à fait spéciale. Il a d'abord deux droits : Un droit de gage général sur tous les biens de son débiteur, un droit de gage spécial sur les biens affectés à sa créance. L'actif de la faillite se compose par conséquent de deux masses : la masse privilégiée réservée aux créanciers privilégiés et hypothécaires, et la masse chirographaire comprenant tous les autres biens du failli, et à laquelle prennent part également les créanciers privilégiés et hypothécaires eux-mêmes, soit pour toute leur créance s'ils n'ont rien pu obtenir sur le prix de l'immeuble qui leur était affecté, soit pour une partie s'ils n'ont pu recouvrer qu'une portion de leur créance. Si la garantie résultant de leur droit de préférence est sérieuse, elle peut leur faire espérer un paiement intégral, le mieux sera de se tenir en dehors de la faillite et d'exercer leur action comme si la faillite n'existait pas ; dans le cas contraire, ils pourront, tout en réservant leurs droits réels, faire vérifier et affirmer leurs créances afin de participer aux distributions à faire entre les créanciers chirographaires. Mais ils ne pourront prendre immédiatement l'un ou l'autre de ces partis ; de là une incertitude sur la question de savoir s'ils prendront ou non part à la faillite ; de là aussi la nécessité de concilier le respect de leurs droits avec les exigences de la faillite dont le but est de liquider le patrimoine. On peut, dans un premier système, enlever aux créanciers privilégiés et hypothécaires à dater de la déclaration de la faillite, leur action sur les biens grevés, et en confier l'exercice aux syndics, de sorte que le tribunal de la faillite opérera la répartition aussi bien entre les créanciers hypothécaires qu'entre les créanciers chirographaires. Ce système à l'avantage de concentrer, dans une puissante unité, l'expropriation et la vente des biens, ainsi que la répartition des deniers entre les différents créanciers. Seulement, il présente le grave inconvénient de priver les créanciers privilégiés et hypothécaires de leur liberté d'action ; il porte en quelque sorte atteinte à leur droit qui était d'attendre le moment le plus favorable pour saisir les biens qui leur avaient été spécialement affectés. Aussi est-il généralement rejeté.

Dans un autre système consacré par le code de commerce français et par la loi italienne, la faillite se divise en deux périodes : une période préparatoire qui commence au jugement déclaratif et se termine à la tentative inutile de concordat, et une période définitive, lorsque les créanciers sont en état d'union.

Pendant la première de ces deux périodes, les créanciers ayant un droit de préférence, conservent toute leur liberté d'action, ils peuvent se tenir en dehors de la faillite, agir comme ils le voudront. Dans la seconde, au contraire, il appartiendra aux syndics seuls de provoquer la vente des biens, même de ceux frappés de privilèges et d'hypothèques. On présume dans ce système que ceux des créanciers qui n'ont pas exercé leurs droits pendant la période préparatoire, ont voulu laisser aux syndics l'exercice de leur action, tout en se réservant la faculté de faire valoir leur droit de préférence devant le tribunal de la faillite. Ce système, on le voit, concilie fort bien le respect des droits des créanciers avec les exigences de l'état de faillite. Nous en appliquerons le principe au cas où les biens grevés sont situés dans un pays autre que celui où la faillite a été déclarée (194).

Si la vente des biens situés à l'étranger est faite à la requête des créanciers privilégiés ou hypothécaires, c'est au tribunal de la situation qu'il appartiendra d'y procéder et de faire la répartition suivant l'ordre des préférences. Le surplus sera versé entre les mains des syndics.

Si on est arrivé à l'état d'union sans que les créanciers hypothécaires aient exercé leurs droits, les syndics devront, après avoir fait rendre exécutoire le jugement déclaratif (195) demander le concours de

(194) Carle, n° 62.

(195) L'exequatur sera nécessaire, car il s'agira de procéder à une mesure d'exécution sur les biens, et cela en vertu du jugement déclaratif, puisque les deniers provenant de la vente seront attribués aux syndics.

l'autorité locale qui procédera à la vente d'après la loi du lieu de la situation, le prix en provenant sera versé entre les mains des syndics qui auront à faire la répartition entre les créanciers. Le droit de préférence sera réglé bien entendu d'après la *lex rei sitœ* parce qu'il tient à l'organisation de la propriété foncière dans les divers Etats. Si le jugement n'a pas l'autorité de la chose jugée, il y aura lieu d'ouvrir un nouveau nouveau concours au lieu de la situation des biens, c'est alors devant le tribunal de ce lieu que se feront toutes les opérations (196).

Les modifications que nous venons de voir apporter à l'exercice des privilèges et hypothèques par l'état de faillite se produiront également lorsqu'il s'agira des créanciers gagistes et privilégiés sur les meubles ; eux aussi réunissent en leur personne un double droit : l'un réel sur la chose grevée, l'autre personnel sur le reste du patrimoine : nous leur appliquerons donc les règles qui viennent d'être posées. Mais il se présente ici un expédient plus simple consacré par l'art. 547 du code de commerce et qui consiste à permettre aux syndics de retirer le gage en payant la dette. Ce moyen, ils pourront l'employer contre un créancier étranger comme contre un créancier national. Cette mesure est, en effet, plutôt favorable au créancier qu'elle ne lui est préjudiciable ; il est, du reste, toujours permis au tiers de payer pour le compte du débiteur. Un pacte commissoire peut avoir été conclu valablement dans le pays où le con-

---

(196) Carle, 62 ; Fiore, *Droit international,* 377 ; *del alflimento,* p. 120.

trat s'est formé, et le créancier peut être ainsi devenu propriétaire de la chose engagée : pourra-t-il opposer son droit aux syndics qui voudront user de la faculté de l'art. 547 du code de commerce ? Non, si la chose grevée se trouve en France : le pacte commissoire a été considéré par le législateur comme contraire à l'ordre public ; par conséquent, la loi territoriale sera seule applicable. Si la chose grevée se trouve à l'étranger, le même motif n'existe plus, la convention des parties recevra son exécution.

CHAPITRE V

Solution de la faillite

§ I. — **Du Concordat**

Nous avons vu dans la partie de cette étude consacrée à la législation comparée, ce que c'est que le
concordat, et quels sont les motifs qui l'ont partout fait
admettre. Etudions maintenant les conflits qui peuvent s'élever lorsque l'actif de la faillite se trouve
disséminé sur le territoire de plusieurs états. Il est
tout d'abord certain que les formalités prescrites pour
consentir un concordat, le droit d'y concourir ou d'y
faire opposition, et toute la procédure pour arriver à
l'homologation, devront être réglés par la loi du lieu
où la faillite a été déclarée. La raison en est que les
lois de procédure sont d'ordre public, par conséquent
essentiellement territoriales. C'est encore par la même
loi que sera appréciée la possibilité pour le failli d'obtenir un concordat. Un doute peut cependant s'élever
sur ce point; car, en règle générale, la capacité d'une
personne doit être appréciée d'après sa loi nationale ;
mais le doute disparaît quand on songe que c'est
toujours pour des raisons de moralité et partant
d'ordre public que les différentes législations excluent
certaines personnes du bénéfice du concordat. S'il en

est ainsi, la loi du lieu de la faillite sera seule applicable.

Des difficultés plus graves s'élèvent sur la question de savoir quelle est, à l'étranger, l'efficacité du concordat homologué par le tribunal du lieu où se poursuit la faillite. Il nous paraît tout d'abord certain que le concordat sera obligatoire pour tous les créanciers soumis à la loi sous l'empire de laquelle il aura été consenti (197), peu importe que ces créanciers y aient ou non pris part. Ainsi, un concordat homologué en Belgique sera opposable en France aux créanciers belges. Le sera-t-il également à des créanciers français, en supposant, bien entendu, qu'ils n'y aient pas adhéré, car sans cela il y aurait une simple convention obligeant ceux qui y ont pris part et dont l'efficacité serait reconnue partout? Le failli en vertu du concordat reprend l'administration de ses biens, reprendra-t-il celle des biens situés à l'étranger? enfin pour que le concordat produise tous ces effets sera-t-il nécessaire de le faire rendre exécutoire? Telles sont les questions que nous avons à examiner.

Suivant M. Massé, le concordat conclu dans un pays ne peut être, en France, opposé aux créanciers français, peu importe que le failli soit Français ou étranger. « Le concordat, dit-il, est un mode particulier de libération établi par la loi civile et qui ne peut être opposé qu'à ceux que leur nationalité soumet à cette loi. Il suppose de la part du créancier l'abandon d'une

---

(197) Cette proposition ne saurait être sérieusement contestée ; en contractant avec un individu appartenant à la même nationalité que lui, le créancier a dû évidemment s'attendre à l'application de la loi nationale.

partie de sa créance, et s'il ne consent pas à l'abandonner, la loi y consent pour lui. Il faut donc pour
que ce consentement puisse lui être opposé, que cette
loi l'oblige, ou que, du moins, il se trouve placé sous
son empire. Sans doute, un créancier étranger, bien
qu'il n'ait pas adhéré au concordat, ne pourra obtenir en France plus de droits que les créanciers français parce que la loi ne peut admettre deux ordres de
créanciers et favoriser l'étranger plus que le Français.
Mais s'il assigne son débiteur devant un tribunal étranger, celui-ci ne pourra pas lui opposer utilement le concordat fait en France et auquel le créancier n'a pas
adhéré. De même un étranger qui, ayant fait faillite dans son pays, y a obtenu un concordat, ne
peut se prévaloir de ce concordat pour repousser
les poursuites que dirigeraient contre lui en France
ses créanciers français (198) ». Le concordat passé à
l'étranger ne pourra même, d'après le savant auteur, être
homologué en France ; cette homologation est, dit-il,
un acte judiciaire de la compétence du juge de la faillite qui en a surveillé et suivi les opérations, et auquel
seul il appartient de la clore en connaissance de cause.
Il va plus loin encore : le jugement d'homologation
rendu par le tribunal de la faillite ne pourrait être
rendu exécutoire en France. On comprend qu'on
rende exécutoire en France un véritable jugement,
mais ici, il ne s'agit que d'un acte de tutelle, destiné
seulement à élever une convention à la hauteur d'un
acte public, et à la rendre opposable à ceux qui n'y

(198) Massé, *loc. cit.*, I, 613, II, 811 ; Renouard, *Faillites et banqueroutes*,
3ᵉ éd., II, 65 ; Pardessus, 1488 *bis* ; Fœlix, *Droit intern.*, 618.

ont pas été parties. Cet acte ne peut être apprécié séparément de la convention à laquelle il se rapporte ; or, cette convention n'est pas opposable aux créanciers qui n'y ont pas adhéré, il doit donc en être de même du jugement qui l'homologue, ce jugement ne fait qu'assurer l'exercice du droit préexistant, mais il n'a pas pour effet de créer un droit qui n'existe pas. Inefficacité absolue du concordat vis-à-vis des créanciers français qui n'y ont pas adhéré, efficacité vis-à-vis de ceux qui y ont consenti, impossibilité de l'homologuer en France, enfin, dans tous les cas, inutilité de l'*exequatur*, telle est la conclusion à tirer de cette doctrine (199). Elle a été consacrée par la cour de Paris dans un arrêt du 25 févr. 1825 (D. P., 1825, 2, 207). Le concordat obtenu à l'étranger y a été déclaré sans effet en France, par application des art. 905, c. de pr. et 575, c. com. (541 du texte modifié en 1838) qui défendent d'admettre les étrangers au bénéfice de la cession judiciaire (200).

Dans une deuxième opinion soutenue par M. Lainé (201), un concordat obtenu à l'étranger peut être homo-

---

(199) Le motif sur lequel M. Massé fonde son opinion, à savoir que le concordat étant un mode de libération dérivant de la loi civile, ne peut être opposé qu'à ceux qui sont soumis à l'empire de cette loi, montre bien que la solution du savant magistrat serait la même, si le concordat était opposé en France à des créanciers non français, mais étrangers au pays où le concordat a été consenti.

(200) Un jugement du tribunal de la Seine du 9 février 1864 a admis comme opposable en France un concordat obtenu à l'étranger : mais il importe de remarquer que ce contrat avait été homologué par le tribunal consulaire français établi à l'étranger.

(201) *Faillites*, sur l'art. 516, p. 255.

logué par les tribunaux français et rendu par eux
exécutoire, pourvu qu'il réunisse les conditions
requises par la loi du lieu où s'est formé le concordat.

Rocco, toujours préoccupé de l'idée du statut réel,
la combine avec celle de l'unité et de l'universalité de
la faillite. Le concordat obtenu à l'étranger et homo-
gué par l'autorité compétente oblige tous les créanciers indistinctement, les nationaux comme les
étrangers, mais il ne s'étend pas aux biens situés à
l'étranger ; pour que le concordat puisse produire
quelqu'effet quant à ces biens, il faudrait qu'il eût
été rendu exécutoire. Jusqu'à ce moment, les créanciers pourront agir sur ces biens (202).

Bien différentes sont les solutions des auteurs qui
admettent le système de l'unité et de l'universalité de
la faillite. Le créancier, dit l'un de ses partisans les
plus convaincus M. Fiore, (203) se soumet volontairement à la loi qui doit régler l'exécution de la convention ; c'est cette loi qu'il faudra appliquer non-seulement quant au paiement envisagé comme cause
d'extinction des obligations, mais encore pour décider
si certains actes équivalent à renonciation ou à une
remise tacite de la dette. Or, en cas de falllite, la juridiction personnelle du domicile du failli doit prévaloir
sur la juridiction spéciale de l'obligation, les créanciers
qui doivent venir en concours en ce lieu sont censés
s'être soumis à la loi de ce lieu. Si donc cette loi
porte que la majorité fera la loi à la minorité et

---

(202) *Diritt. priv. intern.*, cap. 33.
(203) *Del. fallimento*, p. 97 ; *dr. intern.* 307.

pourra lui imposer certains sacrifices, une semblable disposition les obligera, sans qu'il y ait à distinguer entre les nationaux et les étrangers. M. Carle (n° 52) admet la même théorie en se fondant sur ce que le concordat n'est qu'une convention : oui pour ceux qui y ont adhéré; mais la question est de savoir s'il est opposable à ceux qui n'y ont pas adhéré; il est clair que pour ces derniers, on ne saurait parler de conventions. Le motif qui conduit à déclarer opposable le jugement d'homologation à ceux qui n'ont pas pris part au concordat a été excellemment mis en lumière par M. Dubois. Le savant professeur applique à ce jugemeut la théorie générale de l'autorité des jugements étrangers. Il sera donc opposable à tous les créanciers et les empêchera d'agir sur les biens du failli, quel que soit le lieu de leur situation, et cela sans qu'il soit nécessaire de faire au préalable déclarer exécutoire le jugement déclaratif de faillite. L'*exequatur* du jugement homologatif deviendra au contraire nécessaire, si, au lieu d'opposer le concordat comme moyen de défense, on entend s'en prévaloir pour procéder à des actes d'exécution proprement dits. Le juge appelé à donner cet *exequatur* devra se borner à examiner si le jugement qui lui est présenté a été rendu par l'autorité compétente et s'il ne contient rien de contraire à l'ordre public de l'Etat où l'on veut l'exécuter. Mais alors l'*exequatur* du jugement homologatif ne suffira pas, il faudra en outre l'*exequatur* du jugement déclaratif, l'exécution du jugement homologatif n'étant au fond que l'exécution de celui qui a déclaré l'état de faillite (204).

(204) Dubois : *sur Carle*, note 116.

Mais ce que nous venons de dire sur la nécessité de l'*exequatur* n'est pas admis par tous les partisans du système de l'unité de la faillite. C'est ainsi que M. Carle (205) ne permet d'opposer le jugement homologatif aux créanciers étrangers qu'autant que le jugement déclaratif aura lui-même été rendu exécutoire. Il y a là, comme le fait remarquer M. Dubois (206), une contradiction dans son système : pour faire produire au concordat un effet à l'étranger, il se base sur ce que le concordat n'est qu'une convention ; mais alors on devrait tenir pour superflu non-seulement l'*exequatur* du jugement d'homologation, mais encore celui du jugement déclaratif lui-même.

M. Fiore, après avoir soutenu d'abord comme M. Dubois, que le concordat devrait être partout opposable même sans *exequatur* (207), est revenu sur sa première opinion. « Il nous paraît, dit-il, que pour que « le concordat soit opposable en justice dans un pays, « il est nécessaire de le faire auparavant déclarer « exécutoire et nous modifions sur ce point l'opinion « que nous avons précédemment exprimée ». Un peu plus loin, il ajoute qu'aucun acte d'un magistrat ne devrait être efficace en dehors du territoire de l'Etat, et qu'il est toujours nécessaire, dans un tiers pays, que le jugement soit rendu exécutoire (208). Nous avouons ne pas comprendre. De deux choses l'une, en effet, ou bien on considèrera le jugement d'homologation

---

(205) N° 52.
(206) *Loc. cit.*
(207) *Del fallimento*, p. 101 ; *Dr. intern.*, n° 307.
(208) Appendice au § 305, p. 689.

comme un acte de juridiction volontaire, comme donnant l'autorité et l'authenticité à une convention privée ; et alors cet acte doit valoir partout en vertu de la règle *locus regit actum ;* ou bien le jugement sera un acte de juridiction contentieuse, et alors en vertu du principe admis et vigoureusement soutenu par M. Fiore, le jugement aura l'autorité de la chose jugée. Mais si le jugement a l'autorité de la chose jugée, il fera foi par lui-même des faits qu'il constate et l'*exequatur* ne sera nécessaire que pour sauvegarder le principe de la souveraineté territoriale, c'est-à-dire lorsqu'il s'agira de procéder à des mesures d'exécution sur le territoire étranger. Nous ne saisissons pas pourquoi on exigerait l'*exequatur* pour lui faire produire un effet purement négatif.

En présence de cette variété d'opinions, à quelle doctrine faut-il s'attacher ? Nous pensons tout d'abord avec MM. Massé et Renouard (209), qu'un concordat consenti en pays étranger ne pourrait être homologué par un tribunal français. Les tribunaux de commerce n'ont le pouvoir d'accorder ou de refuser l'homologation que parce que la loi suppose qu'ils doivent parfaitement connaître la moralité et la situation d'une faillite ouverte, instruite, suivie par devant eux, sous la surveillance du juge commissaire. Ce motif n'existe pas lorsqu'il s'agit d'un concordat consenti à l'étranger. Mais une fois le concordat homologué en parfaite connaissance par les magistrats qui ont présidé aux opérations de la faillite, faut-il d'une manière ab-

(209) *Loc. cit.*

solue lui refuser tout effet en France? C'est ce qu'il nous paraît impossible d'admettre. Le jugement qui homologue un concordat ne peut pas être considéré comme donnant l'authenticité à une convention privée; ainsi que nous l'avons remarqué, il ne peut être question de convention vis-à-vis des créanciers qui n'y ont pas consenti. C'est un acte de tutelle, mais qui peut être soumis à un débat contradictoire. Les créanciers peuvent y faire opposition pour une raison ou pour une autre; les syndics devront défendre à leur action : n'y a-t-il pas là tous les éléments d'une contestation ? Dès lors si le jugement d'homologation est un véritable jugement, nous lui appliquerons comme l'a fait M. Dubois les règles relatives à l'autorité des jugements étrangers ; seulement, partant d'un principe différent du sien, nous arriverons à une solution différente. Nous refuserons au jugement homologatif l'autorité de la chose jugée lorsqu'il sera opposé à des créanciers français ; le failli n'aura alors que la ressource de provoquer une nouvelle déclaration de faillite en France. Si, au contraire, on l'oppose en France à des créanciers étrangers, mais n'appartenant pas au pays où la faillite a été déclarée et le concordat homologué (sans cela la question ne se poserait pas), le jugement aura l'autorité de la chose jugée et il arrêtera les poursuites des créanciers pour ce qui dépasserait le dividende promis. D'un autre côté, le failli reprendra à leur égard l'administration de ses biens : l'*exéquatur* ne sera nécessaire que lorsqu'on voudra procéder à des mesures d'exécution. Nous appliquons en d'autres termes l'art. 121 de l'ordonnance de 1629 qui, comme nous espérons l'avoir démontré est encore en vigueur aujourd'hui (210).

Mais demander l'*exequatur* du jugement homologatif étranger, c'est exécuter le jugement déclaratif lui-même, ce jugement devra donc aussi être revêtu de l'*exequatur*; d'où la conclusion que, si, d'après les principes ci-dessus exposés, il n'a pas l'autorité de la chose jugée, le jugement d'homologation, n'aura par voie de conséquence, aucun effet en France.

Après avoir exposé les diverses théories admises en France, et indiqué celle qui nous paraît la plus juridique, examinons rapidement la doctrine et la jurisprudence des nations étrangères. En Angleterre, prévaut la règle que « la décharge d'un débiteur sous une loi de faillite quelconque est considérée comme le déchargeant de toutes les dettes et obligations contractées dans le ressort de cette loi, mais d'aucune autre. Il n'y a exception que dans le cas de décharge sous une loi de faillites passée par le Parlement pour une partie quel-

(210) Il est clair que pour que le jugement homologatif ait dans un pays une autorité quelconque, il ne devra pas être en opposition avec l'ordre public tel qu'on l'entend dans ce pays. Application de ce principe a été faite par la cour de Bruxelles dans un arrêt du 3 janvier 1860. On opposait à un créancier belge un certificat délivré conformément à la loi de la Nouvelle Galles du Sud par l'autorité judiciaire, et ayant pour effet de libérer absolument le débiteur sans le consentement des créanciers. La cour refusa de reconnaître à cet acte tout espèce d'efficacité et elle le considéra avec raison comme étant contraire aux principes de droit public admis en Belgique. D'après le droit commun, c'est aux créanciers seuls qu'il appartient de remettre tout ou partie de la dette et ce n'est qu'exceptionnellement et pour des raisons d'intérêt général que l'individu doit subir les décisions de la majorité. Mais jamais il n'est permis au magistrat de libérer complètement le débiteur sans l'assentiment de ses créanciers.

conque de l'empire britannique ; car l'autorité du Parlement obligerait tout tribunal britannique à admettre cet acte comme décharge de toutes dettes et obligations en quelque lieu qu'elles soient contractées » (211).

Tel est le principe. Des restrictions y sont apportées comme l'atteste Story, qui résume de la manière suivante la doctrine des jurisconsultes et des tribunaux anglais : Si, d'après la loi du pays où le débiteur a été libéré en vertu du concordat, les créanciers étrangers eussent été exclus de la répartition de l'actif, le débiteur ne sera pas libéré à leur égard, ils pourront exercer des poursuites contre lui, sans qu'il puisse leur opposer le concordat. Dans le cas contraire, il faudra sous-distinguer. Si la loi des faillites du pays où a été passé, ou bien où a dû être exécuté le contrat, opère *ipso jure* extinction de la dette, le débiteur sera libéré partout. Si cette loi enlève seulement aux créanciers le droit d'agir contre leur débiteur et de le faire emprisonner, on ne pourra à l'étranger arrêter le débiteur, mais on pourra le poursuivre à fins de paiement.

La même doctrine est admise en Amérique.

En Italie, les deux auteurs qui ont écrit sur la matière de la faillite en droit international, MM. Carle et Fiore admettent, ainsi que nous l'avons vu, l'efficacité du jugement étranger. M. Rocco combine cette idée avec celle du statut réel. Nous ne connaissons pas

______

(211) *Revue de Gand*, VI, p. 399. Story, *conflicto of Laws*, §§ 338, 340 ; Fiore, *del fallimento*, p. 94.

de décisions judiciaires qui soient intervenues sur la question.

La jurisprudence belge a eu à se prononcer sur ce point (212), et elle a décidé que le concordat obtenu en France par un Français et homologué par un tribunal français (de Toulouse), pouvait être opposé en Belgique à un créancier belge. Mais c'est à tort que l'on a justifié cette décision en disant que les lois sur les faillites sont de statut personnel, le véritable motif, c'est que les jugements étrangers ont l'autorité de la chose jugée (213).

La jurisprudence allemande s'est prononcée en sens inverse (214). Les lois territoriales qui *imposent* un concordat ou une remise sont d'une nature éminemment particulière. Elles dérogent au droit commun et au droit contractuel qui autorise le créancier à exiger de son débiteur satisfaction complète, et, par conséquent, à le poursivre en paiement aussi longtemps qu'il peut payer. Elles obligent donc seulement le créancier qui est sujet à ces lois ou qui s'y est soumis volontairement............ ; en ce qui concerne la satisfaction réclamée sur la portion du patrimoine qui ne leur est pas soumise, elles demeurent sans force.

---

(212) Bruxelles, 1er déc. 1873 ; Clunet, 1874, p. 137.

(213) Ce motif ne pouvait être invoqué dans l'espèce jugée par la cour de Bruxelles, puisque nous savons que les jugements français n'ont pas, faute de traité, l'autorité de la chose jugée en Belgique.

(214) Trib. supér. de comm. de Leipzig, 13 juin 1877, Clunet 1874, p. 130, *rev. de Gand* VI. 1874, p. 412.

Appendice au concordat. — Du jugement accordant un sursis au débiteur.

L'étude des effets produits en France par le jugement étranger homologatif du concordat nous amène tout naturellement à nous demander quel doit être en France l'effet du jugement étranger qui, au lieu d'accorder une remise ou une libération de dette, accorde simplement un délai au débiteur (*moratorium, sursis*). Ces sursis sont possibles, nous l'avons vu, dans un assez grand nombre de législations. La cour de Bordeaux dans un arrêt du 15 février 1813 a décidé qu'ils ne pouvaient avoir aucun effet, hors du pays où ils ont été obtenus. Il s'agissait dans l'espèce d'une saisie-arrêt faite en France au préjudice d'un débiteur étranger, auquel le Sénat de Dantzig avait accordé un sursis (215). Cette saisie fut déclarée valable nonobstant le sursis. M. Massé (216), regarde cette décision comme inattaquable. Un pareil jugement, dit-il, n'a d'autorité qu'à l'égard des créanciers sur lesquels le juge qui le prononce a juridiction. Un juge étranger ne peut imposer aux créanciers qui ne sont pas ses justiciables, l'obligation de se soumettre à un sursis auquel ils ne sont pas astreints, sous l'empire de la législation qui leur est propre. Telle est également la doctrine de Fœlix et de Fiore (217). L'institution des sursis, dit ce dernier

(215) C. N., 4, 2, 252.
(216) II. 812.
(217) Fœlix, III. 368 ; Fiore, *del fallimento*, p. 103.

auteur, ne tend à rien moins qu'à violer la foi publique, à anéantir la force juridique de l'obligation, et à frustrer les espérances légales des créanciers à l'étranger.

M. Dubois *(sur Carle,* note 121) reconnaît au contraire l'autorité du jugement qui accorde un sursis au débiteur.

Nous appliquerons au jugement en question le principe que nous avons déjà eu souvent occasion de proclamer ; nous accorderons l'autorité de la chose jugée lorsque les créanciers auxquels on l'oppose sont étrangers : il les empêchera, dans ce cas, de pratiquer une saisie-arrêt en France ; seulement il faudra, bien entendu, qu'il y ait un véritable jugement ; si les délais étaient accordés sans précautions garantissant un examen sérieux, ils ne pourraient avoir aucun effet en France.

Si on se prévaut du jugement vis-à-vis de créanciers français, il n'aura alors, conformément à l'art. 121 de l'ordonnance de 1629, aucune autorité à leur égard (218). Quant aux délais accordés par une loi étrangère, on pourra, suivant nous, les invoquer dans un autre Etat, pourvu que les dispositions de cette loi soient raisonnables et ne soient pas en contradiction avec les principes de droit public admis dans l'Etat où l'on s'en prévaut. Mais, à la différence des délais accordés par des jugements dont l'autorité, dans les cas où elle est admise, est restreinte aux parties en cause, ceux dont il est maintenant question auront

---

(218) Demangeat, *sur Fœlix,* II, 368, note *a.*

effet *erga omnes* parce que tel est en général l'effet des lois (219).

§ 2. — De l'union des créanciers et de la répartition de l'actif

La répartition de l'actif entre les créanciers chirographaires, les seuls dont il nous reste encore à parler, devra se faire suivant la législation du pays où la faillite a été déclarée. Les créanciers étrangers doivent subir le même traitement que les nationaux ; l'égalité du traitement est la règle unique. Il appartiendra au juge commissaire de veiller à ce que, dans la répartition, la part des créanciers étrangers soit réservée, alors même que leurs créances n'auraient pas été portées au bilan faute d'avoir été vérifiées, pourvu, bien entendu, que les délais impartis pour cette vérification ne soient pas expirés (220).

Il peut arriver que la répartition du prix des biens meubles précède celle du prix des immeubles ; les créanciers ayant hypothèque sur des biens situés à l'étranger pourront certainement concourir à la condition d'avoir fait vérifier leurs créances. Seulement le tribunal devra prendre des mesures pour assurer

(219) Dubois, *loc. cit.* Cette question n'est au fond que celle que soulevait, en pays étranger, l'application des lois et décrets français qui, en raison de la guerre de 1870-1871, avaient prorogé sinon les échéances, du moins les délais accordés pour les protêts des effets de commerce. Voir sur ces points les intéressants développements donnés par M. Chrétien dans son excellente monographie sur la *Lettre de change en droit international*, n° 72.

(220) Carle, n° 55. — Fiore, *del fallimento*, p. 121.

les distractions qui devront être opérées en compensation du prix des immeubles sur la masse chirographaire (221). Il pourra, par exemple, décider que les sommes afférant aux créanciers dans la répartition des biens meubles soient versées à la Caisse des dépôts et consignations. C'est ce qui a été jugé par la cour de Paris, le 31 juillet 1831, dans les circonstances suivantes (222) : En 1819, la maison française Bels avait été déclarée en faillite en France. Parmi les créanciers reconnus et vérifiés se trouvait la maison Pellegrino et Bonsignore de Milan, admise pour une somme de 230,000 fr., dont 100,000 garantis par une hypothèque sur des immeubles situés en Italie. La vente des biens meubles ayant précédé celle des immeubles, la maison italienne demanda à être admise dans la répartition pour le montant total de sa créance. Les syndics s'y oppposèrent en se fondant sur ce qu'il fallait en déduire les 100,000 francs garantis hypothécairement. Le tribunal de la Seine, par jugement du 29 août 1829, leur donna gain de cause et ordonna la déduction ; mais le jugement fut réformé par la cour de Paris qui décida par application des art. 540 et 541, c. co. (art. 553 et 554 du texte modifié en 1838), que la maison italienne devait être colloquée pour la totalité de sa créance. Mais elle ordonna que les 100,000 francs dont le paiement était garanti par une hypothèque, seraient déposés à la Caisse des dépôts et consignations, à la charge, par la maison italienne, de justifier dans le délai d'un an, de ses poursuites et diligences

(221) Carle, n° 62, p. 126 ; Fiore, *loc. cit.*, p. 122.
(222) Sir., 1831, 2, 260.

aux fins d'être payée sur le prix des immeubles hypothéqués (223).

Le tribunal pourrait aussi sauvegarder les intérêts respectifs des différents créanciers en priant le tribunal du lieu de la situation, à supposer bien entendu que le jugement déclaratif ait en ce lieu l'autorité de la chose jugée, en priant, disons-nous, ce tribunal de concourir aux opérations de la faillite et de procéder à la vente des biens.

(223) L'arrêt dont il est question a été cassé par arrêt de la chambre civile en date du 13 mai 1835, (Sir. 35 1, 107.) non pas cependant pour avoir appliqué aux créanciers étrangers les art. du c. co. cités au texte, mais pour n'avoir pas reconnu la maison Pellegrino comme créancière privilégée sur la masse mobilière à titre de frais faits pour la conservation de la chose. Le dépôt à la caisse des dépôts et consignations avait donc été ordonné à tort. Mais la décision eût été fort juste si la créance avait été hypothécaire. Voir sur cette affaire : Dubois *sur Carle* (notes 139 et 140) auquel nous empruntons ces développements.

CHAPITRE VI.

Excusabilité et Réhabilitation.

La faillite étant terminée, le failli pourra, sur l'avis
des créanciers, obtenir du tribunal une déclaration
d'excusabilité. Le principal avantage de cette déclaration était, avant la loi du 22 juillet 1867, l'affranchissement de la contrainte par corps. Ces questions n'ont
plus d'intérêt aujourd'hui depuis l'abolition de cette
mesure rigoureuse en matière civile, commerciale et
contre les étrangers. Nous n'insisterons donc pas (224).
Nous dirons seulement que l'excusabilité n'ayant plus
pour le failli qu'un intérêt purement moral, il n'y a
aucune raison pour en refuser le bénéfice aux étrangers. La déclaration d'excusabilité laisse subsister certaines incapacités : c'est ainsi que le failli reconnu
excusable reste privé de ses droits politiques, c'est
ainsi que l'entrée de la Bourse continue à lui être
interdite. Ces conséquences ne disparaîtront entièrement que par la réhabilitation. La réhabilitation est
accordée par la cour d'appel dans le ressort de laquelle
le failli est domicilié (art. 605 du C. com.) L'arrêt qui
la prononce est un acte de juridiction purement gra-

(224) Voir sur ces questions, Demangeat, *sur Bravard*, v. p. 642, note 1 ;
Fiore, *loc. cit.*, cap. VII.

cieuse n'entraînant ni condamnation ni exécution, il aura donc en tous pays l'autorité de la chose jugée (225).

La seule difficulté qui puisse s'élever en ce qui touche la réhabilitation est celle de savoir si le commerçant déclaré en faillite dans un Etat où il avait son principal établissement, peut être efficacement réhabilité dans un autre. Pour soutenir l'affirmative, on est parti du principe que le jugement déclaratif de faillite rendu dans un Etat doit avoir partout l'efficacité nécessaire pour autoriser une sentence de réhabilitation (226). Même en admettant cette théorie que nous avons repoussée comme trop absolue, nous ne croyons pas qu'on doive en tirer la conséquence dont nous venons de parler. Au contraire, si la déclaration de faillite émanant du tribunal compétent, est reconnue dans les autres Etats ceux-ci doivent précisément respecter les conséquences de cette déclaration et ne pas en anéantir les effets. Le seul tribunal compétent pour prononcer la réhabilitation est celui du lieu où la faillite a été déclarée ; lui seul est à même d'avoir les renseignements nécessaires pour statuer en connaissance de cause. Autrement, comme le dit Carle (227), il serait trop facile à un étranger ou même à un national déclaré en faillite à l'étranger, de recourir pour être réhabilité, à des tribunaux qui ne connaîtraient ni les causes, ni les circonstances, ni en un

(225) Carle, n° 72, Massé, II, 813.
(226) Vincens, *Législ. comm.*, I, p. 566.
(227) N° 73.

mot la moralité de la faillite. Il y aurait là une source
de fraudes et une porte ouverte à la mauvaise foi.
Ajoutons que toutes les législations exigent pour la
réhabilitation que le failli ait entièrement satisfait ses
créanciers ; or, le seul tribunal qui puisse se prononcer
sur cette satisfaction intégrale est celui devant lequel
a été discuté le bilan et évalué tant l'actif que le passif ;
devant lequel en un mot se sont déroulées toutes les
opérations de la faillite (228).

(228) Carle, *loc. cit.*

CHAPITRE VII

Traités Internationaux.

————

Nous venons de voir les hésitations de la jurisprudence française, le peu d'ensemble qui règne dans son système, et, après avoir jeté un coup d'œil rapide sur la doctrine et la jurisprudence étrangères, nous avons exposé la théorie qui nous paraît ressortir de l'état actuel de la législation. Cette théorie, il faut le reconnaître, ne répond pas au but que le législateur s'est proposé en règlementant la faillite. Ce but ne saurait même être pleinement atteint par des modifications dans les différentes législations; car le pouvoir du législateur s'arrête à la frontière de chaque Etat. Il ne peut l'être que par des conventions diplomatiques. C'est ce qui a été fait par quelques traités dont il nous reste à parler. Ces traités peuvent se diviser en deux catégories : ceux qui ne parlent pas de la faillite, et ceux qui contiennent sur cette matière des stipulations expresses. Nous avons vu que le jugement déclaratif doit être tenu pour un véritable acte de juridiction contentieuse, et nous avons condamné la théorie contraire qui prévaut dans la jurisprudence française. S'il en est ainsi, la conséquence qu'il faut en tirer et que nous en tirons en effet : c'est que les traités, intervenus entre la France et d'autres

Etats, relativement à l'exécution, sur les territoires respectifs de chacun d'eux, des jugements rendus dans
l'autre, devront recevoir leur application en ce qui
touche le jugement déclaratif de faillite comme en ce
qui concerne les autres décisions judiciaires. Nous
allons dire un mot de ces traités, nous nous occuperons
ensuite de ceux qui contiennent des stipulations relatives à la faillite.

Traités relatifs à l'exécution des jugements rendus à l'étranger et ne contenant aucune clause relative à la faillite.

Traité franco-sarde du 24 mars 1760.

L'article 23, § 3 de ce traité est ainsi conçu : « Il est
« convenu que pour favoriser l'exécution réciproque
« des décrets et jugements, les cours suprêmes défé-
« ront de part et d'autre à la forme du droit, aux réqui-
« sitions qui leur seront adressées à ces fins même
« sous le nom desdites cours. » Cet article ayant
donné lieu à des interprétations diverses de la part
des cours françaises (229) il a été échangé entre les
deux gouvernements de France et de Sardaigne le
11 septembre 1860 une déclaration interprétative du
traité (230) qui porte: « Il est expressément entendu

(229) Grenoble, 9 janv. 1826, C. N., 8. 2, 175 ; 3 janv. 1829, C. N. 9, 2,
185.
Aix, 25 nov. et 8 déc. 1858, Sir. 59, 2, 605.
(230) Sir. 1860, 4, 97.

« que les cours en déférant à la forme du droit,
« aux |demandes d'exécution des jugements rendus
« dans chacun des deux États, ne devront faire porter
« leur examen que sur les trois points suivants,
« savoir :

« 1° Si la décision émane d'une juridiction compé-
« tente ;

« 2° S'il a été rendu les parties dûment citées et lé-
« galement représentées ou défaillantes ;

« 3° Si les règles du droit public ou les intérêts de
« l'ordre public du pays où l'exécution est demandée,
« ne s'opposent pas à ce que la décision du tribunal
« étranger reçoive son exécution. »

Il existe à propos de ce traité plusieurs controverses.
C'est ainsi qu'on se demande s'il est encore en vigueur
et s'étend à toute l'Italie ; si la déclaration de 1860 a
force obligatoire en Italie, enfin si les lettres roga-
toires qui, d'après la pratique, sont adressées par les
cours italiennes aux cours françaises ou réciproquement, pour l'obtention de l'*exequatur*, sont nécessaires, ou s'il ne suffit pas à la partie qui veut obtenir
l'*exequatur* d'assigner directement la partie adverse.

Nous n'entrerons pas dans l'examen de ces questions qui trouveraient leur place dans un ouvrage spécial sur l'exécution des jugements(231), nous ne ferons
qu'appliquer le traité au jugement déclaratif et tirer
les conséquences de cette application.

Il est certain aujourd'hui, étant donnés les termes

---

(231) Voir sur ces points les intéressants développements donnés par
M. Lemoine, *de l'exécution des jugements étrangers*, p. 245 et s.

de la déclaration de 1760, que la révision du fond ne doit pas avoir lieu, qu'en d'autres termes le jugement rendu en France ou en Italie, a, dans l'autre pays, l'autorité de la chose jugée. Cela conduit, en ce qui touche le jugement déclaratif, à la théorie de l'unité et de l'universalité de la faillite. Un jugement de ce genre rendu par un tribunal français devra être reconnu en Italie et réciproquement ; l'*exequatur* ne devra être exigé que pour procéder à des mesures d'exécution proprement dites, pour mettre en mouvement la force publique de l'Etat où cette exécution doit avoir lieu. La question n'a pas grand intérêt en Italie, puisque les tribunaux de ce pays admettent d'une façon absolue la doctrine de l'unité et de l'universalité de la faillite. En France, au contraire, il n'en est pas ainsi, étant donné le principe d'où part la jurisprudence. Elle n'a pas eu, que nous sachions, l'occasion de se prononcer sur la question, mais étant données ses tendances (232), il n'est pas douteux qu'elle ne la résolve dans un sens contraire à l'opinion que nous venons d'émettre.

Traité franco-badois du 16 avril 1846, étendu à l'Alsace-Lorraine par la convention additionnelle du 11 décembre 1871 (233).

L'art. 1 de ce traité porte : « Les jugements ou ar-

---

(232) D'une part, la jurisprudence française refuse au jugement déclaratif le caractère d'un véritable jugement ; d'autre part, elle voit dans la faillite un statut réel et applique l'art. 3 du code civil.

(233) Cette convention a été ratifiée par la loi du 5 janvier 1872, Sir., 1872, 3, 162.

rêts rendus en matière civile et commerciale par les tribunaux compétents de l'un des deux Etats contractants, seront exécutoires dans l'autre lorsqu'ils auront acquis l'autorité de la chose jugée, pourvu toutefois que les parties intéressées se conforment aux dispositions de l'art. 3 ci-après. L'art. 3 est relatif aux pièces à produire.

Il résulte de ces textes qu'il n'y a plus lieu à révision du jugement étranger par le tribunal ou la cour qui accorde l'*exequatur :* le juge, appelé à donner l'*exequatur,* devra se borner à examiner si l'exécution ne porte pas atteinte à l'ordre public. Les conséquences à tirer de là, quant au jugement déclaratif, sont identiques à celles que nous avons indiquées à propos du traité franco-sarde ; nous n'y reviendrons donc pas. La jurisprudence n'a pas eu, que nous sachions, à se prononcer sur la question (234).

Traités contenant des stipulations spéciales à la faillite.

Un seul traité de ce genre existe c'est celui du 18 juillet 1828 entre la France et la Suisse complété par celui du 15 juillet 1869 (Sir. 69, 3, 429). Dans le traité de 1828 (art. 4), on se bornait à assurer l'égalité de traitement aux créanciers des deux nationalités. Celui de 1869, est moins laconique, il consacre à la faillite les art. 6, 7, 8 et 9, en outre les art. 15-19 sont expressément déclarés applicables au jugement déclaratif de faillite.

(234) Dubois, *sur Carle*, note 92, VIII.

Aux termes de l'art. 6 du traité : « La faillite d'un
« français ayant un établissement de commerce en
« Suisse, pourra être prononcée par le tribunal de sa
« résidence en Suisse, et réciproquement celle d'un
« Suisse ayant un établissement de commerce en
« France, pourra être prononcée par le tribunal de sa
« résidence en France. La production du jugement de
« faillite dans l'autre pays, donnera au syndic ou re-
« présentant de la masse, après toutefois que le juge-
« ment aura été déclaré exécutoire, conformément à
« l'art. 16 ci-après, le droit de réclamer l'application
« de la faillite, aux biens meubles et immeubles que
« le failli possède dans ce pays..... »

L'art. 16, auquel l'article 6 se réfère, règle la forme
dans laquelle la demande d'*exequatur* devra être
poursuivie, et l'art. 17 décide que l'autorité saisie de
« la demande d'exécution n'entrera pas dans la discus-
« sion du fond de l'affaire et qu'elle ne pourra refuser
« l'exécution dans les cas suivants..... » Ces textes appliquent, on le voit, le principe de l'unité et de l'universalité de la faillite. Il y aurait cependant lieu de
modifier l'art. 6 en ce qu'il autorise la déclaration de
faillite par le tribunal de la simple résidence, et comme
conséquence d'un simple établissement d'un Français
en Suisse, ou d'un Suisse en France. Une pareille disposition, rend possible, comme le fait remarquer M.
Dubois, la déclaration simultanée de plusieurs faillites
d'une seule et même personne. On devrait donc
centraliser toutes les opérations de la faillite
au tribunal du domicile du failli, de son principal
établissement, ce qui serait conforme à la doctrine

que nous avons émise en nous occupant de la compétence. Il conviendrait également de modifier le § 2 du
même article : il semblerait en les prenant à la lettre
que les syndics nommés dans un pays ne pourraient
exercer leurs pouvoirs dans l'autre qu'après l'*exequatur*
du jugement qui les a nommés. Les syndics suisses
seraient ainsi placés en France, dans une situation
plus mauvaise que ceux nommés dans un pays avec
lequel il n'existe pas de traité, puisque dans ce cas la
jurisprudence, considérant le jugement déclaratif
comme un mandat ordinaire, admet les syndics à
exercer en France leur mission, sans qu'aucun *exequatur* ne soit nécessaire. Un semblable résultat est
inadmissible, et n'a pu entrer dans la pensée des rédacteurs du traité, dont l'intention a été de consacrer
le principe de l'universalité de la faillite. Il faut donc
entendre notre texte en ce sens que l'*exequatur* sera
nécessaire, pour que les syndics puissent se livrer à
des mesures d'exécution proprement dites, telles que la
vente des biens du failli ; mais quant aux actes qui
n'ont pas ce caractère, et particulièrement quant aux
actes conservatoires, les syndics pourront y procéder
avant l'*exequatur* du jugement déclaratif. Le traité
contient aussi quelques vestiges de la théorie du statut réel, quand il dispose (art. 6) que la faillite déclarée
en Suisse, ne produira pas en France tous ses effets,
qu'elle placera bien sous l'empire de la loi étrangère
les meubles et les créances du failli, mais que quant
aux immeubles, la « *distribution du prix entre tous
les ayants-droits sera régie par la loi de la situation.* »

Cette disposition est contraire à l'esprit du traité. On pourrait encore, sous ce rapport, souhaiter une modification. La cour de cassation a eu récemment à se prononcer sur une question d'exécution d'un jugement déclaratif de faillite rendu en Suisse. Un sieur Lancel avait été déclaré en faillite par le tribunal de commerce de Genève en 1875 et deux ans plus tard, la faillite avait été clôturée pour insuffisance d'actif. Lancel vint alors à Paris reprendre son commerce. Un sieur Viellard, créancier d'une somme de 3,084 fr. comprise dans la faillite suisse, présenta une requête au tribunal de commerce de la Seine lequel, « attendu qu'il résultait des renseignements transmis au tribunal, que Lancel était en état de cessation de paiement » déclarait ce dernier en faillite. Ce jugement fut confirmé par un arrêt de la cour de Paris, dans lequel nous relevons le considérant suivant : « Attendu que les règles de notre droit s'opposent à la mise à exécution du jugement suisse en France avant qu'il ait été vérifié par les tribunaux français et déclaré par eux exécutoire (235). » C'était méconnaître d'une façon absolue l'art. 17 précité de la Convention qui reconnaît d'une manière non douteuse l'autorité de la chose jugée aux jugements suisses en limitant le pouvoir d'examen des tribunaux français à certains points déterminés. Aussi la cour de cassation mit-elle à néant l'arrêt de Paris : « Considérant qu'aux termes de l'art. 6 de la Convention sus-visée les tribunaux suisses sont compétents pour déclarer la faillite d'un Français

(235) Clunet, 1880, p. 58.

ayant un établissement de commerce en Suisse, qu'il en résulte qu'une fois le jugement déclaratif de faillite rendu dans ces conditions par un tribunal suisse, le même débiteur ne peut plus être de nouveau déclaré en faillite par un tribunal français (236). » (Voir pour plus de détails sur cette affaire, un article de M. Bernard, conseiller rapporteur. Clunet, 1882, p. 370.)

L'art. 8. du traité porte que les stipulations du concordat produiront par la production du jugement d'homologation déclaré exécutoire conformément à l'art. 16, tous les effets qu'elles auraient dans le pays de la faillite. Suit-il de ce texte que le concordat ne produira aucun effet tant qu'il n'aura pas été déclaré exécutoire ? Non : nous ferons ici, avec M. Dubois (237), la même distinction qu'à propos du pouvoir des syndics : l'*exequatur* ne sera nécessaire que pour faire produire au concordat les effets consistant dans des actes d'exécution. Il ne le sera pas pour que le jugement produise les effets découlant de l'autorité de la chose jugée. Telle nous paraît avoir été l'intention des deux hautes parties contractantes.

(236) Du reste le traité de 1869 n'a pas voulu renverser de fond en comble le système de celui de 1828, il a simplement voulu remédier à certains inconvénients qui se produisaient alors, en exigeant la vérification des situations prévues par l'art. 17 ; or, sous l'empire de cette convention, les jugements rendus tant en France qu'en Suisse étaient exécutoires en Suisse ou en France à la seule condition que l'expédition en eut été légalisée. Il doit donc en être de même aujourd'hui, sous la réserve des modifications de l'art. 17.

(237) *sur Carle* : note 118.

CONCLUSION

La conclusion à tirer de ce travail est facile à deviner. Comme nous l'avons dit plusieurs fois, la législation actuelle est en opposition manifeste avec le but qu'on a voulu atteindre par l'organisation de la faillite, ainsi qu'avec la nature même de cette institution. Avec la pluralité de faillites, les créanciers qui viendront à chaque masse respective n'auront pas les mêmes dividendes, les deux masses ne seront pas traitées l'une comme l'autre, et les fraudes seront très fréquentes. D'un autre côté, la théorie que nous avons vue résulter de nos lois ne répond pas non plus à la nature de la faillite, elle méconnaît les principes qui en forment la base. La faillite est la mise en pratique de la maxime que les biens d'un débiteur constituent le gage commun de ses créanciers. Or, le patrimoine est un et indivisible comme la personnalité humaine, la manière de le réaliser et de le répartir doit avoir les mêmes caractères, être, elle aussi, une et indivisible. On objecte qu'en matière de succession on applique bien la règle: *quot sunt bona diversis territoriis obnoxia, tot sunt patrimonia*, et qu'une double liquidation présente dans ce cas autant d'inconvénients qu'en matière de faillite. Nous répondons d'abord qu'il a été soutenu dans l'état actuel de la législation que toute succession devait être régie, même quant aux immeubles situés en France, par la loi nationale du défunt (238). Ensuite, en admettant

(238) Dubois, *Dissertation*, Clunet, 1875, p. 51 et s.

même, avec la majorité des auteurs, le fractionnement du patrimoine, on peut dire que ce résultat est commandé par des raisons majeures. Les lois de succession touchent à l'organisation politique de chaque Etat ; on comprend donc facilement qu'on n'admette pas dans cette matière l'application de lois étrangères. Ce motif n'existe pas en cas de faillitte.

Nous pensons donc que les différents Etats devraient, par des traités, consacrer le système de l'unité et de l'universalité de la faillite, cette communauté de droit dont parle Savigny, et qui aboutit à faire résoudre par les mêmes règles chez tous les peuples, le conflit des législations. Nous ne pouvons mieux faire, en terminant, que de reproduire le vœu émis par le congrès juridique italien tenu à Turin en 1880, sous la présidence de M. Mancini :

« Considérant, porte cet important document, que l'intérêt du commerce exige que les effets de l'état de faillite ne soient pas restreints au territoire d'un seul pays, mais qu'ils soient étendus au plus grand nombre possible de pays civilisés ;

Que la diversité actuelle des législations sur la faillite rend difficile la formation d'une loi unique internationale sur les faillites ;

Est d'avis, tout en faisant des vœux pour une législation commune sur la matière, qu'il convient, quant à présent, de se borner au système d'une ou plusieurs conventions internationales.

Les bases essentielles de ces conventions seraient les suivantes :

1. — Le tribunal compétent pour déclarer la faillite et en continuer la procédure jusqu'à son terme sera

celui du lieu où le commerçant a son principal établissement commercial.

2. — Le jugement déclaratif de faillite et les autres jugements à intervenir pendant la procédure de faillite auront, sur le territoire des Etats contractants, la même autorité de chose jugée que dans l'Etat où ils ont été rendus, et ils pourront donner lieu à des mesures conservatoires, d'urgence et d'administration, à la condition d'être rendus publics, conformément à l'art. 5, lettre *a*.

Quand, en vertu de ces jugements, il y a lieu de procéder à quelque acte d'exécution forcée dans un autre Etat, on devra d'abord obtenir une ordonnance de *pareatis*, de l'autorité de l'Etat, si on veut procéder à l'exécution.

Cette autorité sera désignée dans le traité ; elle prononcera sur simple requête des intéressés, et sans qu'il soit besoin d'un débat contradictoire. Elle ne pourra refuser le *pareatis* que dans les deux cas suivants :

a)Quand le jugement aura été rendu par un tribunal incompétent, d'après la règle de l'art. 1.

b) Quand le jugement ne sera pas exécutoire dans le pays où il a été rendu.

Cette ordonnance sera susceptible d'opposition par la voie contentieuse, mais l'opposition n'aura pas d'effet suspensif.

3. — Les restrictions à la capacité commerciale du failli, la nomination et les pouvoirs des administrateurs de la faillite, l'admissibilité, la formation et les effets du concordat, la liquidation et la répartition de l'actif entre les créanciers nationaux ou étrangers

seront réglés par la loi du lieu où la faillite a été déclarée.

4. — Les droits réels, les raisons de préférence par hypothèque, privilège et gage, les droits de revendication, distraction et rétention sur les biens mobiliers et immobiliers du failli, seront réglés par la loi du lieu de la situation.

Il appartiendra au traité international de déterminer d'une manière précise quel doit être le tribunal compétent pour juger les procès relatifs à ces droits.

5. — Des dispositions spéciales seront introduites dans le traité;

a. Pour régler les mesures à prendre afin que les jugements rendus en matière de faillite dans l'un des Etats contractants, puissent être connus dans les autres Etats;

b. Pour déterminer les rapports respectifs des autorités judiciaires des divers Etats contractants, en ce qui touche l'exécution du traité.

Le traité pourra se restreindre, quant à présent, à la faillite des commerçants, et les lois des divers Etats relativement à l'insolvabilité des non-commerçants resteront en pleine vigueur.

Pareillement, aucune dérogation ne sera apportée aux règles sur l'action pénale en cas de banqueroute, et aux dispositions des traités d'extradition » (Clunet 1880, p. 625.)

APPENDICE.

Les dispositions du droit anglais sur la position de
la femme mariée en ce qui touche ses biens ont été
modifiées par l'acte du 9 août 1869 qui a établi comme
régime légal, en certains cas du moins, une sorte de
séparation de biens. C'est ainsi que la femme conserve
la propriété exclusive des produits de son travail ;
des sommes placées avant ou après le mariage dans
des caisses d'épargne (1), en fonds publics, en
actions ou obligations dans des sociétés industrielles,
ou de secours mutuels, en assurances sur sa propre
vie ou sur celle de son mari ; des immeubles lui ad-
venant pendant le mariage par succession *ab intestat*,
legs ou donations. Elle conserve également en propre
les revenus des immeubles recueillis pendant le
mariage dans une succession *ab intestat*.

Dans tous ces cas, la femme n'avait rien à réclamer
dans la faillite de son mari. Sa situation était identique
à celle qui résultait, dans le droit antérieur, de la constitution d'un *trustee*.

Un acte adopté en 1882 a généralisé ce système et
proclamé l'émancipation contractuelle de la femme.

---

(1) Une loi française du 9 avril 1881 (art. 6 § 5) décide que les femmes
mariées, quel que soit le régime de leur contrat de mariage, peuvent se faire
délivrer des livrets sans assistance du mari et retirer sans cette assistance
les sommes inscrites aux livrets ainsi ouverts, *sauf opposition du mari*,
malheureusement, cette opposition n'est aucunement réglementée.

Nous n'avons pas à entrer dans les détails de cette réforme ; nous nous bornerons à faire remarquer que l'art. 3 de la nouvelle loi contient quelque chose d'analogue à notre article 559 et décide que toute somme ou partie de ses biens que la femme prête ou confie à son mari pour être employée dans son commerce, ou autrement, est traitée en cas de faillite du mari comme appartenant à l'actif de ce mari, jusqu'à la liquidation entière de toutes les réclamations des autres créanciers. (*Bulletin de la Société de législation comparée*, juin 1883, p. 450).

POSITIONS

Droit Romain.

I

Le pacte nu engendrait une obligation naturelle.

II

L'interdit *uti possidetis* constituait un interdit récupératoire.

III

Le *damnum non corpori datum* ne donnait lieu qu'à une action *in factum* et non à l'action utile de la loi *Aquilia*.

IV

Le dernier état du droit classique admettait l'exécution des condamnations *manu militari*.

Droit Civil.

I

En cas de donations avec charges. le donateur peut agir contre le donataire en exécution de ces charges.

II

Les héritiers du donateur peuvent se prévaloir du défaut de transcription de la donation.

III

La prescription de l'article 1304 ne s'applique qu'à l'action et non à l'exception, en d'autres termes le code a consacré l'ancienne maxime *temporalia ad agendum perpetua ad excipiendum.*

IV

Les personnes qui ont pratiqué une saisie sur un immeuble aliéné par le débiteur avant la transcription de la saisie, ne sont pas, en qualité de créanciers saisissants, autorisés à exciper du défaut de transcription de l'acte d'aliénation pour repousser la demande en distraction formée par l'acquéreur.

Droit criminel

I

La faillite constitue une question préjudicielle à l'action publique.

II

L'interdiction légale n'est pas attachée aux condamnations par contumace.

Droit administratif

I

Lorsque des fouilles ou des extractions de matériaux

sont pratiquées dans des propriétés privées, l'indemnité due en pareil cas ne doit être attribuée qu'au propriétaire. Le locataire ne jouit d'aucune action directe contre l'administration.

II

Le droit reconnu à l'administration d'autoriser d'office les dons et legs faits à une commune et en général à un établissement public, comprend le droit de réduire d'office la libéralité et doit embrasser logiquement le droit de refuser d'office.

VU PAR LE DOYEN, PRÉSIDENT DE L'ACTE PUBLIC,

Nancy, le 8 juin 1883.

E. LEDERLIN.

Vu et permis d'imprimer :

Nancy, le 8 juin 1883.

LE RECTEUR,

E. MOURIN.

TABLE DES MATIÈRES

DROIT ROMAIN.

DROIT FRANÇAIS.

NANCY; TYPOGRAPHIE G. CRÉPIN-LEBLOND, 14, GRAND'RUE.